中国学生经典古文阅读

中华成语全书

禹南 ◎ 主编

品国学经典，弘中华文化

无障碍读本

天地出版社 | TIANDI PRESS

图书在版编目（CIP）数据

中华成语全书 / 禹南主编. —成都：天地出版社，2021.1（2021.12重印）
（中国学生经典古文阅读无障碍读本）
ISBN 978-7-5455-6035-0

Ⅰ. ①中… Ⅱ. ①禹… Ⅲ. ①汉语—成语—故事—青少年读物 Ⅳ. ①H136.31-49

中国版本图书馆CIP数据核字（2020）第200017号

中国学生经典古文阅读 无障碍读本

ZHONG HUA CHENG YU QUAN SHU

中华成语全书

出 品 人	杨 政	印 刷	水印书香（唐山）印刷有限公司
主 编	禹 南	版 次	2021年1月第1版
责任编辑	李 蕊　李菁菁	印 次	2021年12月第2次印刷
责任印制	董建臣　张晓东	开 本	720mm×975mm　1/16
出版发行	天地出版社	印 张	16
	（成都市槐树街2号　邮政编码：610014）	字 数	288千字
	（北京市方庄芳群园3区3号　邮政编码：100078）	定 价	25.00元
网 址	http://www.tiandiph.com	书 号	ISBN 978-7-5455-6035-0
电子邮箱	tianditg@163.com		
经 销	新华文轩出版传媒股份有限公司		

版权所有◆违者必究

咨询电话：（028）87734639（总编室）
购书热线：（010）67693207（营销中心）

如有印装错误，请与本社联系调换。

序言

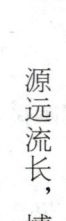

历数千年而不断的中华传统文化，源远流长，博大精深……

中华国学源远流长，千年文明积淀了"诸子百家"的思想精粹，成就了"经史子集"的文化大观，孕育了独具魅力的民族气质。这是我们中华子孙应该继承的最珍贵的文化遗产。共享我们祖先的智慧结晶，研读中华传统的国学精华，品悟经世流传的至上真理，含英咀华，对现代人尤其是青少年学生来说，称得上是一次精神上的洗礼。

本丛书博采古籍，汇众多国学经典于一体。其中，既有音韵优美的诗歌，如《诗经》《唐诗三百首》；又有微言大义的诸子典籍，如《论语》《庄子》；还有浩瀚磅礴的史家绝唱，如《史记》《资治通鉴》；以及精彩绝伦的演义小说，如《封神演义》《东周列国志》；等等。我们用准确的注释疏通晦涩的文字，用精妙的译文展示原著的风貌，用透彻的解读传达先人的智慧，构筑起绚烂的文化盛宴。希望本丛书如春风化雨，帮助读者陶冶情操，锤炼心志，充盈智慧。

语言是一面反映本民族文化传统的镜子。中华文明灿烂悠久，孕育了魅力无穷的文化艺术，成语堪称中华文化的精华。其言近旨远、形象生动的独有特点，传承和映射了华夏文明深厚的文化底蕴，融合了哲学、科学、宗教等领域的丰富思想，包含着古圣先贤的高超智慧，千锤百炼、言简意赅的表达艺术更使其成为中华民族文化的"微缩景观"。

本书精心选取了近300个人们耳熟能详的成语，每个成语都设置了注音、注释、出处（用例）和成语故事等栏目。注音、注释和出处（用例）等栏目能让我们把握成语的基本知识，成语故事能让我们了解每个成语背后的精彩绝伦的故事。这些故事或寓意深刻、耐人寻味，或幽默诙谐、充满智慧。阅读这些妙趣横生的成语故事，对同学们更好地理解成语的寓意和来历、了解祖国的历史文化、提高语言表达能力大有益处。

阅读规划

◎ 阅读方法

| 通读 |

　　通读，就是从头到尾以较快的速度把整本书读一遍。通读重在了解一本书的全貌，以求获得一个完整的印象，取得"鸟瞰全书"的效果。通读时，不要在单个词或句上浪费太多时间，遇到一些看不懂或不理解的地方，可以暂时放一放，待精读时逐步解决。

| 精读 |

　　所谓精读，是指深入、细致地研读，也就是宋代理学家朱熹所说的"熟读而精思"。精读就是要认真读、反复读，逐字逐句，深入钻研。对重要的语句和章节所表达的思想内容，还需要做到透彻理解，细读多思，反复琢磨，务求明白透彻，了然于心，以便汲取精华。只有精心研究，细细咀嚼，文章的"微言精义"才能"愈挖愈出，愈研愈精"。

　　精读时往往以做读书笔记的方式来辅助阅读。读书笔记一般分为以下四种：

　　摘录式：精读时，根据自己的阅读兴趣或阅读目的，把重要的语句、段落等有选择性地抄录下来。

　　批注式：精读时，可以一边读一边在重要的地方做记号（如画线、圈点、折页等），或在书页的空白处简要记下自己的疑问、分析、体会等。

　　心得式：在阅读中或阅读完成之后，及时写下内容梗概、读后感、阅读报告等。

　　思维导图式：运用图文并重的技巧，把书中各级主题的关系用相互隶属与相关的层级图表现出来，使主题关键词与图像、颜色等建立起记忆链接。

| 略读 |

  所谓略读，是指快速阅读文章以了解其内容大意的阅读方法。它要求读者有选择地进行阅读，可跳过某些细节，以求抓住文章的大概，从而加快阅读速度。略读可以采用浏览和跳读两种方法。

  浏览： 阅读时一目数行，迅速扫视，以极快的速度阅读文章，摘取字里行间的主要信息，只需了解文章大意即可。

  跳读： 有意识地跳过一些无关紧要的内容，只撷取书中的关键性内容阅读。或者遇到难点、疑问而不得其解时，直接跳过去，向后继续读。

  略读可以加快阅读速度，扩大阅读量，适用于阅读同类书籍或参考书等。

◎ 阅读建议

  注：同学们可依据个人的时间、兴趣和需求自主安排阅读进程和阅读方式。以下阅读建议仅供参考。

| 时间安排 |

建议用四周时间完成本书的阅读。

第一周	1.通读第1~60页。
	2.了解成语的定义、由来、出处、语法结构等知识。
第二周	通读第61~122页。
第三周	通读第123~186页。
第四周	1.通读第187~234页。
	2.从本书中挑选出你喜欢的成语故事进行精读。

| 阅读策略 |

1.了解成语的有关知识，试着比较成语与谚语的区别。

2.正确理解成语含义，区分成语的感情色彩，并且尝试用每个成语造句。

3.除了本书已收录的条目，请试着收集更多成语，并了解它们的出处和典故，然后与同学一起交流、学习。

◎ 认识成语

一、定义

人们长期以来习用的、简洁精辟的定型词组或短句。汉语的成语大多由四个字组成，一般都有出处。有些成语从字面上不难理解，如"大材小用""半途而废"等。有些成语必须知道其来源或典故才能懂得意思，如"破釜沉舟""东窗事发"等。

二、由来

成语是中国传统文化的一大特色，它一共有五万多条，其中96%都是四字格式，也有三字、五字、六字、七字，甚至七字以上的成语，如"莫须有""鸿门宴""二桃杀三士""不打不成相识""挂羊头卖狗肉""此地无银三百两""桃李不言，下自成蹊"等。成语以四字为主，主要是因为四字朗朗上口，易记易用。例如，我国古代的诗歌总集《诗经》就以四字句为多，还有我国古代较为流行的蒙学教材《百家姓》《千字文》也全为四字句，其他如《尚书》《四言杂字》等也不乏四字句。这就足以说明四字句之为人所喜爱、所乐诵。古人有些话，本来够得上警句，可以成为成语，只是因为改变为四字比较麻烦，也就只好把它放弃，作为引导语来用。例如西晋陈寿的《三国志》有"勿以恶小而为之，勿以善小而不为"之语，虽然意思很好，但是字数较多，因此没能形成成语，而是经常被人用作警句。而同在《三国志》中的一句"兵贵神速"，因为是四个字，简洁精辟，易记易用，所以就成了成语。

三、出处

1.出自历史故事。我国古代有许多著名的历史故事和历史事件，后人把它们凝缩成成语。例如，"退避三舍"的历史典故出自城濮之战，"图穷匕见"

的历史典故出自荆轲刺秦王，"负荆请罪"出于《史记·廉颇蔺相如列传》，"覆水难收"出于《后汉书·何进传》，"洛阳纸贵"出于《晋书·左思传》，"口蜜腹剑"出于《资治通鉴·唐玄宗天宝元年》，等等。

2.出自古代的神话传说、寓言故事。我国古代的很多神话传说、寓言故事含义深刻，富有教育意义，往往被概括为成语。如开天辟地、嫦娥奔月、大禹治水、夸父逐日、精卫填海、女娲补天、八仙过海、愚公移山等，都是古代的神话传说；而如"与虎谋皮"出于《太平御览》，"歧路亡羊"出于《列子·说符》，"买椟还珠"出于《韩非子·外储说左上》，"邯郸学步"出于《庄子·秋水》，"螳螂捕蝉，黄雀在后"出于《说苑·卷九·正谏》，等等，它们都是古代的寓言故事。

3.出自古代典籍作品。这又分两种情况：一种是从古书中直接摘引原句，如"一鼓作气"出自《左传·庄公十年》，"不耻下问"出自《论语·公冶长》，"功败垂成"出自《晋书·谢玄传论》，"玩物丧志"出自《尚书·旅獒》，等等；一种是截取古书的文句用为四字成语，这种情况更为普遍，如"安步当车"取自《战国策·齐策四》"晚食以当肉，安步以当车"，"瓜田李下"取自《乐府诗集·相和歌辞七·君子行》"瓜田不纳履，李下不整冠"，"刮目相看"取自《三国志·吴书·吕蒙传》"士别三日，即更刮目相待"，"胸有成竹"取自宋代苏轼《文与可画筼筜谷偃竹记》"故画竹，必先得成竹于胸中"。诸如此类，不胜枚举。

4.出自群众口语、谚语。有不少成语来源于群众口头用的通俗而形象的俗语、谚语，如"此地无银三百两""指桑骂槐""狼子野心""千夫所指""趁热打铁""欢天喜地"等等。

四、语法结构

成语的结构是多种多样的，以下是几种常见的结构形式：

1.主谓式成语：豺狼当道、兵贵神速、大器晚成、东施效颦、覆水难收、狗尾续貂、脚踏实地、老马识途、毛遂自荐、杞人忧天、螳臂当车、完璧归赵、胸有成竹、夜郎自大、愚公移山等。

2.动宾式成语：包藏祸心、不修边幅、草菅人命、重蹈覆辙、孤注一掷、明察秋毫、三顾茅庐等。

3.联合主谓式成语：唇亡齿寒、德高望重、尔虞我诈、风吹草动、柳暗花明、水滴石穿、图穷匕见、外强中干等。

4.联合动宾式成语：按图索骥、惩前毖后、得陇望蜀、防微杜渐、奉公守法、负荆请罪、讳疾忌医、解衣推食、结草衔环、厉兵秣马、买椟还珠、囊萤映雪、攀龙附凤、披荆斩棘、破釜沉舟、舍生取义、贪生怕死、围魏救赵、悬梁刺股、扬眉吐气等。

5.联合名词式成语：粗枝大叶、高山流水、瓜田李下、狐朋狗友、疾风劲草、镜花水月、连篇累牍、流言蜚语、南辕北辙、奴颜婢膝、天罗地网、天涯海角等。

6.联合动词式成语：冥思苦想、扑朔迷离、乔装打扮、突飞猛进、勇往直前、远走高飞、纵横驰骋等。

7.并列式成语：吹拉弹唱、琴棋书画、喜怒哀乐、悲欢离合、妖魔鬼怪、魑魅魍魉、古今中外等。

8.动补式成语：呆若木鸡、青出于蓝、锲而不舍、入木三分、视死如归、贪得无厌、退避三舍等。

9.偏正式成语：汗马功劳、空中楼阁、近水楼台、梁上君子、两袖清风、量力而行、歧路亡羊、囫囵吞枣、嗟来之食、惊弓之鸟、鸿鹄之志等。

10.承接式成语：见利忘义、见异思迁、马到成功、水到渠成、闻鸡起舞、先斩后奏等。

11.因果式成语：水滴石穿、水落石出、熟能生巧、曲高和寡、因小失大、积少成多等。

◎ 成语特征

1.结构的固定性：成语的构成成分和结构形式一般都是固定的，不能随意变更或增减语素。例如，不能把"买椟还珠"改为"买椟归珠"，也不能把"南辕北辙"说成"东辕西辙"，而将"同甘共苦"缩减为"同甘苦"、将

"狡兔三窟"增加成"狡兔有三个窟"也是不允许的。此外,成语里的语序也有固定性,不能随意更改。例如,"愚公移山"不能改为"移山愚公","抱薪救火"不能改为"救火抱薪"。

2.意义的整体性:成语在表意上与一般固定短语不同,它的意义往往不是其构成成分意义的简单相加,而是在其构成成分的意义基础上进一步概括出来的整体意义。例如:"高山流水"不是字面意义的高山和流水,而是比喻知音难遇或乐曲高妙;"杯弓蛇影"表面意义是"将映在酒杯里的弓影误认为蛇",实际意义是"因疑神疑鬼而自惊自怕";"闻鸡起舞"表面意义是"听到鸡鸣就起床舞剑",实际意义是"形容有志之士及时奋发,刻苦自励";等等。

3.语法功能的多样性:从汉语语法的角度来看,汉语成语在句子里相当于一个短语,因为短语在一个句子中能充当不同的成分,所以成语的语法功能也具有多样性。例如,"缘木求鱼"可以作谓语、宾语,"胸有成竹"可以作谓语、定语、状语,等等。

4.风格的典雅性:成语通常来自古代文献或俗语,其语体风格至今仍保留着书面语庄重、典雅的特色。

目录 中华成语全书

安步当车……〇〇一	豺狼当道……〇二〇
按图索骥……〇〇二	长驱直入……〇二一
百折不挠……〇〇三	车水马龙……〇二二
班门弄斧……〇〇四	城门失火，殃及池鱼……〇二二
半途而废……〇〇五	乘风破浪……〇二三
包藏祸心……〇〇六	乘人之危……〇二四
抱薪救火……〇〇七	程门立雪……〇二五
杯弓蛇影……〇〇八	惩前毖后……〇二六
背水一战……〇〇九	持之以恒……〇二七
宾至如归……〇一〇	重蹈覆辙……〇二八
兵不厌诈……〇一一	宠辱不惊……〇二八
兵贵神速……〇一二	出尔反尔……〇二九
不耻下问……〇一三	出奇制胜……〇三〇
不打不成相识……〇一四	春风得意……〇三一
不求甚解……〇一四	唇亡齿寒……〇三二
不入虎穴，焉得虎子……〇一五	此地无银三百两……〇三三
不修边幅……〇一七	寸草春晖……〇三三
不自量力……〇一七	打草惊蛇……〇三四
草菅人命……〇一八	大材小用……〇三五
草木皆兵……〇一九	大腹便便……〇三五

大公无私	〇三六	分道扬镳	〇五八
大器晚成	〇三七	风吹草动	〇五九
呆若木鸡	〇三八	奉公守法	〇六〇
箪食瓢饮	〇三九	负荆请罪	〇六一
当局者迷	〇四〇	赴汤蹈火	〇六二
当务之急	〇四一	覆水难收	〇六三
道不拾遗	〇四一	改过自新	〇六三
道听途说	〇四三	改弦易辙	〇六四
得过且过	〇四三	肝脑涂地	〇六五
得陇望蜀	〇四四	感激涕零	〇六六
得心应手	〇四五	高山流水	〇六七
得意忘形	〇四六	各得其所	〇六八
德高望重	〇四七	各自为政	〇七〇
东窗事发	〇四八	功败垂成	〇七〇
东山再起	〇四九	篝火狐鸣	〇七一
东施效颦	〇五〇	狗尾续貂	〇七二
断章取义	〇五一	孤注一掷	〇七三
对牛弹琴	〇五二	瓜田李下	〇七四
对症下药	〇五三	刮目相看	〇七五
尔虞我诈	〇五三	挂羊头卖狗肉	〇七六
二桃杀三士	〇五四	管鲍之交	〇七七
防微杜渐	〇五五	管宁割席	〇七七
非驴非马	〇五七	贵人多忘	〇七八
废寝忘食	〇五八	过门不入	〇七九

骇人听闻	○七九	脚踏实地	○九八
邯郸学步	○八○	嗟来之食	○九九
汗马功劳	○八一	结草衔环	一○○
沆瀣一气	○八二	竭泽而渔	一○一
好谋善断	○八二	解衣推食	一○二
鹤立鸡群	○八三	金玉其外，败絮其中	一○二
哄堂大笑	○八四	近水楼台	一○三
鸿鹄之志	○八四	惊弓之鸟	一○四
囫囵吞枣	○八五	精诚所至，金石为开	一○五
狐假虎威	○八六	鞠躬尽瘁	一○五
华而不实	○八七	开诚布公	一○七
画饼充饥	○八七	开卷有益	一○八
画蛇添足	○八八	空前绝后	一○八
讳疾忌医	○八九	空中楼阁	一○九
鸡犬不宁	○九○	口蜜腹剑	一一○
疾风劲草	○九一	口若悬河	一一一
集思广益	○九二	胯下之辱	一一二
家徒四壁	○九三	脍炙人口	一一二
坚壁清野	○九三	狼狈为奸	一一三
兼听则明，偏信则暗	○九四	老当益壮	一一四
见利忘义	○九五	老马识途	一一五
江郎才尽	○九六	厉兵秣马	一一五
将勤补拙	○九七	励精图治	一一六
狡兔三窟	○九七	连篇累牍	一一七

梁上君子……一一八	攀龙附凤……一三八
两袖清风……一一九	抛砖引玉……一三九
量力而行……一二〇	鹏程万里……一四〇
流言蜚语……一二〇	披荆斩棘……一四一
柳暗花明……一二一	平易近人……一四二
勠力同心……一二二	破釜沉舟……一四三
洛阳纸贵……一二三	扑朔迷离……一四三
马革裹尸……一二三	璞玉浑金……一四四
买椟还珠……一二四	欺世盗名……一四五
瞒天过海……一二五	漆身吞炭……一四五
毛遂自荐……一二六	奇货可居……一四六
门庭若市……一二六	歧路亡羊……一四七
妙笔生花……一二七	骑虎难下……一四八
明察秋毫……一二八	旗鼓相当……一四九
明修栈道，暗度陈仓……一二九	杞人忧天……一五〇
明哲保身……一三〇	气宇轩昂……一五一
磨杵成针……一三一	前车之鉴……一五二
南柯一梦……一三二	前倨后恭……一五三
南山可移……一三三	前事不忘，后事之师……一五四
南辕北辙……一三三	黔驴技穷……一五四
囊萤映雪……一三五	强弩之末……一五六
宁为玉碎，不为瓦全……一三六	锲而不舍……一五七
奴颜婢膝……一三七	秦晋之好……一五七
呕心沥血……一三八	青出于蓝……一五九

请君入瓮	一六〇	贪生怕死	一八〇
趋炎附势	一六一	螳臂当车	一八〇
曲高和寡	一六二	螳螂捕蝉，黄雀在后	一八一
忍辱负重	一六二	桃李不言，下自成蹊	一八二
如鱼得水	一六三	天罗地网	一八三
孺子可教	一六四	同甘共苦	一八四
入木三分	一六五	同心同德	一八四
塞翁失马，焉知非福	一六六	投鼠忌器	一八五
三顾茅庐	一六七	图穷匕见	一八六
三迁之教	一六七	推心置腹	一八七
杀身成仁	一六九	退避三舍	一八八
舍生取义	一六九	唾手可得	一八九
身无长物	一七〇	外强中干	一九〇
神机妙算	一七一	完璧归赵	一九一
声名狼藉	一七二	玩物丧志	一九二
失之毫厘，谬以千里	一七二	望梅止渴	一九三
势如破竹	一七三	韦编三绝	一九四
视死如归	一七四	围魏救赵	一九五
舐犊情深	一七五	未雨绸缪	一九五
手不释卷	一七六	闻鸡起舞	一九六
熟能生巧	一七六	卧薪尝胆	一九七
水滴石穿	一七七	物以类聚	一九八
四面楚歌	一七八	下笔成章	一九九
贪得无厌	一七九	先发制人	一九九

项庄舞剑，意在沛公 …… 二〇〇	愚公移山 …… 二一九
信口雌黄 …… 二〇一	与虎谋皮 …… 二一九
胸有成竹 …… 二〇二	欲盖弥彰 …… 二二〇
悬梁刺股 …… 二〇三	缘木求鱼 …… 二二一
叶公好龙 …… 二〇四	约法三章 …… 二二二
夜郎自大 …… 二〇五	运筹帷幄 …… 二二三
夜以继日 …… 二〇六	凿壁偷光 …… 二二四
一代楷模 …… 二〇六	昭然若揭 …… 二二五
一饭千金 …… 二〇七	朝三暮四 …… 二二五
一鼓作气 …… 二〇八	纸上谈兵 …… 二二六
一鸣惊人 …… 二〇九	志在四方 …… 二二七
一诺千金 …… 二一〇	忠言逆耳 …… 二二八
一曝十寒 …… 二一〇	众志成城 …… 二二九
一人得道，鸡犬升天 …… 二一一	重于泰山，轻于鸿毛 …… 二三〇
一身是胆 …… 二一二	专横跋扈 …… 二三一
一叶障目 …… 二一二	专心致志 …… 二三二
一枕黄粱 …… 二一三	捉襟见肘 …… 二三二
以强凌弱 …… 二一五	自惭形秽 …… 二三三
义无反顾 …… 二一六	自相矛盾 …… 二三四
因势利导 …… 二一六	◎延伸阅读 …… 二三五
游刃有余 …… 二一七	◎真题演练 …… 二三九
鱼目混珠 …… 二一八	

安步当车

【注音】 ān bù dàng chē

【注释】 安：安详，从容。安步：缓缓步行。指以从容的步行代替乘车。既形容轻松缓慢地行走，也比喻人能够安守贫贱地生活。

【出处】 西汉·刘向《战国策·齐策四》："晚食以当肉，安步以当车。"

【成语故事】

战国时，齐国有一位著名的隐士，名叫颜斶，他学识渊博，正直无私，受到很多人的尊敬。齐宣王也非常仰慕颜斶的才华，因此，便下令召颜斶进宫，想封他做官。

颜斶来到齐宣王的宫殿，可是，走到殿前的阶梯处时，颜斶却停住了脚步。齐宣王见他不往前走了，非常奇怪，就说道："颜斶，过来吧。"谁知，颜斶听了齐宣王的话，不但一动未动，反倒朝齐宣王说道："大王，您过来。"

齐宣王听了很不高兴。左右的大臣一见，忙呵斥颜斶道："大王是君主，你是臣民，怎么可以叫大王过去呢？"颜斶听了，不慌不忙地说："正是因为大王是君主，如果我走到大王面前，就说明我羡慕他的权势；如果大王走过来，则说明他礼贤下士。"

齐宣王一听，更生气了："这样说来，士人比君主更尊贵了？"颜斶不假思索地说："那当然了。从前秦国进攻齐国的时候，秦王曾经下过一道命令：有谁敢在高士柳下惠的坟墓五十步以内的地方砍柴，格杀勿论！而有谁能砍下齐王的脑袋，就封他为万户侯。由此看来，一个君主的头连一个已死的士人的坟墓都不如啊。"齐宣王一时无言以对。大臣们忙上前解围："颜斶，你还是过来吧！我们齐国兵强马壮，东西南北谁敢不服？"

颜斶驳斥道："你们说得不对！从前大禹的时候，诸侯有万国之多，这是为什么呢？是因为他尊重士人的缘故。如今，称孤道寡的才二十四个，由此看来，重视士人与否才是得失的关键啊。"

齐宣王听了，这才心服口服。他对颜斶说："听了您的一番高论，寡人才知道了自己想法的谬误。希望您能收寡人做您的学生，寡人保证您荣华富贵应有尽有！"

颜斶听了说道："玉，原产于山中，经过匠人加工，虽然仍旧宝贵，却失去了本来的面貌。士人生在穷乡僻壤，如果选拔上来，就会享有俸禄，那么他的内心世界会遭到破坏。所以我情愿大王让我回去，每天粗茶淡饭，也像吃肉那样香；安稳而慢慢地走路，足以当作乘车；平安度日，其实并不比权贵差；清静无为，纯正自守，也乐在其中。"颜斶说罢，便告辞走了。

按图索骥

【注音】 àn tú suǒ jì

【注释】 索：寻找。骥：良马。照着图形去寻找良马。原比喻做事死守教条，不懂得变通；现多比喻依据一定的线索去寻找事物。

【出处】 东汉·班固《汉书·梅福传》："今不循伯者之道，乃欲以三代选举之法取当时之士，犹察伯乐之图，求骐骥于市，而不可得，亦已明矣。"

【成语故事】

春秋时期，秦国有个叫孙阳的人，他擅长辨别马的好坏。无论什么样的马，只要让孙阳看一眼，他立即就能分辨出优劣。于是，人们用传说中掌管马的天神的名字来称呼孙阳，叫他伯乐。

为了让更多的人学会相马，也为了自己的一身技艺不失传，孙阳把多年积累的相马经验编成一本书，取名叫《相马经》。在这本书里，孙阳将各种马的特征都作了详细的介绍，并且配置了不少插图，以供人们参考。

孙阳的儿子也很喜欢相马。他把《相马经》看了几遍，便揣起书出门去寻找千里马了。这一天，他来到一个池塘边，发现荷叶上蹲着一个小东西，高脑门、大眼睛，非常符合《相马经》中所写的千里马的特征，只是个头小了许多，蹄子也不太像。孙阳的儿子心想："或许这是一种新的千里马呢。"于是，他费了好大的劲把那个小东西抓起来。一回到家，孙阳的儿子便兴高采烈地对孙阳说："父亲，您快来看，我找到了一匹千里马！"孙阳闻言走出来一看，发现儿子手里拿的竟然是一只癞蛤蟆！

孙阳不由得又好气又好笑，他说道："只可惜这匹'马'太喜欢跳跃了，不好驾驭！"孙阳的儿子听父亲这么一说，才知道自己弄错了。他觉得非常惭愧，于是踏踏实实地和父亲学起相马来，终于也成了一名不错的相马师。

百折不挠

【注音】bǎi zhé bù náo

【注释】折：挫折。挠：弯曲。指无论受到多少挫折也不屈服。形容意志坚强、刚毅。

【出处】东汉·蔡邕《太尉桥公碑》："其性庄，疾华尚朴，有百折而不挠、临大节而不可夺之风。"

【成语故事】

东汉时，有个人名叫桥玄。他为人耿直，嫉恶如仇，为官公正清廉，对于违法之人都会严加查办，因此深受人们敬重。

桥玄年轻时曾在睢阳县（今河南商丘）当功曹，掌管人事。当时，豫州"陈国相"羊昌经常凭借着自己的权势鱼肉百姓，为此，桥玄费尽心思想严办羊昌。

有一次，恰逢豫州刺史周景来睢阳县视察，桥玄借机列出羊昌的诸多罪状，并向周景请命，去查办羊昌。得到周景的同意后，桥玄先派人把羊昌的宾客全部抓了起来，又收集了大量有关羊昌的罪证。

羊昌的靠山——当朝大将军梁冀得知这个消息后，立即派人传来檄文，要求桥玄放过羊昌。可是，桥玄却压下了梁冀的檄文，并加快审讯速度，终于使羊昌得到了应有的惩罚。

汉灵帝时，桥玄升任尚书令。当时，太中大夫盖升倚仗着灵帝的宠信，大肆收受贿赂。桥玄掌握其罪证后，向灵帝上奏，请求灵帝罢免盖升的职务。可是，灵帝不但没有处置盖升，反倒升了他的官。桥玄觉得非常灰心，于是称病辞官，回了老家。

一天，桥玄的小儿子被三个盗贼挟持到了一座阁楼上。盗贼命令桥玄拿钱来赎回儿子，桥玄不肯答应。当时，司隶校尉阳球得到消息，赶忙带领着当地的官员和大批士兵来到桥玄家，把整幢阁楼包围了起来。

阳球唯恐那些盗贼会杀害桥玄的小儿子，所以不敢贸然指挥士兵冲上去。桥玄瞪大眼睛喊道："我桥玄难道会因为爱惜儿子的性命就放纵这些无法无天的盗贼吗？"然后，他催促阳球下令让士兵进攻。结果，盗贼全被杀死了，但桥玄的小儿子也因此丢了性命。

事后，桥玄进宫请求皇帝下令，以后凡是绑架勒索的案件，一定要把贼人全部杀掉，不许拿钱去赎，以杜绝贼人再犯罪。皇帝批准了桥玄的建议，并下发了诏书。从那以后，恶贼劫持人质的案件几乎绝迹。

著名文学家蔡邕曾经称赞桥玄说："太尉为人严肃，反对奢华，崇尚简朴，并具有百折不挠、坚持自己意志的精神。"

班门弄斧

【注音】 bān mén nòng fǔ

【注释】 班：指鲁班，春秋时鲁国有名的巧匠。在鲁班门前舞弄斧子。比喻在行家面前卖弄本事。

【出处】 唐·柳宗元《王氏伯仲唱和诗序》："操斧于班、郢之门，斯强颜耳。"

【成语故事】

有一年，明朝诗人梅之焕游历江南，来到了采石矶。传说，唐代大诗人李白曾经与朋友划船夜游，船至采石矶时，李白已喝得大醉，他见清澈的江水倒映着天上的明月，美丽异常，忍不住伸手捕捞，不料失足跌入江中而亡。友人便将李白葬在此地，采石矶也因此成了旅游胜地。

梅之焕这次来，就是想到李白的墓前凭吊一番的。谁知，他看到李白的墓后，不禁大怒。原来，在李白墓前，凡是能写字的地方，都被人题上了诗句。有些诗写得前言不搭后语，非常糟糕。而这些拙劣的诗句竟然出现在"诗仙"李白的墓上，真是可笑至极。梅之焕连连摇头，感慨之余，他挥笔题了一首诗："采石江边一堆土，李白之名高千古。来来往往一首诗，鲁班门前弄大斧。"以此来讥讽那些不自量力、胡乱瞎写的人。

半途而废

【注音】bàn tú ér fèi

【注释】废：停止。比喻事情没做完就停止，不能善始善终。

【出处】西汉·戴圣《礼记·中庸》："君子遵道而行，半涂（途）而废，吾弗能已矣。"

成语故事

东汉时，河南有一个叫乐羊子的人，他有一个知书达理、非常贤惠的妻子。

一次，乐羊子捡到一块金子，高兴地拿回家。妻子说："我听说有志气的人不喝'盗泉'的水，廉洁的人不接受他人侮辱性的施舍，何况是捡起别人丢失的财物而谋求私利呢！"乐羊子听后十分惭愧，就把金子扔了，决定出外拜师求学。

一年后，乐羊子回来了。妻子高兴地问："你的学业完成了？"乐羊子说："没有。"妻子又问："那你为什么回来呢？"乐羊子说："我离家时间长了，很想念你，所以回来看看。"妻子听了乐羊子的

话，拿起一把剪刀，走到织布机前，剪断了正在织的布，对乐羊子说："这绢帛产自蚕茧，成于织机，一根丝一根丝地累积起来，才有一寸长；一寸一寸地累积下去，才有一丈长。只有不懈努力，不停地织下去才能织成长长的布匹。今天我将它剪断，前面所下的功夫和付出的时间就浪费掉了。读书求学也是这样。像你这样半途而归，和我现在割断织丝的行为又有什么区别呢？"

听了妻子的话，乐羊子既感动又惭愧，忙辞别妻子，继续求学，一连七年都没回家。七年后，他终于学有所成。

包藏祸心

【注音】bāo cáng huò xīn

【注释】包藏：隐藏。祸心：害人之心。指内心怀着害人的恶意。

【出处】春秋鲁·左丘明《左传·昭公元年》："将恃大国之安靖己，而无乃包藏祸心以图之？"

成语故事

春秋时期，楚强郑弱，为了国家的利益，郑国大夫公孙段决定将自己的女儿嫁给楚国令尹公子围为妻。公子围一听大喜过望，准备在迎亲之日吞并郑国。

公元前541年，公子围率领一队士兵前往郑国迎亲。郑国上卿子产为人精明机敏，他听说公子围带着军队来迎亲，知道他们一定另有所图。于是，子产派人将楚国的人马安排在城外的馆驿，并派能言善辩的子羽去应付他们。公子围一见子羽，就假装气愤地喊道："我们真心诚意前来迎亲，贵国却安排我们住在荒郊野外，这岂不是相当于将贵国国君的赏赐弃置于野草堆里？"

子羽不慌不忙地说："郑国弱小，所以渴望通过与贵国联姻来保护自己，但贵国却趁机暗中图谋！这个办法看起来聪明，其实却愚蠢得可怜！如果一个小国因为寻求保护而被吞灭，其他的小国就会提高警惕，而像贵国这样的大国也会失去威信！"子羽的话说得公子围哑口无言，他只好独自进入郑国的都城迎娶公孙段的女儿。

抱薪救火

【注音】 bào xīn jiù huǒ

【注释】 薪：柴。比喻消灭祸患时方法不对，反而会使祸患扩大。

【出处】 西汉·司马迁《史记·魏世家》："且夫以地事秦，譬犹抱薪救火，薪不尽，火不灭。"

成语故事

战国后期，逐渐强大的秦国不断向邻国扩张。有一年，秦国接连向魏国发动大规模的进攻，占领了魏国的大片土地。

公元前273年，秦国又一次向魏国出兵，直逼魏国都城大梁。

在这大兵压境的危急时刻，魏国的安釐王听信大臣的话，想向秦国求和，并割让黄河以北和太行山以南的大片土地给秦国。

谋士苏代连忙劝阻道："大王，您若把大片土地割让给秦国，虽然暂时满足了秦王的野心，但秦国的欲望是无止境的，只要魏国的土地没割让完，秦军就不会停止进攻。"

接着，苏代又讲了一个故事："从前，有个人的房子起火了，别人劝他用水灭火，他却抱起一捆柴草去救火，反而助长了火势。大王若拿魏国的土地去求和，不就等于抱着柴草去救火吗？柴草不烧完，火是不会灭的。"

尽管苏代讲得有理有据，胆小的安釐王还是把黄河以北的大片土地割让给了秦国。

公元前225年，秦军果然又向魏国大举进攻，包围了大梁，并掘开黄河大堤，让洪水淹没了都城，魏国最终被秦国灭掉了。

杯弓蛇影

【注音】 bēi gōng shé yǐng

【注释】 杯：酒杯。弓：弓箭。指将映在酒杯里的弓影误认作蛇。形容因疑神疑鬼而自惊自怕。

【出处】 东汉·应劭《风俗通义·怪神》："时北壁上有悬赤弩，照于杯，形如蛇。"

【成语故事】

西晋时，有一个叫乐广的人请一位朋友来家里喝酒，没想到，这位朋友从乐广家回去后，竟然一病不起。乐广听到这个消息，立刻赶去探望。几天工夫，那位朋友便憔悴了好多。乐广感到非常奇怪，就问朋友生病的原因。那位朋友吞吞吐吐地说："实不相瞒，上次去你家喝酒，看到酒杯中有一条蛇在游动，等察觉时已经被我喝进了肚子，回来后就病了。"

乐广听了很纳闷：酒杯里哪来的蛇呢？回到家里，他又来到当日喝酒的客厅，仔细查看。突然，乐广发现客厅的墙上挂着一把弓，他心中一动，立刻拿来一杯酒，放在当日那位朋友放酒杯的地方。果然，弓的影子映在杯中，就像一条蛇。

乐广一下子明白了，他立刻将那位朋友请了过来，重摆宴席，仍旧叫他坐在当日那个位置上。那位朋友端起酒杯，只见里面又有一条蛇在游动，吓得急忙放下了酒杯。这时，乐广走过去拿掉那把弓，对朋友说："现在，你看看杯中还有蛇吗？"那位朋友小心翼翼地拿起酒杯，奇怪，里面的蛇不见了！这时，乐广指着那把弓对朋友说："哪里有什么蛇，不过是这把弓的影子罢了！"说着，他又把弓挂到了墙上，果然，那条蛇又出现了。

那位朋友心中的疑团顿时消失了，精神一下子清爽了许多，没过几天，他的病就好了。

背水一战

【注音】 bèi shuǐ yī zhàn

【注释】 背水：背靠河水。指背靠河水，已经没有了退路。比喻在极其艰难的条件下决一死战。

【出处】 西汉·司马迁《史记·淮阴侯列传》："［韩］信乃使万人先行，出，背水陈（同"阵"）。……军皆殊死战，不可败。"

【成语故事】

秦朝灭亡后，汉王刘邦采纳大将韩信的策略，夺取了关中地区，奠定了与项羽争夺天下的基础。

公元前204年，刘邦派韩信率军去攻打投靠项羽的赵国。当时，井陉口是汉军的必经之路，于是，赵王歇与成安君陈馀率领二十万大军集结在井陉口，准备迎战汉军。

这时，赵国的广武君李左车向陈馀献计说："韩信大军长途劳顿，粮草难以供给，而井陉口这个地方两旁有山，道路狭窄，车马很难通过，汉军的粮草必定会落在后面。您可以派三万将士抄后路截取他们的粮草，而您就可以统率大军从正面固守，不与其交战。这样一来，汉军前不得战，后不得退，又没有粮草，不出十天，我们就可以活捉韩信了。"

可是，陈馀仗着自己兵多将广，并没有听取李左车的意见，而是决意与汉军正面交战。

韩信探知了陈馀的打算后，非常高兴。于是，他把兵马集结在离井陉口三十余里的地方，只派出两千轻骑兵，每人拿着一面军旗趁夜赶到赵营的后方埋伏起来。然后，韩信又派出一万兵马，沿着河岸摆开阵势，准备和赵军交战。陈馀见此情景不禁哈哈大笑："看来韩信真是徒有虚名啊！背水作战乃兵家大忌，他这样做真是自寻死路！"

于是，陈馀立刻率领大军倾巢而出，想把汉军歼灭在河岸。由于后无退路，汉军只得拼命厮杀，与赵军展开激战。赵军久攻不下，士气开始回落。

　　这时，韩信预先埋伏好的汉军趁着赵营空虚，立即杀入赵营，拔掉赵国的军旗，换上随身携带的汉旗。赵军看到自己的军营插满了汉军的旗子，军心大乱，纷纷溃逃。汉军乘机前后夹击，大破赵军，陈馀被杀，赵王歇也被活捉。

　　事后，将士们向韩信请教："背水结阵乃兵家大忌，将军明知故犯，为什么却获得大胜呢？"韩信笑着回答："这就是兵法中所说的'陷之死地而后生，置之亡地而后存'啊。把士兵们放在没有退路的地方，他们只有拼命奋战，以求生存了。"

宾至如归

【注音】bīn zhì rú guī

【注释】宾：客人。客人到这里就好像回到自己家一样。形容主人待客殷勤周到。

【出处】春秋鲁·左丘明《左传·襄公三十一年》："宾至如归，无宁灾患，不畏寇盗，而亦不患燥湿。"

【成语故事】

　　子产，即公孙侨，是春秋时期郑国的执政。公元前542年，子产奉郑简公的命令，带着许多礼物出访晋国。当时，正逢鲁襄公去世，于是晋平公借为鲁国国丧致哀为名，迟迟不接见子产。子产对晋平公这种态度感到非常气愤，于是，他派随行的人员把晋国用来接待外国来使的馆驿的围墙拆掉，然后直接把马车赶了进去。

　　晋平公得知这一消息，十分恼怒，就派大夫士文伯来到馆驿责问子产。士文伯问子产："晋国是诸侯的盟主，来朝贡的诸侯官员很多，为了防止盗贼，保障来宾的安全，我们特意修建了这所馆驿，并筑起了厚厚的围墙。现在你把围墙拆了，是出于什么原因呢？"

　　子产回答道："我听说过去晋文公做盟主的时候，自己住的宫殿非常矮小，而给各诸侯使者居住的馆驿却修得又高又大。宾客到达的时候，样样事情都有人照应：仆人在馆驿巡逻，车马有一定的住所，连来往的车辆都有人上油、修缮。而晋文公本人也与宾客休戚与共：你不懂的，他会教导你；你有困难，他会给予你帮助；你缺少的东西，他会立即派人送过去。宾客来到这里，就像回到自己的家里一样，根本不用担心有什么盗贼。可是现在，晋国的宫殿占了好几里的地面，而诸侯宾客住的房子却又矮又小，门口连车子都进不去。这一次，我们带着礼物，千里迢迢前来朝见，你们的国君却没有时间接见我们。不但如此，连一个确定的日期也没有，我们又不能翻墙进去，如果不拆掉围墙，让这些礼物日晒夜露，腐坏变质，那就是我们的罪过了。"

听了子产的一席话，士文伯无言以对，只好回去把这些话转告给了晋平公。晋平公听了觉得非常惭愧，连忙召见了子产，为他举行了隆重的宴会，并准备了丰厚的礼物作为对郑国的回赠。然后，晋平公又下令重修了馆驿，恭恭敬敬地把子产送出了晋国。就这样，子产以自己的智慧维护了郑国的尊严，受到了人们的称赞与敬佩。

「兵不厌诈」

【注音】 bīng bù yàn zhà

【注释】 厌：排斥。诈：欺诈。指作战时要尽可能多地用假象迷惑敌人，以取得胜利。

【出处】 《韩非子·难一》："战阵之间，不厌诈伪。"

【成语故事】

春秋时期，楚国大肆侵略扩张，中原地区除了晋、齐、秦三个大国，其余的地方都成了楚国的势力范围。

公元前633年，楚国的盟国宋国突然背叛了楚国，投靠了晋国。楚成王大怒，立即派兵攻打宋国。宋国无力抵抗，只好向晋国求救。

当时，楚国联合了陈国、蔡国等盟国，兵力强大；而晋国联合了一些小国，兵力很弱。于是，晋文公召集大臣商议取胜之计。大臣子犯说:"我听说:'对于注意礼仪的君子,应当忠诚和守信,取得对方信任;但在你死我活的战阵之间,则不妨多用欺诈的手段迷惑对方。'"于是,晋文公听从了子犯的建议,他先派兵击溃了由陈、蔡两军组成的楚军右翼,然后命令主力部队假装撤退,引诱楚军左翼追赶,再以伏兵夹击,楚军左翼大败,中军也被迫撤退,晋军取得了整个战役的胜利。

这场战争就是历史上著名的城濮之战,正是凭借这场战争,晋文公一跃成为当时的诸侯霸主。

兵贵神速

【注音】 bīng guì shén sù

【注释】 贵:以某种情况为可贵、重要。指用兵作战最重要的就是行动迅速。

【出处】 西晋·陈寿《三国志·魏书·郭嘉传》:"太祖遂行至易,嘉言曰:'兵贵神速。'"

【成语故事】

郭嘉是三国时期曹操的谋士,他足智多谋,深受曹操的信任和重用。

公元200年,北方最大的割据势力袁绍在官渡之战中被曹操打败,他的两个儿子袁尚和袁熙投奔了位于辽河流域的乌丸族首领蹋顿单于。曹操有心去征讨蹋顿,但又担心远征之后,荆州的刘表会趁机来袭。

郭嘉分析了当时的形势后对曹操说:"您现在威震天下,刘表一定会有所顾忌,不敢袭击我们,所以不必有后顾之忧。而乌丸仗着地处边远,必然不会防备我们。我们如果此时进行突然袭击,一定能将其消灭。如延误时机,让袁尚、袁熙有喘息的机会,重新收集残部,再得到乌丸各族的响应,到那时,只怕再想收复他们就很难了。"

曹操听了郭嘉的话,觉得很有道理,于是亲自领兵征讨蹋顿单于。但因曹军人马、辎重太多,大军走了一个多月才到达易县。郭嘉对曹操说:"用兵贵在神速,我们现在到千里之外的地方作战,军用物资多、行军速度慢,如果敌人知道我军的情况,就会有所准备。不如留下笨重的军械物资,派出轻兵昼夜兼程,深入敌境,趁敌人没有防备发起进攻,这样才能取得胜利。"

曹操采纳了郭嘉的建议,亲率数千精兵轻装北进,直插蹋顿单于所在地柳城(今辽宁朝阳西南),与蹋顿的队伍展开了激战。最后,蹋顿被杀,袁尚、袁熙逃往辽东后,也被辽东太守孙康所杀。

不耻下问

【注音】 bù chǐ xià wèn

【注释】 耻:可耻、耻辱。不耻:不以为可耻。指不以向学问比自己差或地位、辈分比自己低的人请教为耻。

【出处】 《论语·公冶长》:"敏而好学,不耻下问。"

【成语故事】

春秋时期,卫国大夫孔圉聪明好学,为人谦虚谨慎,受到很多人的尊敬。孔圉死后,为了表彰他,卫国的国君赐给他一个"文"的谥号。

孔子的学生子贡得知这件事后,觉得非常不解。因为子贡知道,在卫国有很多人的学问都比孔圉高,为什么只有孔圉被赐予"文"的谥号呢?于是,子贡向孔子求教。孔子笑着说:"孔圉非常聪明又好学上进,遇到任何不懂的事情,就算对方的地位或学问不如他,他也会大方而谦虚地请教,一点都不因此而感到羞耻,这是他很难得的地方,因此,他才被赐为'文'啊。"

"噢,原来如此!"子贡听了恍然大悟,说道,"看来我以后可要向他学习了!"

不打不成相识

【注音】 bù dǎ bù chéng xiāng shí

【注释】 不经过交手较量，相互之间就不可能深入了解，也就无法成为真正的朋友。

【出处】 明·施耐庵《水浒传》第三十八回："戴宗道：'你两个今番却做个至交的弟兄。常言道：不打不成相识。'"

【成语故事】

明朝著名小说家施耐庵在《水浒传》中记载了这么一个故事：宋江在刺配江州期间，与戴宗、李逵同在琵琶亭酒馆饮酒。由于酒馆没有鲜鱼下酒，性情鲁莽的李逵便跑到江边的一条渔船上抢鱼。不料，他一失手把鱼篓里的鱼都放回了江中。渔人非常生气，操起家伙就打李逵，李逵连忙抵挡。正当双方打得不可开交时，宋江与戴宗赶来，喝住李逵。那渔人见了宋江，赶紧上前施礼。原来，他就是"浪里白条"张顺，与宋江原是朋友。误会澄清后，戴宗便说道："不打不成相识，你俩今天可以交个朋友了！"于是四人重新见礼，喝酒交谈，彼此谈得非常投机。

不求甚解

【注音】 bù qiú shèn jiě

【注释】 甚：很、极。解：理解。指读书只体会精神要义，不必在一字一句上多花时间。现在多指只想懂个大概，不求彻底了解。

【出处】 东晋·陶潜《五柳先生传》："好读书，不求甚解，每有会意，便欣然忘食。"

【成语故事】

东晋著名文学家陶渊明自幼家境贫寒，八岁丧父，只好到外祖

父家里去生活。外祖父家中藏书很多,这给陶渊明提供了阅读古籍和了解历史的机会。在那里,他不仅学习了《老子》《庄子》,而且还学习了儒家经典和文、史以及神话之类的"异书"。时代思潮和家庭环境的影响,使他同时接受了儒家和道家两种不同的思想。

成年后,陶渊明写了一篇《五柳先生传》,文中写道:"先生不知何许人也,亦不详其姓字;宅边有五柳树,因以为号焉。闲静少言,不慕荣利。好读书,不求甚解,每有会意,便欣然忘食……"意思说,这位先生不知是何许人,也不知道他的姓名,因住宅旁边种有五棵柳树,故称作五柳先生。他不图名利,不慕虚荣,喜好读书,不求甚解。每当对书中的要义有一些领会时,便会高兴得连吃饭都忘记了……这其实就是陶渊明本人的生活实录。

陶渊明曾经几次为官,目睹了官场的腐败和黑暗。他深刻地认识到清静闲适生活的可贵,便毅然放弃官职,过上了"采菊东篱下,悠然见南山"的生活。耕作之余,陶渊明最大的乐趣就是埋头读书,每当读到精彩的部分,他便忍不住手舞足蹈,连连高呼:"妙、妙,果然是神来之笔!"

「不入虎穴,焉得虎子」

【注音】 bù rù hǔ xué,yān dé hǔ zǐ

【注释】 虎穴:老虎洞。焉得:怎么能得到。不进入老虎洞,怎么能捉到小老虎?比喻不亲临险境就不能取得胜利。

【出处】 南朝宋·范晔《后汉书·班超传》:"不入虎穴,不得虎子。"

【成语故事】

东汉时,北方的匈奴非常强大,对汉朝构成了很大的威胁。公元73年,汉明帝派班超出使西域,希望得到西域各小国的支持,一起对抗匈奴。

班超带领三十六名勇士,首先来到了西域的鄯善国(今新疆罗布泊西南）。开始的时候，鄯善国国王对他们非常尊敬，与他们积极商讨对付匈奴的办法。可过了几天，国王的态度忽然变得冷淡起来。

班超推测，这很有可能是因为匈奴派使者来了，所以国王的态度才摇摆不定，不知道应该服从哪一方。于是班超叫来负责接待他们的人，问道："匈奴使者来了几天了，此刻住在哪里？"那个人一听非常惶恐。班超一看他的样子，就知道自己的猜测是正确的。于是，班超把这个人关起来，然后把同来的勇士全部集中到一起，大声对他们说："匈奴使者来到这里才几天，国王就这样怠慢我们了。如果他捉拿我们，把我们送给匈奴，那么我们就会尸骨无存了。你们看，这应该怎么办？"

其中一个勇士站起来，对班超说："您下令吧。在这种危急的时刻，我们一定听从您的指挥。"

"对！"其余的勇士也附和着。

于是，班超站起来，高声说道："不进入老虎穴，怎么能捉得住小老虎？眼前只有一个办法，那就是趁着黑夜，偷袭匈奴的使者。只有这样，鄯善国国王才能诚心归顺汉朝。"听了班超的话，勇士们都表示赞同。

当天夜里，班超带领着勇士们偷偷来到匈奴使者的驻地。他先派了十名勇士拿着鼓，藏在匈奴使者的屋子后面，并告诉他们，一见到着火就敲起鼓大喊大叫。然后，他命令其余的勇士拿着兵器埋伏在大门的两侧。接着，班超偷偷潜至匈奴使者的屋后，点燃了他们的帐篷。一时间火光四起，鼓声震天，匈奴人乱作一团。班超带领勇士们冲出去，趁机杀死了匈奴使者及其随从一百多人。

鄯善国国王知道这件事后，立即表示愿意与汉朝联合起来共同抵抗匈奴。就这样，班超凭借着过人的智慧和胆识，出色地完成了使命。

不修边幅

【注音】bù xiū biān fú

【注释】边幅：布的边缘，比喻人的衣着、仪表。原形容不拘生活小节。后形容不讲究穿着，不注意修整仪表。

【出处】南朝宋·范晔《后汉书·马援传》："公孙不吐哺走迎国士，与图成败，反修饰边幅，如偶人形。此子何足久稽天下士乎？"

【成语故事】

东汉初年，天下还没有统一。隗嚣和公孙述分别占据了西州和四川，等待时机图谋大业。为了拉拢公孙述，隗嚣派马援去探查公孙述的虚实。马援和公孙述是同乡，从小就十分要好。马援觉得，老朋友见面，一定会兴奋异常。马援到达四川后，公孙述却按外交礼节把马援安排到馆驿，并送去衣帽等请他更换。等到接见马援时，公孙述又摆出一副皇帝出行的架势，卫兵戎装整齐，戈甲鲜明，将马援迎入朝内。然后，公孙述又会齐文武百官，由主管礼仪的官员遵照程序，把马援安排在贵宾的位置上，正式任命他为大将军，并加封为侯爵。

马援觉得公孙述的举动就像在演戏，十分可笑，就婉言谢绝了公孙述的任命和册封。事后，马援对朋友说："现在各路英雄都有一统天下的打算，最重要的就是招揽各种人才。公孙述不能礼敬天下英杰，反而刻意装扮，如同木偶，这样怎么会留住人才呢？"于是，马援便连夜离开四川，回到西州。

不自量力

【注音】bù zì liàng lì

【注释】量：估计。不能正确地估计自己的力量，指过高估计自己。

【出处】西汉·刘向《战国策·齐策三》："荆甚固，而薛亦不量其力。"

【成语故事】

春秋时期，在今天的河南省境内有两个诸侯国，一个是郑国，一个是息国。

公元前712年，息国因为一件小事和郑国产生了矛盾，于是息国国君决定讨伐郑国。大臣们一听纷纷劝阻，因为这不仅会伤了两国的和气，而且很可能会失败。

可是，息国国君对于这些劝说一点也听不进去，他下令三军立即对郑国发起攻击。谁料郑国早有准备，立刻派了精兵前来应战。结果，息国军队被打得丢盔弃甲，大败而归。

事后，一些有见识的人分析说息国快要灭亡了。他们的根据是，息国一不考虑自己的德行如何，二不估量自己的力量是否能取胜，三不同邻近的国家处理好关系。犯了这三个错误，哪有不遭到失败的道理？果然，不久之后息国便被楚国攻灭了。

草菅人命

【注音】cǎo jiān rén mìng

【注释】菅：一种多年生草本植物。指把人命看作茅草一样。形容当权者视人命为草芥，任意杀戮。

【出处】东汉·班固《汉书·贾谊传》："其视杀人，若艾草菅然。"

【成语故事】

公元前173年，贾谊被汉文帝任命为梁怀王刘揖的太傅。梁怀王是文帝最宠爱的儿子，所以文帝希望贾谊好好教导他，让他多读些书。

贾谊对文帝说："辅导皇子，教他读书固然重要，但更重要的是教他怎样做一个正直的人。不能像秦朝末年赵高教导秦二世胡亥那样，只教他严刑酷狱。胡亥一当上皇帝，就胡乱杀人，他看待杀人就好像看待割野草一样，完全不当一回事。难道胡亥的本性生来就坏吗？当然不是。他之所以这样，是教导他的人没有引导他走上正路。"文帝听了，不禁连连点头，表示赞同。

贾谊担任太傅后，悉心辅导梁怀王。后来，梁怀王骑马时不慎摔死，贾谊认为自己没有尽到做太傅的责任，终日郁郁寡欢，不久也去世了。

草木皆兵

【注音】 cǎo mù jiē bīng

【注释】 把草丛和树木当成了士兵。形容内心恐惧，疑神疑鬼。

【出处】 唐·房玄龄等《晋书·苻坚载记下》："坚与苻融登城而望王师，见部阵齐整，将士精锐；又北望八公山上草木皆类人形，顾谓融曰：'此亦勍（劲）敌也，何谓少乎？'怃然有惧色。"

【成语故事】

公元383年，前秦皇帝苻坚率领九十万兵马南下攻伐东晋，占领了寿阳（今安徽寿县）。东晋朝廷任命谢石为大将，率领八万精兵前去迎战。

战争初期，谢石趁秦军各路人马尚未聚齐，突袭洛涧，大败秦军前锋部队。

接着，谢石命令大军继续向前，直抵淝水东岸，在八公山下扎下大营，与秦军隔岸对峙。

听到战况，苻坚连忙登上寿阳城头，查看对岸晋军的动静。只见河对岸桅杆林立、战船密布，晋兵手持兵器，阵容十分整齐。苻坚又转头向北边的八公山望去，随着一阵狂风，只见山上草木晃动，中间好像隐藏着无数晋兵。

苻坚顿时吓得面如土色，秦军将士得知后也是胆战心惊，再也无心作战。晋军乘势展开进攻，苻坚中箭，秦军大败而归。

豺狼当道

【注音】chái láng dāng dào

【注释】豺狼：凶猛的野兽。当道：横在路中间。豺狼横在路中间。比喻坏人掌权。

【出处】东汉·荀悦《汉纪·平帝纪》："豺狼当道，安问狐狸！"

【成语故事】

东汉末年，大将军梁冀仗着自己的妹妹是当朝太后，便独断专行，把持朝政大权。梁冀为人贪得无厌，大肆收受贿赂。各级官员见大将军这样，也都上行下效，一时之间，贪污之风日盛，整个朝廷乌烟瘴气。

为此，汉顺帝日夜担心。公元142年，他命张纲等八名大臣去各地巡查，以求整顿地方官吏。可是，张纲对这次考察并不赞成。他认为，要整顿朝政，必须从那些贪赃枉法的大臣入手，否则，只拿那些地方上的小吏开刀，根本不能解决问题。后来，经过上司的几番催促，张纲才勉强出发。可还没驶出京城洛阳，张纲就下令停车，然后命人把车子拆毁，把车轮埋到了地下，不再往前走了。手下人见了都疑惑不解，问道："大人，您这是做什么啊？"张纲愤慨地说："豺狼就横在路的中间，何必再去查问那些狐狸？"张纲的意思很清楚，那些横行不法的大官在朝廷中掌握大权，又何必去查问那些违法乱纪的小官呢？

张纲返回京城之后，立即给汉顺帝写了一道奏折，奏折里列举了梁冀的十五条罪状，请求汉顺帝下令将其严加惩办。张纲的奏折在朝廷引起了轩然大波，那些贪官人人自危，害怕总有一天会彻查到自己的头上。可是，汉顺帝虽然知道张纲忠心耿耿，但却因为畏惧梁冀的势力，并没有下令查办，这件事也就不了了之了。

长驱直入

【注音】 cháng qū zhí rù

【注释】 长驱：远距离地向前挺进。指军队向很远的目标以不可阻挡的形势快速挺进。

【出处】 三国魏·曹操《劳徐晃令》："吾用兵三十余年，及所闻古之善用兵者，未有长驱径入敌围者也。"

【成语故事】

公元219年，蜀中大将关羽带重兵围住了襄阳城，曹操的堂弟曹仁被困在与襄阳毗邻的樊城，形势相当危急。于是，曹操派大将徐晃率军前去樊城增援。

徐晃率领大军在距离樊城不远的地方驻扎下来，暗中派人用弓箭将信射入樊城，与曹仁取得了联系。

当时，关羽的一部分军队驻扎在距离樊城不远的郾城。于是，徐晃率领一队人马来到郾城郊外，故意挖掘陷阱，假装要截断郾城蜀军的退路。蜀军见此，匆匆撤离了郾城。于是，徐晃不费一兵一卒就取得了这座城池。

当时，关羽在樊城北面的围头和四冢两处都驻有军队。于是，徐晃派出一队人马，装出要进攻围头的样子，实际上却亲率大军向四冢进攻。等关羽发现徐晃的计谋时，为时已晚，他派出支援四冢的五千兵马很快就被徐晃击败。

接着，徐晃又率领部下冲进了关羽对曹仁的包围圈。关羽猝不及防，败走襄阳，樊城之围终于得解。

曹操得知捷报后大喜，立即写了慰劳令，派人送到前方。慰劳令中写道："我用兵三十多年，所知古代善于用兵的人中，没有一个人能像将军那样长距离不停顿地策马快跑，一直往前，冲入敌人的包围圈。将军真是有勇有谋啊！"

车水马龙

【注音】 chē shuǐ mǎ lóng

【注释】 车：车辆。水：流水。车辆像流水，马连成游龙。形容车马来来往往，非常繁华热闹。

【出处】 南朝宋·范晔《后汉书·明德马皇后纪》："前过濯龙门上，见外家问起居者，车如流水，马如游龙。"

【成语故事】

东汉明帝的皇后马氏知书达理，是历史上有名的贤良皇后。明帝死后，太子刘炟即位，是为汉章帝，马皇后被尊为太后。不久，汉章帝打算封马太后的兄弟为侯。她知道这个消息后，极力反对，使汉章帝打消了这个念头。

第二年夏天，天下大旱。于是一些大臣上书说，今年大旱，就是因为去年不封外戚的缘故，再次要求分封马氏家族的人。但马太后还是坚决反对，并且专门下了诏书。诏书中写道："凡是提出要封外戚为侯的人，就是想献媚于我。其实，天下大旱跟封爵有什么关系？要记住前朝的教训，骄宠外戚会招来倾覆的大祸。再说，马家的舅父，个个都很富贵。前几天，我路过娘家的门前，见到舅父家拜访、请安的车子像流水那样不停地驶去，来往不绝的马匹好像一条游龙，连他们家的用人，也个个穿着光鲜。况且，他们整日只知道自己享乐，根本不为国家忧愁，我怎么能同意给他们加官晋爵呢？"

见了这道诏书，那些大臣再也无话可说了，而马家的亲戚最终也没有得到赐封。

城门失火，殃及池鱼

【注音】 chéng mén shī huǒ, yāng jí chí yú

【注释】 殃：祸害。池：护城河。城门失火，护城河里的水都被用来救火，里面的鱼因缺水而死去。比喻无缘无故被牵连而遭受灾祸或损失。

【出处】东汉·应劭《风俗通义·佚文·辨惑》："旧说池仲鱼，人姓字也，居宋城门，城门失火，延及其家，仲鱼烧死。又云：宋城门失火，人汲取池中水，以沃灌之，池中空竭，鱼悉露死。"

【成语故事】

　　南北朝时，北朝东魏大将侯景因与丞相高欢不合，背叛了东魏。他起兵占领了黄河以南的地区，归附了西魏。西魏丞相宇文泰担心侯景拥有重兵，将来会对西魏不利，于是下令召侯景入朝，想解除他的兵权。侯景不从，便又投降了南方的梁朝。当时，梁朝的许多大臣都认为侯景反复无常，不能接受他的投降。梁武帝却以为有了侯景的支持，就可以挥军北上、统一全国了。于是，他不顾群臣的反对，执意接受了侯景的投降，并封他为河南王。

　　随后，梁武帝听信了侯景的谗言，派大将萧渊明率领大军讨伐东魏，结果却中了东魏将领慕容绍宗的诱敌之计，萧渊明被捉，梁军伤亡几万人。东魏大胜之后，军司杜弼写了一封檄文给梁朝，文中写道："东魏多年来和梁朝交好。如今，侯景背叛了东魏，而梁朝君臣竟然幸灾乐祸，不但忘了道义，还联结奸人大举来犯。像侯景这样反复无常的卑鄙小人，一有机会还会兴风作浪。怕只怕到时候楚国的猴子逃亡，灾祸会延及林中树木；宋国的城门失火，连累池中鱼儿遭殃。你们今天收留了侯景，不异于养虎为患。"

　　果然，不出杜弼所料，第二年八月，侯景发动叛乱，导致了梁朝长达五年的动荡局面。

乘风破浪

【注音】chéng fēng pò làng

【注释】乘：趁着。破：劈开。指趁着顺风，劈开波浪，勇往直前。用来形容有远大的志向和抱负。

【出处】南朝梁·沈约《宋书·宗悫传》:"悫年少时,炳(悫的叔父)问其志,悫曰:'愿乘长风,破万里浪。'"

【成语故事】

宗悫是南北朝时的宋朝人,他从小跟着父亲和叔叔舞枪弄棒,小小年纪便学得一身好本领。这一天,正值宗悫的哥哥宗泌新婚大喜的日子,家里宾客盈门,热闹非凡。正当大家举杯畅饮时,十几个盗贼手持兵刃闯了进来,众人吓得惊慌失措,不知如何是好。这时,宗悫挥舞着宝剑冲上前去,很快便将那些盗贼杀得落荒而逃。

宾客们见盗贼被赶跑了,纷纷称赞宗悫勇敢。这时,宗悫的叔叔宗炳问他:"你长大之后准备做什么啊?"宗悫昂起头,大声说道:"愿乘长风,破万里浪!"叔叔听了不停地点头,宾客们也大声称赞宗悫人小志大。

宗悫长大以后入伍从军,他凭借着高超的武艺和过人的胆识,立下了不少战功,被封为洮阳侯,实现了自己乘风破浪、建功立业的理想。

乘人之危

【注音】chéng rén zhī wēi

【注释】乘:趁着。危:危险、灾难。指趁着别人有危难的时候去侵害或要挟。

【出处】南朝宋·范晔《后汉书·盖勋传》:"谋事杀良,非忠也;乘人之危,非仁也。"

【成语故事】

盖勋是东汉末期著名的清官,他曾任汉阳郡长史,受好朋友凉州刺史梁鹄的管辖。

当时,凉州武威县的太守横行霸道,干尽了坏事。于是,梁鹄的下属苏正和依法查办了他的罪行。梁鹄生怕追查行动会牵涉高层权贵,连累自己,因而焦虑不安,甚至想杀了苏正和灭口,但他又拿不准这样做是否妥当，于是想找好友盖勋商量对策。

　　说来凑巧，盖勋和苏正和正是死对头。因此，盖勋的一个手下得知梁鹄要惩办苏正和的消息后，立即找到盖勋，对他说："大人，苏正和与您有仇，您何不趁这个机会来个借刀杀人呢？"

　　听了手下的话，盖勋勃然大怒，说道："为了个人的私事杀害良臣，是不忠的表现；趁别人危难的时候去害人家，是不仁的行为。我是不会这么做的。"

　　过了两天，梁鹄果然来找盖勋，与他商议处置苏正和的事。了解到梁鹄的顾虑，盖勋对他说："打个比方，喂养鹰鸢，为的是使它凶猛，这样才能帮你捕获猎物。如今它已经很凶猛了，你却想把它杀掉。既然如此，养它又有什么用呢？"

　　听了盖勋的话，梁鹄沉思了好久，终于打消了杀苏正和的念头。

「程门立雪」

【注音】chéng mén lì xuě

【注释】程：程颐，宋代著名理学家。立：侍立。指站在雪中，等候了许久。形容求学心切，尊师重道。

【出处】元·脱脱《宋史·杨时传》："游酢、杨时见程颐于洛，时盖年四十矣。一日见颐，颐偶瞑坐，时与游酢侍立不去。颐既觉（醒来），则门外雪深一尺矣。"

【成语故事】

　　北宋时期的程颢和程颐兄弟俩，是中国历史上著名的哲学家和教育家，也是宋明理学的主要奠基人，世称"二程"。

　　当时，许多读书人都拜在"二程"门下学习，杨时和游酢就是其中两位。杨时，原字行可，后改为中立，是"程氏理学"的主要追随者；游酢是杨时的挚友。当时，程颢住在河南颍昌，杨时经常登门求教，得到了不少教益。

后来，程颢病逝，杨时十分悲痛，发誓要把老师的理论发扬光大。为了掌握理学的精髓，杨时决定奔赴洛阳，拜程颢的弟弟程颐为师。游酢也不辞辛苦，与杨时结伴同行。二人行至半路，突然刮起了大风，不多时，天空就下起了鹅毛大雪。到达程颐家时，正巧程颐在午睡，杨时和游酢就恭恭敬敬地站立在门外，等候他醒来。

这时，风越刮越急，雪也越下越大。杨时、游酢二人虽然觉得很冷，却连跺跺脚都不肯，生怕惊动了先生。等到程颐醒来，杨时、游酢二人已经像雪人了，脚下的积雪足足有一尺来厚。程颐看了深受感动，于是，他将自己生平所学倾囊相授。后来，杨时和游酢都成为博学之士，杨时更是不负众望，成就突出。之后，杨时来到南方传播程氏理学，逐渐形成独家学派，世称"龟山先生"。

惩前毖后

【注音】chéng qián bì hòu

【注释】惩：警戒。毖：谨慎、小心。指将以前的错误作为教训，以后谨慎小心，避免再犯。

【出处】《诗经·周颂·小毖》："予其惩而毖后患。"

【成语故事】

周朝建立不久，武王病故，其子姬诵即位，史称周成王。成王年幼，朝中大事全交由武王之弟周公处理。这引起了武王另外两个弟弟管叔和蔡叔的不满，于是他们大肆散布流言，说周公想废掉成王自立。周公听了这些流言，心中非常不安，于是他以自己身体不好为借口离开镐京，来到洛阳休养，把朝中大事交给了其他大臣。

周公离开不久，成王派人到洛阳去看望他。使者回去后告诉成王："周公身体很好，他是为了避嫌才离开大王的。"成王了解到真相，马上赶到洛阳，迎接周公还朝。

几年后，成王长大成人，周公便将大权归还给他。成王感激周公的勤恳无私，便在祭祀祖先的典礼上，念了一首诗给周公，其中有一句说："要惩戒过去的错误，防止后患。"以此表示自己一定要吸取教训，谨慎行事。

持之以恒

【注音】 chí zhī yǐ héng

【注释】 持：保持。恒：恒心。拿出恒心来加以坚持，指长久地坚持下去。

【用例】 清·曾国藩《家训·喻纪泽》："尔之短处，在言语欠钝讷，举止欠端重，看书不能深入，而作文不能峥嵘。若能从此三事上下一番苦功，进之以猛，持之以恒，不过一二年，自尔精进而不觉。"

【成语故事】

陶宗仪，字九成，浙江黄岩人。公元1348年，陶宗仪进京赴考，却因为议论政事而落榜。回乡后，陶宗仪和妻子在一个叫南村的地方居住下来，靠耕田和开馆授课为生，生活非常清苦。即使这样，陶宗仪仍然利用所有的闲暇时间坚持苦读，就连下田劳作也不例外。田里没有纸，陶宗仪就把自己的心得、见闻记录在树叶上，然后放进一口大缸里储存起来，等存满一缸就埋入地下。有人看到他这么做，感到非常不理解。

陶宗仪就告诉他："学习就应该持之以恒，坚持到底。"就这样，日复一日，年复一年，不知不觉十年过去了，写满文字的树叶装满了十几缸。

陶宗仪把这十几缸树叶拿出来，把上面的文字加以整理，编撰成了一部长达30卷的著作——《南村辍耕录》，书中记载了元代的典章制度、艺文逸事、戏曲诗词、风俗民情等许多史料，具有极高的研究价值。

重蹈覆辙

【注音】chóng dǎo fù zhé

【注释】蹈：踏。覆：翻倒。原意指重新走上翻车的老路。比喻不吸取失败的教训，重犯以前的错误。

【出处】南朝宋·范晔《后汉书·窦武传》："今不虑前事之失，复循覆车之轨。"

【成语故事】

东汉桓帝是在宦官的支持下取得皇权的，因此他对宦官非常宠信。在他的纵容下，那些宦官日益嚣张。许多官僚绅士为了谋求私利，都去巴结这些宦官。而宦官们为了把持朝政，到处安插亲信，培植自己的势力。一时间，整个朝廷从上到下腐败昏暗，乌烟瘴气。

看到这种情况，以司隶校尉李膺为首的一批官员痛心疾首，他们几次上奏桓帝，要求消灭宦官、改革政治。此举赢得了许多忠义之士的拥护，但也招致了宦官的记恨。

公元166年，几名宦官联手，诬告李膺与太学生首领郭泰等人结党营私、诽谤朝廷。听了这些谗言，汉桓帝大为震怒，立即下令将李膺及二百多名"同党"逮捕下狱。

皇后的父亲窦武早就对宦官专权感到不满，闻听这一消息他连夜给桓帝上了一道奏章，痛斥宦官祸国殃民，为李膺等人申冤。

窦武在奏章中写道："如果再不吸取过去宦官祸国的教训，再走翻车的老路，恐怕秦二世覆灭的灾难就会重现啊。"桓帝看完奏章，这才意识到问题的严重性，于是下令释放了李膺等人。

宠辱不惊

【注音】chǒng rǔ bù jīng

【注释】宠：宠爱。无论是受宠还是受辱都不动心，形容把得失置之度外。旧时用以表示自命清高的态度。

【用例】明·佚名《杨家将演义》四八回："吾辈持戟负戈，吃惊受恐，有甚好处。倒不如此辈，宠辱不惊，理乱不闻。"

【成语故事】

　　唐太宗时期，有个负责运粮的官员一时疏忽，导致运粮的船只沉没了。到年终考核时，考功员外郎卢承庆奉命给下级官员评定等级。评定等级事关每位官员的仕途升迁，所以大家都非常紧张。因为运粮船沉没一事，卢承庆给那位运粮官评了个"中下级"，那位运粮官没有流露出半点不高兴的神情。后来，卢承庆综合考虑各种因素，又将运粮官的级别改成了"中中级"，运粮官也没有流露出半点高兴的神情。卢承庆赞扬他"宠辱不惊，实在难得"，又将他的级别改成了"中上级"。

「出尔反尔」

【注音】chū ěr fǎn ěr

【注释】尔：你。原意指你怎样对待别人，别人也会怎样对待你。现在多用来形容言行前后矛盾、反复无常。

【出处】《孟子·梁惠王下》："出乎尔者，反乎尔者也。"

【成语故事】

　　战国时期，邹国和鲁国爆发了战争。当时，双方的国力相当，投入的兵力也相当，邹穆公本来以为这一定是一场势均力敌的对抗。谁知，战争开始没多久，邹国军队就大败而归，三十多名将领战死，士兵们四散奔逃，完全不顾将领的死活。邹穆公非常生气，想将那些临阵脱逃的士兵全部处死。可这样的士兵实在太多了，如果把他们都处死，就会大大降低军队的实力。无奈之下，邹穆公只好去请教孟子。

　　孟子听后沉思了一会儿，说道："我还记得有一年，邹国闹灾荒，百姓们饥寒交迫、苦不堪言。而当地的官员却将这种情况隐瞒不报，您也以为天下太平，对百姓的疾苦漠不关心。贤人曾子曾经说过：'你怎样对待别人，别人也会怎样对待你。'这些士兵大多是百姓出身，现在，他们只不过是用同样的方法报复您罢了。所以说，过错还是在您啊！"

邹穆公一听，觉得非常懊恼。他对孟子说："先生说得极是。还是请您想个办法，告诉我以后应该如何防止再发生类似的事情吧。"

孟子说道："只要您施行仁政，爱护百姓，百姓当然也会拥戴您。这样，如果再有战争，士兵肯定会为您拼命的。"听了孟子的话，邹穆公幡然悔悟，于是，他打消了处置那些士兵的念头，并开始在全国实施仁政，邹国也就慢慢强大起来。

出奇制胜

【注音】chū qí zhì shèng

【注释】奇：奇兵或奇计。制胜：取胜。用奇兵、奇计来制服对方，取得胜利。也泛指用奇妙的、让人意想不到的策略或方法来取胜。

【出处】《孙子·势篇》："凡战者，以正合，以奇胜。故善出奇者，无穷如天地，不竭如江河。"

【成语故事】

战国时期，齐湣王残暴无德，于是，燕昭王派大将乐毅联合秦、赵、魏、韩等国一起伐齐。齐军连连败退，最后只剩下莒（今山东莒县）和即墨（今山东平度）两座城池。

即墨城的统帅名叫田单，他精通兵法、足智多谋，深受军民的爱戴与拥护，因此即墨城被乐毅围困了三年，也没有被攻破。田单知道，要击退乐毅，光靠武力是不行的。于是他派人去燕国散布谣言，说乐毅并非无力破城，而是拥兵自重，意在谋反。当时，燕昭王已死，即位的燕惠王与乐毅不合，他对乐毅起了疑心，于是派骑劫代替乐毅做了统帅。

骑劫既无才能，对手下人又凶狠，燕军将士对他非常不满，军心日渐涣散。田单见时机已到，于是下令将自己的精锐部队隐藏起来，让老人和妇女去守城。他还派人带了许多金子去向骑劫诈降，请求燕军进攻时能让他们活命。这样一来，燕军便放松了警惕。

田单又找来了一千多头牛，在每头牛身上都披上画着奇彩异纹的布衣，又在牛角上绑上尖刀，牛尾巴上扎上浸过油的芦苇。一个月黑风高的夜晚，田单命人点燃牛尾巴上的芦苇，将牛赶出城门。被烧痛的牛朝燕军的阵地猛冲过去，燕军受到这突如其来的袭击，吓得到处乱窜，死伤无数，统帅骑劫被活捉。田单率兵乘胜出击，很快就收复了齐国的失地。

春风得意

【注音】chūn fēng dé yì

【注释】得意：称心如意。在春风的吹拂中感到称心如意。形容获得成功或事业顺畅时心满意足的样子。

【出处】唐·孟郊《登科后》："春风得意马蹄疾，一日看尽长安花。"

【成语故事】

唐代著名诗人孟郊年轻的时候曾到京城长安参加进士考试，可接连两次都名落孙山。但他并不气馁，发誓一定要金榜题名。由于专心读书，孟郊没有时间去谋生，只有靠朋友们的接济过活，生活的困顿、艰辛可想而知。

就这样，年复一年，直到四十六岁时，孟郊才考取了进士。想到这十几年的艰辛，他悲喜交加，挥笔写下了一首七言绝句："昔时龌龊不足夸，今朝放荡思无涯。春风得意马蹄疾，一日看尽长安花。"

在这首诗中，孟郊的情感溢于言表，我们可以想象得出他当日策马奔驰于春花烂漫的长安道上时，是如何神采飞扬。从此以后，"春风得意"作为"意气风发"的同义词，一直流传至今。

唇亡齿寒

【注音】 chún wáng chǐ hán

【注释】 嘴唇没有了，牙齿就会感到寒冷。比喻关系密切，利害相关。

【出处】 春秋鲁·左丘明《左传·僖公五年》："虢，虞之表也，虢亡，虞必从之。……谚所谓'辅车相依，唇亡齿寒'者，其虞虢之谓也。"

【成语故事】

春秋初期，晋献公想扩大自己的地盘，就借口说邻近的虢国经常侵犯晋国的边境，要派兵灭了虢国。可是在晋国和虢国之间隔着一个虞国，讨伐虢国必须经过虞国。

"怎样才能顺利通过虞国呢？"一天，晋献公问手下的大臣。

大夫荀息说："虞国国君虞公是个目光短浅、贪图小利的人，只要我们送给他价值连城的美玉和宝马，他肯定会答应借道的。"

晋献公一听要送名贵的东西，有点儿舍不得。

荀息看出了晋献公的心思，就说："虞虢两国是唇齿相依的近邻，虢国灭了，虞国也不能独存。您的美玉和宝马不过是暂时存放在虞公那里罢了。"

晋献公听了，觉得很有道理，就派人给虞公送去美玉与宝马。

虞公见到晋国使者送来的珍贵礼物，顿时心花怒放，马上答应借道给晋国。

虞国大夫宫之奇劝虞公："大王，虞国和虢国相互依存，互相帮助，万一虢国灭了，我们虞国也难保了。俗话说：'唇亡齿寒。'没有嘴唇，牙齿也保不住啊！借道给晋国，等于自取灭亡，万万使不得。"

可虞公根本不听宫之奇的劝告。宫之奇为了保全家人性命，连夜带着一家老小离开了虞国。

果然，晋国军队借道虞国后，很快消灭了虢国，回师后又灭了虞国。

此地无银三百两

【注音】 cǐ dì wú yín sān bǎi liǎng

【注释】 此地：这个地方。无：没有。比喻本想掩盖事实，反而暴露了真相。

【出处】 古代民间故事："此地无银三百两，隔壁王二不曾偷。"

【成语故事】

　　从前有一个人叫张三，他好不容易积攒下三百两银子，心里非常高兴。可这么多的钱，放在哪里才安全呢？张三冥思苦想了半天，终于想出了一个自以为很聪明的办法。这天夜里，张三拿着铁锹来到后院，在墙角下挖了一个坑，将银子埋在了里面。埋好后，张三还是觉得不放心，于是他又找来一张纸，在上面写上了"此地无银三百两"七个大字，贴到坑边的墙上。张三这才觉得放心，然后便回屋睡觉去了。

　　谁知，张三的行为早被隔壁的王二看了个一清二楚。等张三睡熟了，王二拿着铁锹来到屋后，将那些银子挖走了。王二看着眼前白花花的银子，心里不禁乐开了花。可他转念一想："如果明天张三发现银子丢了，怀疑到我头上该怎么办呢？"他灵机一动，也拿出一张纸，在上面工工整整地写下了七个大字"隔壁王二不曾偷"，贴在了坑边的墙上。

寸草春晖

【注音】 cùn cǎo chūn huī

【注释】 春晖：春天的阳光。比喻父母的恩情深重，难以报答。

【出处】 唐·孟郊《孟东野集·卷一·游子吟》："谁言寸草心，报得三春晖？"

【成语故事】

　　唐代诗人孟郊早年屡试不第，穷困潦倒，直到四十六岁才考中

进士，五十岁时才得到一个溧阳县尉的职位。

赴任后，孟郊把母亲接到溧阳，并写下了一首名为《游子吟》的绝句，来表达对母亲的赞美。诗是这样写的："慈母手中线，游子身上衣。临行密密缝，意恐迟迟归。谁言寸草心，报得三春晖？"

对于孟郊这位常年颠沛流离、居无定所的游子来说，记忆中最深刻的莫过于母子分离的痛苦时刻了。这首诗描写的就是一幅慈母缝衣的普通场景，表达了诗人内心最深沉的情感。母亲的一针一线都是这样的细密，那是因为怕儿子迟迟不归，所以要把衣衫缝制得更为结实一点。其实，母亲的内心何尝不期盼儿子早日平安归来呢？

打草惊蛇

【注音】dǎ cǎo jīng shé

【注释】惊：惊动。打的是草，可惊动了潜伏在草里的蛇。比喻做事不密，致使对方有了警觉，予以防范。

【出处】北宋·郑文宝《南唐近事》："王鲁为当涂宰，渎物为务，会部民连状诉主簿贪，鲁乃判曰：'汝虽打草，吾已惊蛇。'"

【成语故事】

南唐时，当涂县令王鲁贪得无厌，经常干一些贪赃枉法的勾当。王鲁手下的官吏见县令这样做，便也学着他的样子胡作非为，大肆搜刮民财，闹得百姓怨声载道。

有一次，听说朝廷要派官员下来巡察，当地的百姓便联名写了一份状子，控告县衙的主簿营私舞弊、贪赃受贿。状子首先递到了县令王鲁的手上。王鲁一见状子，顿时吓得心惊肉跳。原来，状子上写的虽然是主簿的罪状，但上面所列举的种种罪行，王鲁全都犯过。

王鲁越想越害怕，不由得提笔在状子上写道："汝虽打草，吾已惊蛇。"意思是说，你们虽然告发的是我的下属，但我已经感到事态的严重了。果然，过了不久，王鲁就被革职查办，打入了大牢。

大材小用

【注音】dà cái xiǎo yòng

【注释】材：材料。小：小处，细微的地方。把大的材料用在微小的地方。比喻用人不当，浪费人才。

【出处】南宋·陆游《送辛幼安殿撰造朝》："大材小用古所叹，管仲萧何实流亚。"

【成语故事】

辛弃疾是南宋著名的词人、将领，他从小就树立了恢复中原的志愿。可他的抗金主张一直遭到主和派的反对，四十年间，他不是被频频调动，便是赋闲在家，直到1203年，才被任命为绍兴知府。辛弃疾得知著名诗人陆游就住在绍兴西郊，便专程前去拜访。陆游也是一位忧国忧民的大诗人，两人谈论起国家大事，十分投机。

第二年春天，朝廷决定出兵伐金。宋宁宗降下圣旨，要辛弃疾立刻赶到京城临安，商议讨伐金国的事。陆游得知此事，非常高兴，觉得这是辛弃疾施展抱负的好机会。为了鼓励辛弃疾，陆游奋笔写下一首长诗《送辛幼安殿撰造朝》。诗中有两句是这样写的："大材小用古所叹，管仲萧何实流亚。"意思是说，辛弃疾是与管仲、萧何一样的人才，现在只做了一个小小的绍兴知府，实在是大材小用。现在朝廷招你进京，正是你施展抱负的好时机。希望你能够好好把握，为恢复中原而努力。

大腹便便

【注音】dà fù pián pián

【注释】腹：肚子。便便：肥大的样子。形容肚子肥大凸出的样子。

【出处】南朝宋·范晔《后汉书·边韶传》："边孝先，腹便便，懒读书，但欲眠。"

【成语故事】

东汉桓帝的时候,陈留郡有个读书人,名叫边韶,字孝先,以教书为业。边孝先不仅文采超众,而且思维敏捷,为人又十分和气,因此,附近州县的人纷纷将子弟送到他这里读书。边孝先口才很好,讲起课来头头是道,从来没有解答不出的问题。可是,他有一个毛病,就是爱打瞌睡。边孝先长得很胖,肚子非常大,打起瞌睡来,双手抚着大肚皮,样子非常好笑。

有一天,边孝先又打起了瞌睡。有个调皮的学生见了,便随口编了几句顺口溜来嘲笑他。顺口溜是这样说的:"边孝先,腹便便;懒读书,但欲眠。"意思是说:"边孝先是个大肚皮,懒得读书,只想睡觉。"边孝先醒来后,听到这个顺口溜,不但没有生气,反倒又编了几句作为回答:"边为姓,孝为字。腹便便,五经笥。便欲眠,思经事。寐与周公通梦,静与孔子同意。师而可嘲,出何典记?"意思是说:"边是我的姓氏,孝是我的字。大肚皮,是装着五经的竹箱子。睡觉,那是去思考五经的事情。在睡梦中,也可以会见周公;安静时,则可以与孔子有相同的心意。可以嘲笑老师,这个规矩出自哪家的经典?"这便委婉地批评了这个出言不逊的学生。

由于这首顺口溜非常幽默,而且给那个学生留了颜面,所以,从此以后,学生们更加尊重这位貌似愚笨其实聪明睿智的老师了。

大公无私

【注音】dà gōng wú sī

【注释】公:公平、公正。私:私心、私情。指办事公正,完全没有私心。

【用例】清·龚自珍《论私》:"且令之大公无私者,有杨、墨之贤耶?"

【成语故事】

春秋时期,晋国有一位名叫祁黄羊的大臣,他为人公正,深得晋平公的信任和器重。

有一次，南阳县缺少一个县令，于是晋平公问祁黄羊谁适合担任这个职务。祁黄羊说："叫解狐去吧，他最合适了，一定能够胜任。"晋平公一听奇怪地问："解狐不是你的仇人吗？你为什么还要推荐他呢？"祁黄羊答道："您只是问我谁能够胜任这个职务，并没有问谁是我的仇人啊！"于是，晋平公按照祁黄羊的建议，任命解狐做了南阳县的县令。解狐上任后，办了许多好事，受到南阳百姓的拥护。

过了些日子，晋平公又问祁黄羊："现在朝廷缺少一个中军尉，你看谁合适啊？"祁黄羊回答："祁午最合适了。"晋平公更吃惊了："祁午不是你的儿子吗？你推荐自己的儿子，难道不怕别人说闲话吗？"祁黄羊平静地回答："您只是要我推荐中军尉的合适人选，并没有问他和我是什么关系啊！"于是，晋平公又接受了祁黄羊的建议，任命祁午担任了中军尉的职务。祁午当了中军尉以后，果然恪尽职守，办事公正，得到了士兵们的尊敬和爱戴。

孔子听说了这些事，感叹道："像祁黄羊这样推荐人才，对外不排斥仇人，对内不回避亲人，真是大公无私啊！"

大器晚成

【注音】 dà qì wǎn chéng

【注释】 大器：大才。指能担大事的人物要经过长期的锻炼，所以成就比较晚。后来也指年纪较大时才成才或成名。

【出处】《老子》四十一章："大方无隅，大器晚成，大音希声，大象无形。"

【成语故事】

崔琰是三国时一位德高望重的名士，他为人正直，办事公正，因此被魏王曹操留在身边任职。

当时，曹操有意立三儿子曹植为世子，就征求崔琰的意见。崔琰反对曹操这么做，他说："纵观古今，因为废长立幼引起的骨肉相残还少吗？请主公三思而行！"听了崔琰一席话，曹操就打消了这个念头。其实，曹植是崔琰的侄女婿，曹操见崔琰丝毫不偏袒曹植，对他更钦佩了。

崔琰不但做事公正，而且有知人之明。崔琰有个堂弟叫崔林，性格内向，特别是成年之后淡泊功名，一直没有什么大的成就。亲友们谈起崔林，都说："崔林这个人不会有什么大作为，比崔琰差远了。"崔琰却说："我与诸位的看法不同。我认为人的发达有早有迟。我不过早做了几年官，哪里能比得上崔林？有些非常有才能的人需要比较长的时间才能显露出他的才能，崔林就是这样的人。我相信，以崔林的见识和才干，将来一定能成就一番大事业。"

后来，崔林被曹操任命为主簿，不久又当上御史大夫。到魏文帝时，崔林官至司空，被封为安阳侯，成为魏国的重臣。崔林的成名经历，验证了崔琰的独到眼光，也成为"大器晚成"的典型人物。

呆若木鸡

【注音】dāi ruò mù jī

【注释】呆：发愣的样子。原指已经训练好的斗鸡，镇定自若，就像用木头雕刻出来的。后多用来形容因恐惧、惊讶或困惑而发愣的样子。

【出处】《庄子·达生》："几矣，鸡虽有鸣者，已无变矣，望之似木鸡矣。"

【成语故事】

春秋时期的纪渻子是训练斗鸡的行家，曾奉命为齐王训练斗鸡。可是，齐王一直等了二十多天，斗鸡还没训练好。齐王不耐烦了，他亲自来到纪渻子的家，问道："那些斗鸡什么时候可以训练好啊？"纪渻子回答道："还得等一段时间，现在它们对外界的刺激还会动怒，不够沉稳。"

齐王一听，不解地问："受到刺激容易发怒，不正是勇猛善斗的表现吗？"纪渻子笑了笑，说："那只是普通的斗鸡，所以不能常胜不败。"

一晃，十天又过去了。这一天，纪渻子主动跑来见齐王，他对齐王说："陛下，这次差不多了。现在这只公鸡听到其他公鸡的叫声，已经毫无反应，看上去就像木头做成的一样。别的斗鸡见了它那呆呆的样子，都被吓跑了。"齐王听了很高兴，拿着这只鸡去比赛，果然大获全胜。

箪食瓢饮

【注音】 dān shí piáo yǐn

【注释】 箪：古代盛饭用的圆形竹器。形容读书人安于清贫的清高生活。

【出处】《论语·雍也》："一箪食，一瓢饮，在陋巷，人不堪其忧，回也不改其乐。"

【成语故事】

传说，孔子有三千名学生，其中出名的有七十二人，颜回就是这七十二个人里最出色的一位。所以，对于颜回的一举一动，孔子都非常关注，也非常满意。不但如此，孔子还经常以颜回的事例来教育其他学生。

有一次，孔子对他的学生们说："你们看，颜回真是一个贤者！他住在荒僻的小巷里，过着极其艰苦的生活。他用竹子做的箪盛饭，用木头刻的瓢舀水，这要是换作别人，早就不堪忍受了。可颜回却始终不曾有怨言，而是感到满足、快乐，这才是真正具有贤德的人啊！"

当局者迷

【注音】 dāng jú zhě mí

【注释】 迷：迷惑、糊涂。比喻在一件事情中，当事人反而容易不明真相、不知利害。常和"旁观者清"连用。

【出处】 《旧唐书·元行冲传》："当局称迷，旁观必审。"

【成语故事】

唐朝年间，大臣魏光上书玄宗，请求玄宗把唐初名相魏徵修订过的《类礼》（即《礼记》）列为儒家的经典著作，让人们广泛学习和阅读。玄宗听了觉得很有道理，于是立即命令通事舍人元澹等人将《类礼》仔细校对一遍，再加上注解，然后刊印发行。没想到，这个主张却遭到了丞相张说的坚决反对。张说认为，目前使用的《礼记》是西汉时期戴圣编纂的版本，已经有了近千年的历史，特别是经过东汉时期郑玄的注解后，已经非常完善，因此根本就没有必要改用魏徵修订的版本。

听了张说的一席话，玄宗觉得他说的也很有道理，便改变了主意，命令元澹等人停止对《类礼》的修订。元澹却认为，应该改成魏徵的版本，这样才能更适合现在使用。为此，他写下了一篇名为《释疑》的文章来表明自己的观点。

在文中，元澹说道："戴圣编纂的《礼记》版本从西汉到现在已经经过了许多人的修订和注解，虽然日趋完善，但因为经手之人很多，所以矛盾之处也很多。而魏徵正是考虑到这些情况才重修整理了《礼记》。因此，他修订的版本基本上弥补了旧时版本的不足，是值得大力推广的。而现在，有一些墨守成规的人却反对修改，这就如同下棋，下的人糊涂，而旁观者却看得清清楚楚。"

当务之急

【注音】dāng wù zhī jí

【注释】当:当前。务:应该做的事。指当前所有应做的事情中最要紧的、最急需要办的事情。

【出处】《孟子·尽心上》:"知者无不知也,当务之为急。"

【成语故事】

　　孟子是战国著名的思想家和教育家。有一次,他的弟子问:"人活在世上,要知道和该做的事情太多了,究竟应该先学什么,先做什么呢?"孟子回答说:"我们在做事情时,只能把当前应该做的事中最急需做的事做完,而不可能面面俱到。比如,人人都爱仁德之人,可是应先爱亲人和贤者。古代的圣主尧和舜尚且不能认识所有的事物,因为他们必须先做一些迫在眉睫的事情,更何况我们呢?而且,尧、舜的仁德也不是爱一切人,而是先爱亲人和贤人。"那名弟子听了,心悦诚服。

道不拾遗

【注音】dào bù shí yí

【注释】遗:指遗失的东西。指东西掉在地上,没有人将其拾走据为己有。形容社会风气非常好。

【用例】西汉·刘向《战国策·秦策一》:"道不拾遗,民不妄取,兵革大强,诸侯畏惧。"

【成语故事】

　　战国七雄中,地处边远的秦国在政治、经济、文化等各个方面都比中原各诸侯国落后。公元前361年,秦孝公即位,他决心发愤图强,增强实力。为了网罗各种人才,秦孝公发下命令:无论是秦国

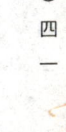

人还是其他诸侯国的人，只要能使秦国富强起来，就封他为上卿。命令下达以后，秦国果然吸引了不少人才。当时，卫国的贵族卫鞅（即商鞅）由于在国内得不到重用，便经人引荐，投靠了秦国。

卫鞅一见到秦孝公，就对他说："一个国家想要富强，必须注意农业，奖励将士；要打算把国家治理好，则必须有赏有罚。有赏有罚，朝廷就有了威信，一切改革也就容易进行了。"秦孝公完全同意卫鞅的主张。于是，他便任命卫鞅为左庶长（秦国的官名），在全国范围内实行变法。

卫鞅很快就起草了一份改革的法令。不过，百姓们对新法都抱有怀疑态度，不知道它能不能真正实行下去。为了打消百姓的顾虑，取得他们的信任，卫鞅命人在都城的南门竖起了一根三丈高的木头，并下令说："谁能够把这根木头扛到北门去，就赏赐他十两黄金。"

听到这个消息，人们纷纷聚集到南门。大家议论纷纷。有的说："这根木头谁都拿得动，哪儿用得着十两黄金？"还有人说："是啊，我看左庶长是拿我们开玩笑吧？"

卫鞅知道老百姓还是不太相信，于是就把赏金提高到五十两黄金。这下子，人群中炸开了锅："五十两黄金？不是做梦吧？"这时，人群中走出来一个青年人："我来试试，反正也费不了多大的力气，白扛就白扛吧。"说着，他弯下腰，扛起木头来到了北门。没想到，卫鞅立刻派人给他送来了五十两黄金。

这个消息一传开，一下子轰动了全国。老百姓都说："左庶长说到做到，真是不含糊。"

卫鞅知道，他的做法已经起到了作用，便趁机把新法公布出来。新法赏罚分明，深得百姓的拥护。就这样，经过卫鞅一系列的变法，秦国的国力大大增强，社会秩序也更加稳定，很快出现了晚上睡觉不用关门、东西丢在路上也没人去捡的安定局面。

道听途说

【注音】dào tīng tú shuō

【注释】道:道路。途:路途。指在路上听来的话,又在路上向人传播。比喻没有根据的传言。

【出处】《论语·阳货》:"道听而涂(途)说,德之弃也。"

【成语故事】

艾子是春秋时期齐国著名的学者,他的邻居毛空则是个不学无术的家伙。但毛空认为自己的见解要比艾子高明很多,所以总想找机会卖弄一下,证明他也是个学识渊博的人。

一天,毛空拦住艾子,问道:"你知道吗?一只鸭子一次下了两百个蛋!"

艾子一听笑了:"一只鸭子的肚子能装下两百个蛋吗?"

毛空一听,连忙改口道:"我说错了,是两只鸭子。"

"两只也放不下那么多啊!你这个消息是从哪儿听来的?"艾子问道。

"在半路上啊,人们都这么说。"毛空不服气地说。

"原来你只不过是在道听途说啊!"艾子说完,便笑着走开了。

得过且过

【注音】dé guò qiě guò

【注释】且:暂且。指只要勉强过得去就这样过下去,过一天算一天。现也指工作马虎应付,不负责任。

【用例】元·无名氏《小孙屠》第四出:"孩儿,我听得道你要出外打旋,怕家中得过且过,出去做甚的?"

【成语故事】

传说在很久以前,五台山有一种奇怪的小鸟,名叫寒号鸟,长得很漂亮。寒号鸟本来是会飞的,可是它觉得自己长得如此漂亮,如果飞到空中,人们就看不清楚了,所以它就再也不飞了。久而久之,它的翅膀也退化了,却多生出了两条腿。

每当夏季来临时,寒号鸟浑身长满了色彩斑斓的羽毛,它便得意地唱:"凤凰不如我!凤凰不如我!"它每天都唱着,却不知道搭窝。等到深冬来临的时候,它虽然很冷,但还是不搭窝,漂亮的羽毛也全部脱落了。寒风袭来,这光秃秃的肉鸟只好无可奈何地哀鸣:"得过且过!得过且过!"

得陇望蜀

【注音】 dé lǒng wàng shǔ

【注释】 陇:今甘肃省东部。蜀:今四川省中西部。指已经得到了陇,却还惦记着想得到蜀。比喻得寸进尺,不知满足。

【出处】 南朝宋·范晔《后汉书·岑彭传》:"人苦不知足,既平陇,复望蜀。"

【成语故事】

公元25年,在各路起义军的打击下,王莽政权被推翻,西汉皇族刘秀取得了起义军的领导权,趁机重建汉朝,定都洛阳,史称"东汉"。刘秀就是东汉光武帝。

东汉建立之初,天下并没有统一,隗嚣占据陇地,公孙述割据蜀地,两人互相勾结,与朝廷对抗。公元32年,汉光武帝与大将岑彭率领大军,讨伐隗嚣和公孙述。

汉军一路势如破竹,迅速攻破天水,岑彭率军把隗嚣围在西城,公孙述得知后,派大将李育领兵前来援助,驻扎在上邽。于是,光武帝命令盖延、耿弇采取包围战术,困住李育。见隗嚣和李育已成瓮中之鳖，光武帝便率一部分队伍返回京城洛阳，将指挥权交给岑彭。

回到洛阳后，光武帝给岑彭写了一封信，信中说："两城若下，便可将兵南击蜀虏。人苦不知足，既平陇，复望蜀。"意思是说："如果攻下两城，一定要立刻引兵南下收取四川。因为人心都是很难满足的，我们既然已经平定了甘肃，紧接着就要攻取四川。"

后来，人们将这封信中的"既平陇，复望蜀"一句演变为一个成语"得陇望蜀"，并一直沿用至今。

得心应手

【注音】dé xīn yìng shǒu

【注释】应：相应。心里怎么想，手上相应就能怎么做。形容技艺纯熟或做事顺手。

【出处】《庄子·天道》："不徐不疾，得之于手而应于心。"

【成语故事】

齐桓公非常喜欢读书。有一天，齐桓公正在堂上看书，一个制作车轮的老工匠看到了，便问他那些书里说了些什么，以至于让他如此着迷。

齐桓公告诉老工匠，书里讲的都是以前圣人总结的道理。

老工匠一听，不解地问："这些圣人都死了，那他们说的岂不全是废话了吗？"齐桓公大怒，非要老工匠作出解释。

老工匠告诉齐桓公："我是制作车轮的，干起活来，心想到哪里，手就随着干到哪里，但我却没办法将其中的道理讲给我的儿子。所以，他根本就没有办法将这门手艺学会。同样，古人写下的话，怎么可以让我们学习呢？所以我才说他们讲的都是废话呀！"

齐桓公一听哭笑不得，只好挥挥手让老工匠下去了。

得意忘形

【注音】 dé yì wàng xíng

【注释】 形：形体、样子。形容人因为高兴而忘乎所以，失去常态。

【出处】 唐·房玄龄等《晋书·阮籍传》："嗜酒能啸，善弹琴，当其得意，忽忘形骸。"

【成语故事】

阮籍是魏晋时期著名的文学家和思想家，"竹林七贤"之一。他有很大的抱负，希望能在政治上有所作为。但阮籍对当时执掌大权的司马氏集团非常不满，又不敢明白地表达自己的见解和主张，只得采取明哲保身的态度，或者闭门读书，或者纵情于山水，或者酣醉不醒，或者缄口不言。在"竹林七贤"中，阮籍是最为疯癫的，尤其是在喝醉的时候，常常哭笑无常，因此史书中描写他时说"当其得意，忽忘形骸"。

司马昭知道阮籍是个非常有才能的人，便有意与他结为姻亲。阮籍从心里讨厌司马昭的儿子司马炎，但又不能公开回绝。于是，他想了个办法，索性喝个酩酊大醉，让自己一连几个月都处于酣醉不醒的状态。司马昭见阮籍天天不醒，结亲之事一直无法商量，最后只好作罢。

司马昭曾几次请阮籍出来做官，都被阮籍想方设法地婉言谢绝了。后来，阮籍觉得不能总找借口推辞，这时，他听说步兵校尉衙门的仓库里收藏了许多好酒，就主动到司马昭那儿要求当这个步兵校尉。司马昭见阮籍主动要求做官，心中十分高兴，马上应允了他。阮籍到任后，只管放开量去喝仓库中的好酒，至于公事则一概不理。有人看到阮籍这官当得太自在，就找到司马昭，说："大王，阮籍每天只在衙门内喝酒，这样下去公务不就荒废了吗？"司马昭知道，只要能让阮籍出来做官，就能缓和一批人与自己的敌对关系，至于他干不干公务，倒是次要的。所以，司马昭总是笑着对那些人说:"由他去吧,只要他高兴,你们不必去挑剔。我了解他,你们不能用世俗的眼光去衡量他的言行。"

其实,阮籍表面上非常狂放,心里却万分小心。他从不对任何人议论其他人的优缺点,这样,尽管很多人对他的所作所为有看法,对他的放荡不羁看不惯,但绝没有人憎恨他。就这样,在当时的乱世中,阮籍才得以保全了自己的性命。

德高望重

【注音】 dé gāo wàng zhòng

【注释】 德:品德、道德。望:声望、名望。指道德高尚、名望很高。多用来称颂年长而有名望的人。

【出处】 唐·房玄龄等《晋书·司马元显传》:"元显因讽礼官下议,称己德隆望重,既录百揆,内外群僚皆应尽敬。"

【成语故事】

富弼是北宋时洛阳人,他为人谦恭大度,好善嫉恶,被誉为"王佐之才"。富弼二十六岁入仕,历仕真宗、仁宗、英宗、神宗四朝,官至宰相。

宋仁宗庆历二年,北方的契丹率军入侵北宋边境,要求宋朝割让关南大片领土。国难当头,富弼受命前往契丹营中谈判。在谈判中,他不顾个人安危,慷慨陈词,从各方面陈述了双方的利害关系,成功地说服了契丹放弃割地的要求,使得北宋与契丹之间十数年不见战事,维护了国家的安定。

庆历八年,富弼调任青州长官。当年,黄河决口,七十万灾民离乡背井,拥入京东。富弼听说后立即张榜贴文,募集粮食,并迅速将募集到的粮食运往各地灾区发放。当时,富弼正受到政敌的诽谤及朝廷的猜疑,因此有人劝他说:"在这种非常时刻,灾祸难测,随时都有受到牵连的可能,你还是不要这样做了。"谁知富弼听了,郑重其事地说:"我要是受到牵连,那是我一个人的事情,而现在我做的事却关系到七十万人的性命,我怎么能为了自己而不顾这么多生命呢?"说完,他更加努力地去做这件事,终于使灾民都得到了安抚。这件事后,不但诽谤他的人再也无话可说,朝廷也消除了对他的怀疑,重新委以他重任。

北宋著名的史学家司马光曾经这样称赞富弼:"富弼三世辅臣,德高望重。"

东窗事发

【注音】dōng chuāng shì fā

【注释】发:被发觉。指阴谋败露或罪行、秘密被人揭发。

【用例】明·冯梦龙《警世通言·计押番金鳗产祸》:"莫是'东窗事发'?若是这事走漏,须叫我吃官司,如何计结?"

【成语故事】

岳飞,相州汤阴(今河南汤阴县)人,他从小就勤奋好学,练就了一身好武艺,希望有一天能为国出力。1126年,金兵大举入侵中原,二十三岁的岳飞毅然从军,开始了他抗击金兵、保家卫国的戎马生涯。

岳飞从军后,很快因作战勇敢升为秉义郎。当时,宋都开封被金军围困,岳飞追随副元帅宗泽前去救援,多次打败金军,受到宗泽的赏识。宗泽称赞他智勇双全,连古代名将也不能与之相比。南宋建立后,岳飞担任大将军,继续抵抗金军的侵略。

1139年,宋高宗和丞相秦桧与金议和,南宋向金称臣纳贡。这使岳飞不胜愤懑,上表要求"解罢兵务,退处林泉",以示抗议。次年,金军首领兀术撕毁和约,再次率军大举南侵。岳飞奉命出兵反击,相继收复郑州、洛阳等地,并乘胜进占朱仙镇,使金兵发出"撼山易,撼岳家军难"的哀叹。

正当宋军士气高涨,决心收复全部失地的时候,秦桧却暗中勾结金国，竭力主张投降。他觉得岳飞是实现对金议和的最大障碍，于是下定决心除掉岳飞。秦桧先指使人诬告岳飞谋反，让朝廷连下十二道金牌，逼岳飞退兵，然后又罗织罪名，将岳飞逮捕入狱。但是，岳飞宁死不屈，不肯招认，秦桧一时间也无法将他定罪。

这一天，秦桧又坐在书房的东窗下，考虑如何处置岳飞。他的妻子王氏走了过来，见秦桧一副愁眉苦脸的样子，王氏知道他没拿定主意。于是，她凑上前去，阴险地说："相公，你难道没听说过纵虎容易擒虎难吗？如果现在不想办法把岳飞处死，将来必定后患无穷！"听了妻子的话，秦桧一拍手说道："就这么办！"于是，他授意谏议大夫万俟卨等人伪造证据，以"莫须有"的罪名杀害了岳飞父子。

不久，秦桧病死，没过多少日子，他的儿子也死了。王氏觉得心神不宁，请来一个道士作法为他们招魂。据说，那道士在阴间见到秦桧父子和万俟卨，他们头戴铁枷，都在地狱受苦。看到道士，秦桧让他给王氏带一句话，说东窗的事已经败露了。王氏听后大吃一惊，不久也死了。

东山再起

【注音】 dōng shān zài qǐ

【注释】 再起：再次出来做官。指的是退隐后再复出任职。也指失败后，恢复力量重新得势。

【出处】 唐·房玄龄等《晋书·谢安传》记载：谢安曾经隐居在会稽东山，后来又出山做宰相。

【成语故事】

谢安，字安石，陈郡阳夏（今河南太康）人。谢氏家族是"永嘉之乱"中随晋元帝东迁渡江的著名世家大族。谢安少年时就十分聪明，具有过人的智慧，因此受到了朝廷的赏识。但谢安把名利看得很淡，并不想做官。后来，在许多人的推荐下，他才勉强担任了著作郎这一职务，但只干了不到一年，谢安便托病辞官，隐居到了浙江会稽的东山，整日与一帮文人朋友游山玩水，谈文论诗，畅谈玄理之学，生活得非常惬意。

当时，许多人都对谢安的做法感到不解，士大夫中甚至还流传着这样一句话："谢安不出来做官，叫百姓们怎么办呢？"朝廷曾多次下诏，请谢安为国效力，都被谢安谢绝了。

谢安四十岁那年，他的好朋友——征西大将军桓温极力邀请谢安出山，谢安不便推辞，只好答应了。谢安赴任前，许多亲友都前来为他送行，其中一位名叫高崧的朋友和他开玩笑说："你过去高卧东山，屡次违背朝廷的旨意，不肯出来做官，想不到，今天到底还是出来了。"

谢安最初担任桓温征西大将军府的司马，后来又担任吴兴太守、侍中、吏部尚书直至宰相。桓温死后，谢安接替他掌管了东晋的军政大权，成为中国历史上赫赫有名的政治家。

东施效颦

【注音】 dōng shī xiào pín

【注释】 东施：越国的丑女，代指丑妇。效：仿效。颦：皱眉。比喻盲目模仿，结果适得其反。

【出处】 《庄子·天运》："故西施病心而矉（同"颦"）其里，其里之丑人见而美之，归亦捧心而矉其里。其里之富人见之，坚闭门而不出；贫人见之，挈妻子而去走。彼知矉美，而不知矉之所以美。"

【成语故事】

西施是春秋时期有名的美女，她有心口疼的毛病。每当犯病的时候，她就用手紧紧按住胸口，好让自己稍微舒服一点。因为西施长得太漂亮了，所以这个举动看在别人的眼里，也妩媚可爱。

西施的邻村有个姑娘叫东施，长得特别丑。为此，她总是想方设法打扮自己。有一次，东施在街上碰到西施，只见西施捂着胸口，眉头紧皱，一副楚楚动人的模样。东施心想："要是我也学着她摆这种姿势，肯定会变漂亮的！"于是，东施也按住自己的胸口，皱着眉头，装出一副愁眉苦脸的模样，在街上走来走去。可是，东施本来就长得丑陋不堪，现在又做出这副怪样，人们见到她，就好像看见妖怪一样，急急忙忙躲开了。

断章取义

【注音】duàn zhāng qǔ yì

【注释】断：截断、截取。指引用他人文章或谈话，只截取合乎己意的一句两句，而不顾全文和原意。

【出处】春秋鲁·左丘明《左传·襄公二十八年》："赋《诗》断章，余取所求焉。"

【成语故事】

春秋末年，齐国的大夫庆封等人合谋杀死了齐庄公，立庄公的异母弟弟杵臼为国君，史称齐景公。庄公有一个卫士名叫卢蒲癸，他在庄公遇害后逃到了国外。在出逃前，卢蒲癸嘱托弟弟卢蒲嫳一定要取得庆封的信任，等时机成熟时做内应刺杀庆封，为庄公报仇。

后来，卢蒲嫳果然混进了庆封的府邸，并帮助他除掉了一个重要的对手崔杼，受到了庆封的重用。然后，卢蒲嫳设法和哥哥卢蒲癸取得联系，并将哥哥带回齐国。这时，庆封已经将所有的事物交给了自己的儿子庆舍掌管。凭借着过人的勇气和智慧，卢蒲癸很快就当上了庆舍的侍卫，并娶了庆舍的女儿庆姜为妻。随后，卢蒲癸开始联络庄公的一些旧部，密谋刺杀庆舍。庆姜发现丈夫行为古怪，就追问其中的缘由，并表示自己绝对不会把秘密泄露出去。于是，卢蒲癸把准备刺杀庆舍的事告诉了妻子。庆姜早就不满意父亲的所作所为，表示一定会帮丈夫完成这一义举。后来，齐景公要去太庙祭祀，庆姜便劝说父亲一同前去。卢蒲癸就趁这个机会刺杀了庆舍，诛灭了庆氏余党。

事后，有人问卢蒲癸："庆氏与卢氏是同宗，你怎么会杀死庆氏一族呢？"卢蒲癸回答："就像有人常截取《诗经》中某一篇章的某一章节来表达自己的意思一样，我只管取我所要的，管他什么同宗不同宗！"

对牛弹琴

【注音】 duì niú tán qín

【注释】 比喻说话不看对象，对不懂道理的人讲道理或对外行人说内行话。

【出处】 东汉·牟融《理惑论》："公明仪为牛弹清角之操，伏食如故。非牛不闻，不合其耳矣。"

【成语故事】

战国时期，有一位叫作公明仪的音乐家，他在音乐上的造诣很高，尤其是他的七弦琴弹得非常动听，优美的琴声常常使人听得如醉如痴。

一个春天的午后，天气晴朗，微风轻拂，公明仪抱着琴，信步来到郊外。这时，他发现不远处有一头老黄牛正在吃草，神情很是悠闲。公明仪一时来了兴致，于是摆上琴，拨动琴弦，想给老黄牛弹一首曲子。弹什么曲子呢？公明仪望望周围，只见蓝天白云，青山绿水，于是，他便弹起了最高雅的《清角之操》，琴声婉转悠扬，非常动听。可是，那头老黄牛却无动于衷，仍旧低着头在那儿吃草。

公明仪心想："嗯，可能是这首曲子太高深了，我再换个轻松、通俗一点儿的吧。"于是，他便弹起了当地的小调，可老黄牛仍然毫无反应，继续悠闲地吃着草。公明仪有些生气了："我就不信你不被我的音乐吸引！"于是，他拿出自己的看家本领，对着老黄牛弹了起来。结果，老黄牛只是偶尔甩甩尾巴，看都不看公明仪一眼。

公明仪失望极了，只好抱着琴垂头丧气地往回走。路上，人们见到他这副模样，都感到奇怪，便问他是怎么回事。公明仪唉声叹气地把刚刚的事和路人说了。路人一听，笑着说道："并非是先生弹的曲子不好听，而是你弹的不对牛的耳朵啊！"

对症下药

【注音】duì zhèng xià yào

【注释】针对病症用药。比喻针对具体情况，采取有效的措施。

【用例】南宋·黎靖德《朱子语类》卷四二："克己复礼，便是捉得病根，对症下药。"

【成语故事】

　　华佗是东汉末年著名的医学家，他医术高明，诊断准确，总是能根据不同的情况，开出不同的处方，使病人吃后药到病除。

　　有一次，州官倪寻和李延一起去找华佗看病。两人诉说了各自的病症：都是头痛、发热。华佗分别给两人把了脉，却给两人开了不同的药：给倪寻开了泻药，给李延开了发汗的药。

　　两人看了药方，觉得非常奇怪，就问华佗："我们两人的症状完全一样，为什么给我们开不同的药呢？"

　　华佗解释说："你俩只是病症的表象相同，而致病的原因并不一样。倪寻的病是由内部伤食引起的，所以得用泻药；李延的病是由于外感风寒，着了凉，所以得服发汗的药。两人的病因不同，我当然得对症下药，给你们开不同的药方进行治疗了。"

　　倪寻和李延听了很佩服，拿着药方各自回家了。果然，他们服了药后，没过多久，病就都好了。

尔虞我诈

【注音】ěr yú wǒ zhà

【注释】尔：你。诈：欺诈。形容你欺骗我、我欺骗你，互相欺骗。

【出处】春秋鲁·左丘明《左传·宣公十五年》："我无尔诈，尔无我虞。"

【成语故事】

公元前595年，楚庄王下令攻打临近的宋国。可从当年秋天发兵到第二年的夏天，楚军一直没能攻下宋国的都城，楚军的士气越来越低落。这时，大夫申叔时献计说："大王可以派一些士兵在这里盖房、种田，装作要长期留下来的样子，这样，宋国就会因为害怕而投降了。"楚庄王听了觉得很有道理，就采纳了申叔时的建议。可宋国人坚守城池的决心并没有动摇。

这一天夜里，宋国大夫华元悄悄潜入楚军元帅子反的大帐，他对子反说："虽然宋国的粮食已经吃光，柴草也已烧完，但大家还是决定与楚国决一死战。但是，这样硬拼对双方都不利，如果你们能退兵三十里，我们愿意服从楚国。"子反听了这番话，连忙起身禀告了楚庄王。楚庄王本来就想撤军，现在见宋国同意臣服，于是立即下令大军后撤三十里。

次日，华元代表宋国来同楚国签订盟约，盟约上写道："我不欺骗你，你也不再欺骗我。"用来表明双方以后互不侵犯。

二桃杀三士

【注音】 èr táo shā sān shì

【注释】 桃：桃子。士：勇士。将两个桃子赐给三个壮士，三个壮士因相争而死。比喻用计谋杀人。

【出处】《晏子春秋·内篇谏下》："三人挟功持勇，晏子使二桃杀之。"

【成语故事】

春秋时期，齐景公手下有三位勇士：公孙接、田开疆和古冶子，号称"齐国三杰"。这三个人个个勇猛异常，力能搏虎，深受齐景公的宠爱；但他们却恃宠自傲，为所欲为。当时，在齐国，田氏家族的势力越来越大，直接威胁着景公的统治，而田开疆正属于田氏一族。晏子很担心三杰为田氏效力，危害国家，为此，他整日忧心忡忡。

有一天，鲁昭公来访问齐国，齐景公设宴款待。鲁国由叔孙蜡执礼仪，齐国由晏子执礼仪，君臣四人坐在堂上，而三杰则佩剑立于堂下，态度十分傲慢。晏子一见心生一计，决定乘机除掉他们。

于是，晏子对齐景公说："大王，园中的桃子已经熟了，请您下令摘几个请国君尝尝鲜吧。"齐景公一听大喜，忙命人去摘。晏子一见说道："这种桃子很是难得，还是臣亲自去吧。"

一会儿工夫，晏子端着一个盘子回来了，盘中放着六个桃子，个个鲜红欲滴，香气扑鼻。晏子拿起两个分别递给齐景公和鲁昭公。鲁昭公一边吃一边赞不绝口。这时，齐景公说："叔孙大夫天下闻名，也请吃一个吧。"叔孙蜡连忙谦让道："我哪里赶得上晏相国呢，还是请他吃吧。"景公见二人争执不下，便说道："那就每人一个吧。"

这时，盘中还剩下两个桃子，于是晏子说道："请大王下令，将这两个桃子赐给功劳最大的臣子吧。"景公同意了。

话音刚落，只见公孙接走上堂来，说："当初，我一次打死了一只野猪和一只母老虎。像我这样的，当然可以独自吃一个桃子。"说完，他就拿了一个桃子。田开疆也不甘示弱："我曾接连两次击退敌军，也有资格单独吃一个桃子。"于是，他也拿了一个桃子。

这时，古冶子愤愤不平地说："我曾经跟随国君横渡黄河，若论功劳我也应该单吃一个桃子，可如今却连半个也吃不上，我怎能受这种羞辱？"说完，他便拔剑自杀了。公孙接和田开疆一见大惊，羞愧万分地说："我们的勇猛不如你，我们的功劳也不如你，可我们却先拿了桃子，真是惭愧，我们只有一死，才能谢罪。"说完，二人也拔剑自杀了。

就这样，晏子不费吹灰之力就为齐国除去了祸患。

「防微杜渐」

【注音】fáng wēi dù jiàn

【注释】微：微小，指坏事刚露头。杜：杜绝。渐：征兆、苗头。指在祸患或错误刚露出苗头或征兆的时候,就加以防止、杜绝,不让其发展下去。

【用例】明·陆采《怀香记·鞫询香情》:"自家不能防微杜渐,却怨谁来?"

【成语故事】

公元88年,汉章帝去世,即位的汉和帝只有十岁,朝政大权都落在汉和帝的母亲窦太后手里。窦太后任命她的哥哥窦宪为大将军,掌握了全国的军权,又让窦氏子弟分别担任朝中的重要职务,几乎独揽朝政大权。

从汉朝建立以来,因外戚权力过大,从而威胁皇权的情况一直没有间断过,因此朝中的大臣都十分担忧。但窦氏一族权倾天下,朝臣们一旦表示出对他们擅权的不满,轻则丢官,重则丧命,所以这些大臣也是敢怒不敢言。

侍中丁鸿博览经史,深明大义,他觉得自己作为人臣,不能任由外戚专权乱政,并发展到不可收拾的地步。

于是,丁鸿连夜草拟奏章,准备上书汉和帝,说明问题的严重性。在奏章中,丁鸿直言不讳地写道:"从古至今,太阳象征帝王,月亮则代表大臣。现在我朝已出现了日食,而日食意味着臣子的权力过大,威胁到皇权。涓涓细流,汇成洪水后能冲决山崖,毁伤林木;丝丝弱枝,长成大树也会遮天蔽日。世间万物都是由小到大,由隐而显的。人们往往忽视看来细小、琐碎的事情,任其发展成大的隐患。如今,大将军窦宪倚仗着太后的势力,把持朝政、破坏纲纪、盘剥地方、草菅人命,使全国上下'臣不敢言,民不聊生'。地方上盗贼四起,朝廷上窦氏满门。不仅如此,他们甚至连皇帝您也不放在眼里,认为汉室天下已是窦氏的天下了。长此下去,后果堪忧!皇上此时应亲揽朝政,以国家社稷为重,防止微小的事情酿成大患,将不好的事情扼杀于萌芽状态。"

丁鸿草拟好密奏后,悄悄溜进后宫,将密奏呈给了汉和帝。此时,汉和帝随着年龄的增长,也逐渐意识到这个问题。他读完丁鸿的密奏,更是觉察出事情的严重性。

于是,他立即采纳了丁鸿的建议,免去窦宪的大将军之职,并着手理顺朝政,削弱窦氏一族的势力。不久,国势便有了好转。

非驴非马

【注音】 fēi lǘ fēi mǎ

【注释】 驴不像驴，马不像马。形容事物不伦不类。

【出处】 东汉·班固《汉书·西域传下》："驴非驴，马非马，若龟兹王所谓骡也。"

【成语故事】

汉朝时期，汉武帝派张骞出使西域诸国。张骞无论到哪都受到当地人民的热烈欢迎。其中，龟兹国王的态度尤其友好，他不但派使者回访汉朝，还亲自到汉朝朝贺汉武帝，以示诚意。

来到汉朝后，汉宫的雄伟建筑使龟兹国王大开眼界。汉朝的礼仪制度更让他羡慕不已。当时，汉朝百官朝见皇帝，要由内监传呼，文武群臣进殿后高呼万岁，皇帝则端坐于龙椅上接受群臣的参拜，威风极了。

相比之下，龟兹国王觉得自己的臣子们的朝拜仪式太简单，自己也不威风。回国后，他先下令模仿长安宫殿改建王宫，然后命文武大员改换装束，一如汉官打扮，连宫中的装饰也尽量学习汉宫。百官入朝退朝也要像汉朝一样，击鼓撞钟，传呼朝贺。龟兹国的文臣武将中只有少数人到过汉朝，大多数人对汉朝礼仪一无所知，因此在演习时模仿得十分滑稽可笑。国王见了群臣怪模怪样的表情和动作，觉得很可笑。于是君臣哄堂大笑，乱作一团。

朝臣们走在回家的路上，古怪的装束引起了百姓的好奇。他们见长官们个个金发碧眼，却峨冠博带，骑在马上像个木偶，立即议论纷纷。

正巧，乌孙、安息、大月氏等国的使者来到龟兹国访问，看到龟兹国"改革"之后的礼仪，觉得既不像汉朝也不像龟兹，就讥讽道："驴不像驴，马不像马，龟兹国王这一套，简直是像一头骡子。"

废寝忘食

【注音】 fèi qǐn wàng shí

【注释】 废：停止。寝：睡觉。指顾不上睡觉，忘记了吃饭。形容对某件事专心致志。

【用例】 南朝齐·王融《曲水诗序》："犹且具明废寝，昃晷忘餐。"

【成语故事】

春秋末年，孔子带着他的弟子周游列国，宣传自己的政治主张。这一年，他们来到了楚国的叶邑（今河南省叶县），叶邑的大夫沈诸梁热情地接待了孔子。

沈诸梁早就听说过孔子的大名，对他非常敬仰。但对于孔子本人，沈诸梁并不了解。于是，他找到了孔子的学生子路，向子路询问孔子的为人。

子路虽然跟随孔子多年，但一时之间也不知道该怎么回答，只好告诉沈诸梁说自己要考虑考虑。

后来，孔子知道了这件事，就把子路叫过去，对他说："你可以这样告诉沈诸梁：'孔子的为人啊，努力学习而不知道厌倦，以至于顾不上睡觉，忘记了吃饭。津津乐道于讲授学问，传播道德礼仪，从来不担忧受穷受苦；自强不息，甚至忘记了自己的年龄。'"

分道扬镳

【注音】 fēn dào yáng biāo

【注释】 道：道路。镳：马嚼子。分开道路，驱马前进，指分道而行。后来也比喻因思想、志趣不同而各干各的事。

【用例】 清·吴沃尧《痛史》第一六回："四人又谈了一会各个安歇。到了次日，便分道扬镳。"

【成语故事】

南北朝时期，北魏洛阳令元志出门办事，迎面遇到御史中卫李彪。李彪的官职比元志高，按规矩元志理应给他让路。但元志一向看不起李彪，因此他反倒命令车夫赶着车子朝李彪的车子迎面驶去，吓得李彪的车夫连忙拉住马车。

李彪看到元志挡住了自己的去路，不禁大怒，与他争执起来。两个人互不相让，一直吵到了孝文帝那里。

因为他们两个都是朝中重臣，所以孝文帝也不好偏袒任何一方。于是，孝文帝笑笑，对他俩说："我觉得你们俩可以分开走，各走各的，这样不就可以了吗？"

元志和李彪听皇上这样一说，也就不好再争执，只好告退回去了。

风吹草动

【注音】 fēng chuī cǎo dòng

【注释】 动：摆动。指风一吹，草就随着摆动。比喻轻微的动荡或变故。

【出处】 《敦煌变文集·伍子胥变文》："偷踪窃道，饮气吞声，风吹草动，即便藏形。"

【成语故事】

春秋时期，楚国国君楚平王昏庸无道，竟然霸占了太子的未婚妻。太子的老师伍奢对楚平王的行为非常不满，楚平王恼羞成怒，派人把伍奢抓了起来，连伍奢的大儿子也一起杀掉了。伍奢的小儿子伍员（即伍子胥）机敏过人，他看情形不对，逃出了关口。

为了躲避追兵，伍员专门挑小路走，一有什么动静便立刻藏身在路边的草丛中。这天，他到一条江边，正好有一条渔船停在那儿，便急忙上了船。老渔翁见伍员的行为举止不像一般的人，追问他到底是谁，伍员便把实情告诉了老渔翁。到了对岸，老渔翁要他稍等一会儿，去给他找点吃的。伍员等了一会儿，不见老渔翁回来，心中生疑，就躲到芦苇深处。老渔翁取来饭菜，不见伍员，便喊道："芦中人，出来吧，我不会出卖你！"伍员走出来饱餐一顿，然后解下祖传佩剑相送，老渔翁坚决不收。临走之前，伍员再三向老渔翁道谢并嘱咐，如有追兵到来，请勿泄露。老渔翁见伍员有疑心，便投江而死，以此消除伍员的疑虑。

伍员见此情景十分悲伤，继续逃亡。后来，伍员逃到吴国，得到吴国国君的赏识，被封为大夫，带领吴军攻陷了楚国，给父兄报了仇。

奉公守法

【注音】 fèng gōng shǒu fǎ

【注释】 奉：奉行。公：公事。指奉公行事，遵守法令。形容办事守规矩，不违法徇私。

【出处】 西汉·司马迁《史记·廉颇蔺相如列传》："以君之贵，奉公守法，则上下平。"

【成语故事】

战国时期，赵国的名将赵奢原来只是一名征收田赋的下层官员，但是他办事非常认真、公正。有一次，相国平原君的管家仗着权势拒不缴税，赵奢就依法杀掉了平原君家九个负责管事的人。平原君得知后非常气愤，下令捉拿赵奢。很快，赵奢被带到平原君的面前，谁知他一点也不害怕，还义正词严地对平原君说："如果大家都像您的管家那样拒不缴税，就会损害到国家的利益，赵国就会慢慢衰落，迟早会被其他国家灭亡。但以您现在的身份地位，如果带头奉公守法，百姓也会以您为榜样，赵国就会慢慢强大的。"平原君听后觉得很有道理，不但没有追究此事，还把赵奢推荐给赵王，让他担任更高的职务。

负荆请罪

【注音】fù jīng qǐng zuì

【注释】负：背着。荆：荆条，古时用来鞭打人的刑具。表示向人承认错误，请求责罚。

【出处】西汉·司马迁《史记·廉颇蔺相如列传》："廉颇闻之，肉袒负荆，因宾客至相如门谢罪。"

成语故事

蔺相如是战国时期赵国的大臣，他为人聪慧，而且能言善辩，曾代表赵国出使当时最为强大的秦国，并成功地保全了赵国的国宝——和氏璧。后来，在"渑池之会"上，蔺相如又凭借自己的勇气和智慧保护赵王不受秦王的侮辱。因此，他深得赵王的器重，短短的几年内就从一个门客升为上卿，地位在大将军廉颇之上。

为此，廉颇感到很不服气，他对自己的门客说："我为赵国东征西战，立下了汗马功劳，才做到上卿的位子，他蔺相如不过是个出身卑贱的人，仅仅凭着几句言辞，居然爬到了我的头上！要是让我遇到他，我一定给他点颜色看看！"这些话传到蔺相如的耳朵里，蔺相如不但没有生气，反倒处处躲着廉颇，就是上朝的时候，他也假装生病，不和廉颇碰面。

有一次，蔺相如出门办事，远远地看见廉颇的车子过来，他连忙让手下人先把车赶到了一条小巷里，等廉颇的车子过去后才出来。为此，蔺相如的门客非常气愤，他们对蔺相如说："我们当初投靠到您的门下，是因为仰慕您的高尚品德。现在，廉颇这样挑衅您，您却不敢和他争论，真是让我们失望。"蔺相如看着这些门客，问："你们看廉将军与秦王比，谁更厉害？"门客们回答："当然是秦王厉害了。"

蔺相如说："像秦王那样厉害的人，我都敢当众呵斥他，我又怎么会怕廉将军呢？我不与廉将军争斗，是因为我知道，秦国之所以不敢轻易侵犯我们赵国，就是因为赵国有我和廉将军两个人，如果现在我们

两个人发生争斗,秦国便有可乘之机了!"

不久,这些话传到了廉颇的耳朵里,他听后觉得非常惭愧,于是脱掉上衣,身背荆条,在宾客的指引下来到蔺相如门前请罪。他对蔺相如说:"我是个粗陋卑贱的人,不知道您竟然宽容我到这个地步,请您责罚我吧!"

蔺相如听了,连忙将廉颇扶起来,说道:"老将军德高望重,我有很多地方还要向您请教呢!"从此,廉颇和蔺相如尽释前嫌,结为生死之交,共同辅佐赵王,成就了一番大业。

赴汤蹈火

【注音】 fù tāng dǎo huǒ

【注释】 赴:奔赴、奔向。汤:开水。蹈:踩。踩在滚烫的水里,踏在炽热的火中。形容不畏艰险,奋勇向前。

【出处】 三国魏·嵇康《与山巨源绝交书》:"此犹禽鹿,少见驯育,则服从教制;长而见羁,则狂顾顿缨,赴汤蹈火。"

【成语故事】

三国末期,政局不稳,社会陷入混乱。为了躲避官场的黑暗,嵇康和山涛等七人常聚在竹林下,整日喝酒作诗,不问政事,被后人称为"竹林七贤"。后来,山涛在司马氏的手下做了官。

不久,山涛由原来的尚书吏部郎提升为散骑常侍。他便派人去请嵇康,来接替他原来的职务。几天后,山涛收到了嵇康写来的一封绝交信。信中,嵇康列举了老子、孔子等先圣的事例,以此告诉山涛,自己虽然不是这样的圣人,但是和他们一样有志气,绝不会替司马氏效力。在信中,嵇康以鹿喻己,说自己像鹿那样向往草地和树林,如果被羁绊束缚住了,即使明知前面有烧得滚烫的水和熊熊的烈火,也一样会义无反顾地冲上去。

看了嵇康的信,山涛非常惭愧,打消了请嵇康做官的念头。

覆水难收

【注音】fù shuǐ nán shōu

【注释】覆水：倒在地上的水。倒在地上的水难以收回。比喻事情已成定局，无法挽回。

【用例】南朝宋·范晔《后汉书·何进传》："国家之事，亦何容易，覆水不可收，宜深思之。"

【成语故事】

据说，姜子牙在辅佐周文王之前，一直过着贫困潦倒的生活。他的妻子马氏嫌他穷，没出息，离开了他。

后来，姜子牙在渭水边遇到了爱才的周文王，被拜为太师。文王死后，姜子牙继续辅佐武王灭了商朝，建立了周朝。由于他有功于周，周武王便封他为齐侯。这时，马氏听说姜子牙富贵了，十分后悔。

有一天，姜子牙到了齐国（今山东），在路上遇见一个妇女跪着哭泣。姜子牙上前一看，原来是马氏。马氏跪在地上，表示愿意和他恢复夫妻关系。姜子牙早就看透了马氏的为人，他叫人取来一盆水，泼在地上，然后对马氏说："要是你能将这盆水收回来，我就原谅你当初的过错。"

马氏赶紧趴在地上想把那些水收起来，可她忙了半天，只收起了一些泥浆。

姜子牙看着马氏，说："不要白费心机了，你已经离我而去，就好比倒在地上的水，难以再收回来了！"

改过自新

【注音】gǎi guò zì xīn

【注释】改过：改正过失或错误。自新：自觉改正，重新做人。形容改正邪恶或错误，重新做人。

【用例】西汉·司马迁《史记·吴王濞列传》:"于古法当诛,文帝弗忍,因赐几杖。德至厚,当改过自新。"

【成语故事】
　　汉初,有位叫淳于意的人医术非常高明。淳于意行医之余,喜欢到处游历,一些权贵派人请他去当侍医,他怕行动受到束缚,便一一谢绝。他还曾隐藏行踪,时常迁移户籍,甚至不置家产,免得权贵找上门来。这样,就难免要得罪权贵。后来,淳于意当太仓长时,被人告发,被判了刑。

　　按照规定,淳于意要被送到京都长安去受肉刑。肉刑是指在犯人的脸上刺字或者割鼻、砍足等,是一种极为痛苦和耻辱的刑罚。临行时,他的五个女儿号啕大哭。淳于意见状,怒骂道:"可惜我生女不生男,大难临头,竟没有一个能帮助我!"

　　年纪最小的女儿缇萦听了父亲的话,既悲痛,又不服。她认为女儿也能像儿子一样,为父亲消除苦难。于是,她毅然随父亲进京。

　　到长安后,缇萦上书汉文帝说:"我父亲在齐国当太仓长的时候,百姓都称赞他廉洁公正。现在犯了法要受肉刑,我心里非常悲痛。可是肉刑非常残酷,受刑致残的人以后再也不能复原,即使想改正错误、重新做人,也不可能了。我情愿投入官府做奴婢,以赎父亲的罪,使父亲能有改正错误、重新做人的机会。"缇萦的上书情真意切,凄悲感人。汉文帝看了,被她孝敬父亲并自愿替父受罚的精神所感动,于是下诏免了淳于意的罪,并在这一年废除了肉刑。

改弦易辙

【注音】gǎi xián yì zhé

【注释】改弦:更换琴弦。易:改变。辙:车轮压过的痕迹,指道路。原意指琴换弦,车改道。比喻改变原来的方向、计划、方法等。

【用例】唐·白居易《王公亮可商州刺史制》:"况商土瘠,商人贫,可以静理而阜安，不宜改弦而易辙。"

【成语故事】

西汉时，有两个掌管刑狱的大臣，一个叫张汤，一个叫杜周。他们两个都以主张严刑酷法出名，不知道有多少人死在他们的酷刑之下，因此，很多人对他们心怀怨恨。

张汤和杜周各有一个儿子，分别叫作张安世与杜延年，他们也在朝中为官。与他们父亲不同的是，张安世和杜延年不仅为人忠厚，在刑罚上更是主张谨慎用刑，深受人们的尊敬。张安世一生历仕汉武帝、汉昭帝、汉宣帝三朝，他的子孙直到东汉时期还在朝中担任重职。而杜延年的后人，直至唐朝仍享有很好的名声。

后来，宋代学者王楙在一部著作中指出："张安世和杜延年与他们的父亲相比，就像是琴换了弦，车改了道一样，用他们的宽厚弥补了父辈由于滥施酷刑而犯下的罪过。"

肝脑涂地

【注音】 gān nǎo tú dì

【注释】 肝脑：肝血、脑浆。涂：涂抹，沾染。指死得很凄惨，肝血和脑浆涂抹得遍地都是。后用来比喻竭尽忠诚，不惜牺牲。

【出处】 西汉·司马迁《史记·刘敬叔孙通列传》："与项羽战荥阳……使天下之民肝脑涂地。"

【成语故事】

汉朝建立以后，汉高祖刘邦一心想使汉朝比周朝更强大，因此，他决定把新王朝的都城建在周朝的旧都洛阳。谁知，这个想法却遭到了大臣们的一致反对。他们认为，天下初定，并不安宁，而洛阳的规模又很小，不适合做都城。刘邦听后有些犹豫，所以，建都的事就一直没有定下来。当时，一个名叫娄敬的人听说了此事，特意求见刘邦。一见

面，娄敬就对刘邦说："听说您要把都城建在洛阳，您是想和周朝一比盛况吗？"刘邦听了点了点头。

娄敬毫不客气地说："您错了。要知道，周朝在建立以前就已经积累了雄厚的力量，而建国后，他们的都城也一直定在镐京，直到成王即位，才迁都洛阳。而您从沛县起兵，经过了大大小小上百场战争，百姓的肝脑涂染了土地，遍地都是战士们的尸骨。生者的哭声还没有停止，伤者的伤势还没有养好，这个时候，您却想在这个东周的亡国之地——洛阳建都，我觉得这非常不合适。我认为您还是把都城建在长安比较好，那里环山傍水，易守难攻，是真正的'天府'之地啊。"听了娄敬这番话，刘邦觉得很有道理，于是打消了在洛阳建都的念头。

感激涕零

【注音】gǎn jī tì líng

【注释】涕：眼泪。零：落下。感激得流下泪来。形容万分感激。

【用例】唐·刘禹锡《平蔡行》诗："路旁老人忆旧事，相与感激皆涕零。"

成语故事

唐朝中期，唐玄宗先后任用奸臣李林甫和杨国忠为相，他们两个利用手中的权力大肆搜刮民财，收受贿赂，各地的藩镇势力也趁机兴风作浪，一时间，举国上下怨声载道，百姓苦不堪言。

公元814年，淮西节度使吴少阳去世，他的儿子吴元济因为没能继承其父的职位，便自领军务，起兵造反。朝廷多次派人前去讨伐，均未能取胜。公元816年，宰相裴度督师再次讨伐吴元济，并任命李愬为前线指挥。李愬为人胸怀大略，他接受任命后，并没有立即出兵，而是着手大力整顿军纪，鼓舞士气。经过半年的修整，李愬觉得时机已经成熟了，便率领大军直奔淮西。由于李愬善于观察形势、选择战机，因此接连打了好几个胜仗，一时间唐军士气大振。

次年冬天，李愬亲自率领一队骑兵，冒着风雪连夜偷袭了吴元济的老巢蔡州。当李愬的骑兵抵达蔡州城下的时候，吴元济还在熟睡。李愬率兵破城而入，直奔吴元济的府邸，吴元济听到喊杀声，才从睡梦中惊醒。在侍卫的帮助下，他准备爬墙逃跑，谁知刚一露头，就被守在下面的唐军抓了个正着。蔡州城的老百姓听说蔡州已被收复，吴元济也被活捉了，纷纷走上街头，表示庆祝。好多老人站在路边，看着欢呼的人群，回忆起这么多年来所受的苦，对收复蔡州的唐军不胜感激，纷纷落下泪来。

高山流水

【注音】gāo shān liú shuǐ

【注释】巍峨的高山，潺潺的流水。比喻知己或知音难遇，也指乐曲高妙。

【出处】《列子·汤问》："伯牙善鼓琴，钟子期善听。伯牙鼓琴，志在高山，子期曰：'善哉，峨峨兮若泰山！'志在流水，子期曰：'善哉，洋洋兮若江河！'伯牙所念，子期必得之。"

【成语故事】

俞伯牙是春秋时期有名的音乐大师。有一次，俞伯牙游历至川江峡口一带，忽然遇到了大暴雨，雨越下越大，天地之间白茫茫的一片。俞伯牙心有所感，便拿出琴，即兴弹奏起来。他正弹得高兴，突然"砰"的一声，琴弦断了一根。俞伯牙不禁惊道："在这荒郊野外，难道还有人在听我弹琴吗？"（古人认为琴弦断了，是有人在倾听的缘故）他抬头四处寻找，果然发现不远处站着一个樵夫。

俞伯牙问："刚刚是你听我弹琴吗？"那樵夫回答："正是，我在这避雨，忽然听到您的琴声，就听了一会儿。"俞伯牙一听，惊喜地问道："你既然听琴，那么你知道我刚刚弹的是什么吗？"樵夫低头想了想，说："刚刚您琴中所弹，是您见到暴雨中山水的感叹。有的琴音昂扬雄伟，就像那巍峨的高山；有的浩浩荡荡，就像那滔滔的流水！"

听了樵夫的回答，俞伯牙惊呆了！他急忙站起来，向樵夫施礼道:"我遍游五湖四海寻访知音,今天遇到先生,真是万幸啊!请问先生尊姓大名?"樵夫答道:"小人姓钟,名子期。"

俞伯牙十分高兴能遇到钟子期这个知音,于是亲热地和他攀谈起来。在谈话中,俞伯牙发现钟子期不但精通乐理,而且举止有礼,就和他结成了异姓兄弟。雨停了,两个人要分别了,伯牙拉着子期的手说:"我们因为音乐结交,就把刚才弹的那首曲子起名叫《高山流水》吧!以纪念你我的友情。"随后,二人在长江口洒泪告别,约定第二年的这一天,再来此相聚。

转眼,到了约定的日期,俞伯牙兴冲冲地来到长江口,却不见钟子期。经过打听才知道,钟子期已于年前病逝了。俞伯牙听了,顿时热泪长流。他来到钟子期的坟前,拍打着钟子期的墓碑放声痛哭。然后,他取出琴,弹起了那首《高山流水》。曲子弹完了,俞伯牙举起琴,说道:"从此知音绝矣!"说完后,他奋力把琴摔碎在钟子期坟前的石头上。

从此以后,俞伯牙不再弹琴,但这曲《高山流水》,作为二人友谊的见证却一直流传至今,位列中国古典十大名曲之一。

各得其所

【注音】gè dé qí suǒ

【注释】原意指各自得到所需要的东西。也指每个人或事物都得到了适当的安置。

【出处】《周易·系辞下》:"日中为市,致天下之民,聚天下之货,交易而退,各得其所。"

【成语故事】

昭平君是汉武帝妹妹隆虑公主的儿子,又是汉武帝女儿夷安公主的丈夫,外甥加女婿,关系自然非比寻常。因此,昭平君平日里经常仗势欺人,为非作歹。隆虑公主知道昭平君这样做日后难免要惹出大祸。于是,在临死前,她向汉武帝请求道:"陛下,我愿意以千金为昭平君预赎死罪,希望陛下能答应我。"这种事从来没有先例，但汉武帝为了安慰将死的妹妹，就点头应允了。

昭平君认为母亲已经为自己用千金赎了死罪，无人能惩治得了他了，便日益骄纵、肆无忌惮，竟然醉杀了夷安公主的傅母（古时负责辅导、保育贵族子女的老年妇人）。按照汉代法律，杀人应偿命，但朝中大臣都不敢对昭平君问斩，因为隆虑公主曾经为昭平君预赎过死罪，而且皇上也同意了。于是大臣们将此事奏请汉武帝，由他亲自裁夺。

汉武帝非常难过，叹息道："我妹妹年纪很大才生了这个儿子，死前把他托付给了我，现在要定他死罪，我实在于心不忍呀！"见到汉武帝犹豫不决，一些见风使舵的大臣纷纷进言，请求汉武帝放过昭平君。他们对汉武帝说："过去隆虑公主曾经为昭平君赎过一回死罪，陛下也答应过，所以应该赦免他的罪过。"

汉武帝却说："法令是先帝创立的，必须遵守。如果因为我妹妹的缘故而破坏先帝之法，我还有什么颜面进高祖皇帝的祭庙！这也对不起天下的老百姓啊。"于是，他毅然将昭平君处以死刑。

汉武帝虽然处死了昭平君，但昭平君毕竟是自己的外甥，心里仍免不了悲伤，久久不能自已。这使得左右大臣们也跟着悲伤起来。

太中大夫东方朔却向汉武帝祝酒说："赏功不避仇敌，罚罪不考虑骨肉，这两点陛下都做到了，四海之内的百姓就会各如其所愿。"正在悲戚中的汉武帝觉得东方朔的话太不近情理，便拂袖进宫。不久，汉武帝又把东方朔传进宫中训斥道："讲话要讲究时间地点，我正在难过的时候，你向我祝贺进酒，你觉得那是合适的时机吗？"

东方朔巧妙地宽慰汉武帝道："我听说：'乐太甚则阳溢，哀太甚则阴损，阴阳变则心气动，心气动则精神散，精神散则邪气及，消愁者莫过于酒。'我今天敬酒一来是表明您的公正无私，二来是想解除您的悲哀啊。"听了这么一番话，汉武帝的气全消了，他不仅没有惩罚东方朔，还赐给他帛百匹，以资鼓励。

各自为政

【注音】gè zì wéi zhèng

【注释】指各自按自己的主张办事，不互相配合。比喻不考虑全局，各搞一套。

【出处】春秋鲁·左丘明《左传·宣公二年》："畴昔之羊，子为政；今日之事，我为政。"

【成语故事】

公元前607年，郑国出兵攻打宋国。两军交战前夕，宋国元帅华元杀了很多羊犒劳将士。分肉的时候，华元一时大意，忘了把羊肉分给他的车夫羊斟。羊斟越想越生气，决心找机会报复他。

第二天战斗打响之后，羊斟为华元驾着战车拼命向前跑。起初，华元不以为意，还觉得羊斟非常勇敢，打算战后奖赏他。过了一会儿，他发现大势不妙。原来，华元的战车离宋军越来越远，离郑军却越来越近。华元忙命令羊斟把战车驾回宋军中去。谁知羊斟理也不理，继续驾车前往郑军阵营，还一面冷笑说："昨天分羊肉的事，是你说了算；今天赶车的事，可是我说了算，现在由不得你了。"说着，一直把战车赶入郑军阵中。结果，堂堂的宋军大元帅华元就这样被郑军活捉了。宋军失去了主帅，群龙无首，乱作一团。两军激战之后，宋军大败。

功败垂成

【注音】gōng bài chuí chéng

【注释】垂：接近、将要。指事情将要接近成功的时候却失败了。

【出处】唐·房玄龄等《晋书·谢玄传论》："庙算有遗，良图不果，降龄何促，功败垂成。"

【成语故事】

东晋后期，社会十分动荡。位于北方的前秦迅速崛起，经常骚

扰东晋边境，对东晋构成了很大的威胁。为了消除这一心腹大患，东晋骠骑大将军谢石亲自率领八万大军，并任命自己的侄子谢玄为先锋，与前秦的部队以淝水为界，准备决一死战。当时，前秦军队号称九十万。谢玄抵达前线时，见前秦的军队旌旗招展，连营足足有数百里，硬攻显然不行。于是，谢玄心生一计，他立即给前秦统兵的大将苻融写了一封挑战信，信中说："将军既犯我疆土，又在河边列阵，显然不想速战速决。如真打算决战，请将兵营后移，让我等过河，一决胜负，岂不快哉！"苻融果然中计，命令军队后退。但由于兵马太多，后退时秩序大乱，失去控制。谢玄抓住时机，亲率精锐骑兵强行渡河，杀了前秦军一个措手不及。前秦皇帝苻坚在混战中被冷箭所伤，前秦兵马更是溃不成军、死伤无数。

谢玄率大军一路乘胜追击，迅速收复了兖州、溧阳等大片失地。谁知，这样一来却引起了东晋皇室的猜疑，他们害怕谢玄一旦战功卓著，就会对朝廷造成威胁，于是下令谢玄驻守彭城，等待命令后再行动。

谢玄眼看千秋大业即将成功，却因失去机会转瞬之间就要付诸东流，不禁忧愤交加。他深感自己一生立功无数，到最后的关键时刻却受人猜忌，不能奋战杀敌，因此抑郁成疾，不久便病逝了。

篝火狐鸣

【注音】gōu huǒ hú míng

【注释】篝火：在竹笼之中点起火。指在竹笼中点起火，学着狐狸鸣叫，假托鬼狐之事诱众起事。后多用来形容密谋策划起事。

【出处】西汉·司马迁《史记·陈涉世家》："（陈胜）又间令吴广之次所旁丛祠中，夜篝火，狐鸣呼曰：'大楚兴，陈胜王。'"

【成语故事】

公元前209年，阳城的九百多名贫苦农民被秦二世征召，去戍

守渔阳边境，陈胜、吴广也在被征之列。当他们到达大泽乡的时候，遇到大雨，道路被阻断了。按照秦朝的法令，延误了服役的行期是要被杀头的。于是，陈胜和吴广经过一番商议，觉得与其被杀头，不如起来造反，或许还有条活路。

可怎么才能让这九百多人都听从自己的指挥呢？陈胜和吴广决定假借鬼神迷惑众人，让他们拥护自己。

陈胜暗中叫吴广躲在一座野草丛生的古庙里，在竹笼中点起火，火光一闪一闪的，从远处看起来就像鬼火一样。然后，吴广又模仿狐狸的叫声喊道："大楚兴，陈胜王。"人们被这些奇异的现象惊呆了。陈胜和吴广看到时机已经成熟，便杀死了领兵的军官，率领九百多名农民起义。没过多久，各地民众纷纷响应。于是陈胜自立为王，建立起张楚政权。

狗尾续貂

【注音】 gǒu wěi xù diāo

【注释】 续：加接。貂：一种皮毛珍贵的动物。比喻拿不好的东西补接到好的东西后面，前后不相称。

【出处】 唐·房玄龄等《晋书·赵王伦传》："奴卒厮役，亦加以爵位。每朝会，貂蝉盈坐，时人为之谚曰：'貂不足，狗尾续。'"

【成语故事】

晋武帝司马炎死后，他的儿子司马衷即位，是为晋惠帝。晋惠帝整天只知道吃喝玩乐，朝中的大权都落到了皇后贾南风的手里。贾后生性凶狠狡诈，喜欢胡乱杀人，连太子都被她杀了。于是，赵王司马伦便以为太子复仇为借口，率军冲入皇宫，杀死了贾后。之后，司马伦又逼迫晋惠帝禅位给他，自己当了皇帝。

登上帝位的司马伦将家中所有的亲戚，甚至连仆人、差役都封了官。当时，朝中的官员都用珍贵的貂尾作为帽子上的装饰。可是，由于司马伦封的官实在太多了，一时之间找不到那么多貂尾，他只好派人找来相似的狗尾代替。因此，每到上朝的时候，大殿上满满当当地挤满各种头戴狗尾的官员。老百姓们听说了这件事，便编了一句谚语——"貂不足，狗尾续"，来讽刺司马伦这种滥封官员的行为。

孤注一掷

【注音】gū zhù yī zhì

【注释】孤注：赌博时把所有的钱一次投作赌注。掷：掷骰子。指拿出所有的钱作赌注。比喻用尽全力冒险行事，以求侥幸成功。

【用例】南宋·辛弃疾《九议》："于是乎'为国生事'之说起焉，'孤注一掷'之谕出焉，曰：'吾爱君，吾不为利'，曰：'守成创业不同，帝王匹夫异事。'"

【成语故事】

公元1004年，北方的辽国发兵入侵北宋。辽军一路势如破竹，很快就抵达了澶州（今河南濮阳）。宋真宗看到边境的告急文书，不禁大惊失色，连夜召集群臣商议对策。由于澶州距开封（北宋都城）已经很近了，所以朝中大臣都劝真宗暂时避避风头，不要和辽军正面冲突。

这时，宰相寇准进谏道："陛下，敌军声势浩大，只有陛下亲自前往督战，才能振奋士气，打败敌军！"真宗听了寇准的话，觉得很有道理，便亲率三军前往澶州督战。众将士见皇帝亲自督战，士气高昂，把辽军打得落花流水，大败而逃。宋真宗班师回京以后，对寇准大加赞扬。这引起了另外一位大臣王钦若的嫉妒，于是他想方设法在真宗面前中伤寇准。

有一次，王钦若陪着真宗赌钱，开始的时候他故意连输了好几次，最后一次，他把剩下的钱全都做了赌注。真宗看了很奇怪，问他为什么要这么做。王钦若回答道："陛下听说过孤注一掷吗？赌博时，赌输的赌徒往往都会把所有的钱押在最后的赌注上。上次我们在澶州和辽

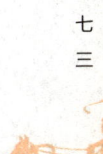

兵作战，寇宰相坚持要您御驾亲征，便是拿您的性命当成赌注，孤注一掷呀！还好陛下洪福齐天，才让我们的大军获得了胜利。"

真宗一听不禁勃然大怒："大胆的寇准，竟然敢拿朕的性命作赌注，真是岂有此理！"于是，他便找了个借口将寇准贬到了陕州。

瓜田李下

【注音】 guā tián lǐ xià

【注释】 经过瓜田时不要弯腰提鞋，经过李子树下不要举手整理帽子，免得有偷瓜摘李子的嫌疑。比喻容易引起嫌疑的场合，应小心谨慎。

【出处】 北宋·郭茂倩《乐府诗集·相和歌辞七·君子行》："君子防未然，不处嫌疑间，瓜田不纳履，李下不整冠。"

【成语故事】

唐朝大书法家柳公权二十九岁时进士及第，在地方担任一个小官。一次，唐穆宗偶然看到柳公权的书法，非常欣赏，便将他召到长安做官。

当时，穆宗好玩乐，不理朝政，很多大臣惧怕穆宗，都不敢进谏，只有柳公权例外。有一次，穆宗向柳公权询问用笔之法，柳公权答道："用笔在心，心正则笔正。"穆宗闻言，脸色稍稍一变，领悟到柳公权是借谈笔法劝谏自己，从此收敛了许多。

唐文宗年间，柳公权升任太子少师。文宗既喜欢柳公权的书法，也欣赏他的为人，经常请他进宫商讨一些事情。

当时，有个叫郭宁的官员把两个女儿送进宫中，于是文宗就派郭宁到邮宁（今陕西邮县）做官，人们对这件事议论纷纷。

文宗得知后，就召柳公权进宫，问他："郭宁政绩不俗，现在朕只是让他担任一个小小的地方官，为什么大家就有这么多意见呢？"柳公权说："大家都觉得郭宁是因为送两个女儿入宫，才得到这个官职的。"

文宗说："郭宁的两个女儿是进宫陪太后的，并不是献给朕的。"柳公权回答:"这正如在瓜田下弯腰提鞋,在李树下伸手整理帽子一样,即使你没有纳郭家女儿为妃的意思,人们也难免误会啊!"

文宗听了,半晌没有说话。

刮目相看

【注音】 guā mù xiāng kàn

【注释】 刮目:擦亮眼睛。指擦亮眼睛,对人另眼相看。比喻用新的眼光来看待人。也作"刮目相待"。

【出处】 西晋·陈寿《三国志·吴书·吕蒙传》裴松之注引《江表传》:"肃拊蒙背曰:'吾谓大弟但有武略耳。至于今者,学识英博,非复吴下阿蒙。'蒙曰:'士别三日,即更刮目相待。'"

【成语故事】

吕蒙是三国时期东吴的名将,他出身贫寒,自幼便失去了读书的机会,所以懂得的知识很少。

有一次,吴主孙权对吕蒙说:"你是朝廷重臣,名望很高,美中不足的就是读书太少。作为统率军队的大将,不能只依靠武功高强、作战勇猛,还要多掌握些谋略才行,本王劝你以后多读些书。"吕蒙听了孙权的话,觉得有点不好意思,于是答应孙权,以后一定抓紧时间多读些书。

从那以后,吕蒙不管军务如何繁忙,每天都要抽出一些时间去读书。他先后读完了《史记》《汉书》《战国策》等,学问大有长进。周瑜死后,鲁肃担任东吴的大都督,指挥部设在陆口。由于军务上的关系,吕蒙与鲁肃的交往非常频繁。这一天,吕蒙与鲁肃又谈论起军事上的事情。吕蒙问鲁肃:"将军受朝廷重托,现驻守陆口,这里北与荆州相望,素闻荆州守将关羽武功盖世,计谋过人,如有意外,不知将军如何应付?"鲁肃听了吕蒙的话,心想吕蒙或许心中已有了打算,于是非常诚恳地向吕蒙求教。吕蒙见鲁肃十分真诚,便说出对付关羽的五条计策,并将每一条计策都细细讲给鲁肃听。鲁肃听后说道:"以前我只知道将军武功高强，没想到你竟这般足智多谋。这是我们吴国的大幸，真是可喜可贺啊！"

吕蒙听了鲁肃的夸奖，不好意思地说："士别三日，当刮目相看嘛！"

挂羊头卖狗肉

【注音】guà yáng tóu mài gǒu ròu

【注释】指用好货做幌子以兜售次货。比喻假借好的名义做名不符实的事。

【出处】《五灯会元·卫州元丰院清满禅师》："有般名利之徒，为人天师，悬羊头卖狗肉，坏后进初机，灭先圣洪范，你等诸人闻怎么事，岂不寒心？"

【成语故事】

春秋时期，齐国的国君齐灵公喜欢看女子穿男人的衣服。于是，他命令宫中所有的妃嫔、宫女全都按照男人的样子打扮。民间的百姓听说了这件事，也纷纷效仿。一时间，整个国家男女不辨，混乱异常。日子一久，齐灵公也意识到这个问题，于是下了一道诏令，禁止民间的女子再穿男子的服装。可诏令下达了好久，却收效甚微。

为此，齐灵公非常苦恼，便向宰相晏婴请教，问他这种现象为什么屡禁不止。晏婴说："大王只是禁止民间的女子穿男装，可在宫中，所有的女子却不受约束。这就好比店门外悬挂着羊头，而店里面卖的却是狗肉，怎么能让人信服呢？您应当在宫中禁止女子穿男装，这样一来，民间的百姓自然也就不敢违抗命令了。"

齐灵公一听恍然大悟，于是，他立刻下令，禁止宫中所有的女子再着男装。命令下达以后，宫中再也没有女子穿男装了。不久，整个齐国也再没有女子穿男装了。

管鲍之交

【注音】guǎn bào zhī jiāo

【注释】管：管仲。鲍：鲍叔牙。形容朋友之间深厚的友谊。也作"管鲍之谊"。

【出处】《列子·力命》："管仲尝叹曰：'……生我者父母也，知我者鲍叔也。'此世称管鲍善交者。"

【成语故事】

春秋时期，管仲和鲍叔牙是好朋友，鲍叔牙一直对管仲非常照顾。后来，管仲和鲍叔牙到齐国谋生，但鲍叔牙辅佐的是公子小白，而管仲辅佐的是公子纠。齐襄公去世后，公子小白经过与公子纠的争斗，登上了国君的宝座，他就是齐桓公。齐桓公即位之初，急需大量人才来帮他治理国家，这时，鲍叔牙便向齐桓公推荐了管仲。

齐桓公一听非常惊讶，说："你不知道他是公子纠的人吗？况且他还曾经加害于我，你怎么能让他来帮我治理国家呢？"鲍叔牙回答："管仲是天下奇才，才能超众，您要是能不记前仇，真心实意请他来，不但国家能治理好，恐怕其他各国也得听您指挥呢！"齐桓公经过一番考虑，同意了鲍叔牙的建议。果然，自从有了管仲的辅佐，齐国迅速强大起来，齐桓公也一跃成为"春秋五霸"之首。

管宁割席

【注音】guǎn níng gē xí

【注释】席：坐卧用的编织物。比喻朋友间的情谊一刀两断，终止交往。

【出处】南朝宋·刘义庆《世说新语·德行》："[管宁、华歆]又尝同席读书，有乘轩冕过门者，宁读如故，歆废书出看。宁割席分座曰：'子非吾友也。'"

【成语故事】

汉代的管宁和华歆是非常要好的朋友，他们一起拜当时一位著

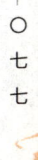

名的学者为师，天天坐在一张席子上读书。有一次，他们在园中除草，看到地上有一小块黄金。管宁视而不见，挥锄不停，和看到石头瓦片没有区别；华歆却拾起金块仔细看了看，想了想又扔了它。还有一次，他们坐在席上读书，有个官员坐着华丽的轿车从门前经过，管宁看也不看，仍旧读书；而华歆却放下书出去观看。经过这两件事后，管宁很不屑华歆的为人，认为他见利而动心，贪图富贵，就将席割成两半，说："你不再是我的朋友了。"从此，他对华歆不理不睬。

贵人多忘

【注音】guì rén duō wàng

【注释】原指高官态度傲慢，不念旧交。现多用于讽刺人健忘。

【出处】五代·王定保《唐摭言·恚恨》："倘也贵人多忘，国士难期，使仆一朝出其不意，与君并肩台阁，侧眼相视，公始悔而谢仆，仆安能有色于君乎？"

【成语故事】

唐朝有个名叫王泠然的读书人，虽考中了进士，但没有被授予官职，拿不到俸禄，所以家里还是很穷。为此，他日思夜想怎样才能早日跻身官场。一天，王泠然突然想起自己与御史大夫高昌宇认识，于是提笔给高昌宇写了一封信。信中，他回忆了与高昌宇结识之初，两人论诗作文的情形。然后，他笔锋一转，指责高昌宇做官后忘了自己，这么长时间都不来与自己叙旧，也不提携自己，分明是贵人多忘事。在信末，王泠然要求高昌宇帮助自己谋得一官半职。高昌宇看过信后哭笑不得，根本没有理会。而王泠然也最终没有做成官。

过门不入

【注音】guò mén bù rù

【注释】过：经过，路过。入：进入，进去。指经过家门却不进去，形容忠于职守、公而忘私。

【出处】《孟子·离娄下》："禹稷当平世，三过其门而不入。"

【成语故事】

　　大约在四五千年前，中华大地上发生了一次特大洪水。当时的部落首领尧为了解除水患，就派鲧去治理。鲧治水九年，以失败告终。鲧死后，他的儿子禹接替他继续治理洪水。禹认真地总结了父亲治水失败的原因，制定了一套新的治水方案。为了早日根除水患，禹整日劳作在治水第一线。在治水过程中，禹曾经三次路过自己的家门，但一次都没有进去过。禹开始治水的时候，刚刚成亲不久，可等治水工作完成后，他的儿子已经长大了。从那以后，禹"三过家门而不入"的故事就流传开了。

骇人听闻

【注音】hài rén tīng wén

【注释】骇：惊吓，震惊。形容事出非常或故意夸大其词，使人听了十分惊骇。

【用例】明·文秉《先拨志始》卷下："奇贪异移，骇人听闻。"

【成语故事】

　　隋朝时，王劭嗜好经史，受隋文帝赏识，任为著作郎。王劭虽有一肚子的学问，但他为人却喜欢溜须拍马。由于工作关系，王劭常随侍隋文帝左右。有一次，他称赞隋文帝有"龙颜戴干"的仪表，并指给群臣观看。听了这话，隋文帝非常高兴，赐给王劭数百段丝帛。一天，隋文帝做了一个梦，梦见他想爬上一座高山，但怎么也爬不上去，后来得到侍从崔彭等人相助才上得山去。王劭听说后对隋文帝说："这是一个大吉大利的梦：梦见高山，说明皇上的帝位像高山一样崇高、安稳。崔彭好比彭祖（传说中的长寿人物），这是长寿的象征。"隋文帝听了十分高兴。

王劭除了拍马屁，还用故弄玄虚的手法欺骗隋文帝。他经常假托什么图谶命符散布荒诞的言论，谎报各种神奇怪异的现象，以此来预卜国家将如何兴旺。皇后死后，他也胡编乱造，说皇后是"妙善菩萨"转生，她不是死，而是"返真升入仙道"，以此讨得隋文帝的欢心，保自己升官发财。所以，《隋书》评价王劭说："王劭喜欢用怪诞不经的语言、粗俗不堪的文字、不合实际的内容来骇人视听，最终使大家都看不起他。"

邯郸学步

【注音】hán dān xué bù

【注释】邯郸：地名，在河北省，战国时期赵国的首都。学步：学习走路。比喻模仿别人不成，反倒失去了自己原有的长处。

【出处】《庄子·秋水》："且子独不闻寿陵余子之学行于邯郸与？未得国能，又失其故行矣，直匍匐而归耳。"

【成语故事】

战国时期，在燕国的寿陵地区有一个少年，因为其名姓不详，暂且称他为寿陵少年。这位寿陵少年出生在一个家道殷实的人家，平时不愁吃喝，论长相也是眉清目秀，很讨人喜欢。可是，寿陵少年有一个最大的缺点，就是缺乏自信。他觉得无论在哪方面，别人都比他强上百倍：衣服是人家的好，饭菜是人家的香，就连别人走路站立的姿势，他也觉得比自己美。于是，他处处模仿别人，见人做什么，他就学着做什么。

有一天，寿陵少年听人说，赵国都城邯郸的人走路姿势十分优美。于是，他收拾好东西，告别家人，去邯郸学习走路。

寿陵少年到了邯郸，见人们走路的姿势与步法确实和寿陵大不相同：小孩子走起路来活泼可爱，老人走起路来稳重大方，女子走起路来婀娜多姿，男子走起路来虎虎生风。寿陵少年觉得新奇极了，于是他迫不及待地向邯郸人学习怎么走路。

寿陵少年先是跟在别人的后面，看人家怎么走，然后自己跟在后面学。可是，这样一来，要是前面的人突然停下或是转弯不见了，他就学不到了。于是，他又蹲在街上，仔细看人怎么走路，然后回到自己的住处，凭着印象学着走，可这样又容易遗忘。就这样，折腾了好几天，他总是觉得自己学得不像。为此，他冥思苦想，终于"明白"了：自己太习惯原来的步法，所以才学不像。于是，寿陵少年彻底放弃了原来的步法，完全照着邯郸人的步法去走。不料这样一来更糟糕了，他不仅要考虑手脚如何移动，还要计算每步的距离以及身体、手臂摆动的幅度。结果，每走一步，他都会累得满头大汗，却还是学不会。到最后，他连原来走路的步法也忘记了，只好爬回了寿陵。

「汗马功劳」

【注音】 hàn mǎ gōng láo

【注释】 汗马：战马跑得出了汗。原指在战场上建立的功勋，后多用来形容功劳。

【用例】 西汉·司马迁《史记·萧相国世家》："今萧何未尝有汗马之劳，徒持文墨议论，不战，顾反居臣等上，何也？"

【成语故事】

西汉王朝建立后，汉高祖刘邦开始分封有功之臣，丞相萧何被封为酂侯。众将领听了都觉得很不服气，他们对汉高祖说："我们跟随主公征战沙场、出生入死，而萧何只会写写文章，却从没上过战场，更别说立下什么汗马功劳了。可他的封赏却比我们的都要高，这不是不合理、不公平吗？"

听了众将领的话，刘邦看了看他们，不慌不忙地问："众位知道如何打猎吗？"众将领一齐回答："当然知道了。"刘邦接着说："打猎的时候，追杀野兽的是狗，而让狗去追杀的却是人。你们不过是有功的猎狗，而萧何却是能知道野兽去处并让狗去追杀的人。所以说，他的功劳要大得多啊！"听了刘邦这番话，众将领这才心服口服。

沆瀣一气

【注音】hàng xiè yī qì

【注释】沆瀣：指夜间的水汽。比喻气味相投的人勾结在一起，含有贬义。

【出处】北宋·王谠《唐语林·补遗》："崔相沆知贡举，得崔瀣。时榜中同姓，瀣最为沆知。谭者称：'座主门生，沆瀣一气。'"

【成语故事】
　　隋唐时期，许多读书人都是通过科举考试才踏上仕途的。唐僖宗当政期间，在一年的科举考试结束后，主考官崔沆在批阅试卷时，看到一位名叫崔瀣的考生文章文采出众，而且条理清晰，结构严谨，便将他录为当科进士。按照当时的习俗，凡是考试及第的人，都算是主考官的门生，而主考官则称为"座主"。发榜后，崔瀣按照惯例上门去向崔沆拜谢。崔沆见到这位与自己同姓的门生，显得格外高兴，拉着他谈起话来，并且越谈越投机。由于"沆""瀣"二字合起来表示夜间的水汽、雾露，于是，有人把他们两个的名字合在一起编成了一句话："座主门生，沆瀣一气。"意思是说他们师生二人就像是夜间的水汽、雾露一样连在一起。

好谋善断

【注音】hào móu shàn duàn

【注释】好谋：勤于思考。断：决断。指勤于思考，善于作出正确的判断。也作"多谋善断"。

【出处】南朝梁·萧统《文选·陆机〈辩亡论〉上》："畴咨俊茂，好谋善断。"

【成语故事】

　　公元208年，荆州牧刘表病死，江东之主孙权派谋士鲁肃前往荆州，借吊唁为名探查荆州的动向。谁知，鲁肃还未到荆州，刘表的儿子已经投降了曹操。这时，曹操也派人给江东送来战书，妄图用武力迫使孙权投降。孙权审时度势，立刻派鲁肃赶往刘备处，联合刘备一起抵抗曹操。

　　同年11月，曹操的大军来到赤壁，驻扎在江北，与孙刘联军隔江对峙。孙刘联军利用曹军远来疲惫、疾疫流行、不习水战、后方不稳定等弱点，设计用火攻击败曹操的水师，大破曹军，赢得了赤壁之战的胜利。

　　赤壁之战后，孙权稳居江东地区，而刘备也取得了荆州的大部分地区，与曹操形成了三足鼎立的局面。

鹤立鸡群

【注音】 hè lì jī qún

【注释】 立：站立。指像鹤站在鸡群当中。比喻人的仪表或才能超出一般，与众不同。

【出处】 南朝宋·刘义庆《世说新语·容止》："有人语王戎曰：'嵇延祖卓卓如野鹤之在鸡群。'"

【成语故事】

　　嵇绍是"竹林七贤"之一嵇康的儿子，他与父亲一样，不但才华出众，而且身材魁梧，仪表堂堂，不论走到哪里，都非常引人注目。西晋建立后，嵇绍被朝廷征召到京都洛阳做官。有个人见过他后，便对"竹林七贤"之一的王戎说："昨天我第一次见到嵇绍，他长得高大魁梧，在人群之中，就像一只仙鹤站立在鸡群里一样引人注目。"晋惠帝司马衷继位后，嵇绍担任侍中，在皇帝身边供职。他经常出入宫廷，深得晋惠帝的信赖。公元291年，西晋皇族内部发生了"八王之乱"。成都王司马颖率军攻入都城洛阳，许多将领和侍卫都逃走了，只有嵇绍始终护卫在晋惠帝身边，最后不幸被飞箭射伤，失血过多而死。

哄堂大笑

【注音】 hōng táng dà xiào

【注释】 堂：屋子。指满屋子的人同时大笑起来。

【出处】 北宋·欧阳修《归田录》卷一："冯相、和相同在中书。一日，和问冯曰：'公靴新买，其直几何？'冯举左足示和曰：'九百。'和性褊急，遽回顾小吏云：'吾靴何得用一千八百？'因诟责。久之，冯徐举其右足曰：'此亦九百。'于是哄堂大笑。"

【成语故事】

冯道，五代时期景城（今河北沧州）人，曾三次被任命为丞相，为人性情迟缓。和凝，五代时期汶阳须昌（今山东东平）人，和冯道同在中书省为官，两人交情很好。和凝为人才思敏锐，只是性格非常急躁。

有一天，冯道与和凝一同办理政务。和凝见冯道身穿新衣，脚配新鞋，而且那鞋子与自己的一模一样，于是问道："冯兄，不知你的新鞋子花了多少钱？"冯道慢慢悠悠地抬起自己的左脚，笑着对和凝说："不多，不多，才九百文而已。"和凝一听，连忙找来为自己买鞋的下人，大声训斥道："冯大人的鞋子只花了九百文，而我的却要一千八百文！你这个饭桶，看我回府后怎么收拾你！"下人听了，吓得脸色发白，哆哆嗦嗦地说不出话来。这时，只见冯道又慢腾腾地抬起右脚，对和凝说："和兄，我刚才还没说完呢，我右边这只脚上的鞋子也是九百文，和左边的相加，不正好是一千八百文吗？你没买贵啊！"在座的众人听了冯道的话，再也忍不住，同时大笑起来。和凝看看这个，又看看那个，脸上一阵红一阵白，不知如何是好。

鸿鹄之志

【注音】 hóng hú zhī zhì

【注释】 鸿鹄：天鹅。志：志气、志向。指天鹅凌空飞翔的志向。比喻远大的志向。

【出处】战国·吕不韦等《吕氏春秋·士容》:"夫骥骜之气,鸿鹄之志,有谕乎人心者,诚也。"

【成语故事】

秦朝末年,统治者昏庸残暴,致使天下大乱,民不聊生。许多有识之士纷纷起来反抗秦朝的统治,陈胜就是其中之一。

陈胜自小家境贫寒,靠替别人耕地、做工生活。一天,陈胜和几个雇工干完活,在田间休息。大家谈起现在的苦日子,都愤恨无比。陈胜说:"假如今后咱们有谁发达了,千万不要忘记现在和他一起受苦的人,一定要帮大伙一把!"听了陈胜的话,那些雇工都大笑起来:"我们都是受雇于别人的人,地位卑微,连自己的土地都没有,哪里来的什么荣华富贵?你就别异想天开,白日做梦了!"陈胜叹了口气,说:"唉,燕子和麻雀怎么能知道天鹅展翅高飞的志向呢?"后来,陈胜成为中国历史上第一次农民起义的领导者,实现了他的志向。

囫囵吞枣

【注音】hú lún tūn zǎo

【注释】囫囵:整个的。把枣子整个吞下去。比喻笼统地接受,不加分析、甄别,不求甚解。

【用例】南宋·朱熹《答许顺之书》:"今动不动便先说个本末精粗无二致,正是鹘仑(囫囵)吞枣。"

【成语故事】

从前,有一个人在集市上卖水果,他大声招揽着顾客:"诸位,快来看看,我的梨子肉嫩、味甜;我的枣子饱满、清脆。快来买啊!"听到他的吆喝声,许多人都围了过来。这时,有个人说:"水果倒是不错,只是不能多吃。梨子吃多了会伤心脾,枣子吃多了又会伤牙齿。"

"是啊。"卖水果的附和着,"所以,最好是各种水果都吃一些,这样才能取长补短啊。"这时,一个自作聪明的人站了出来,说:"这还不好办?吃梨子的时候,我们只嚼不咽;吃枣子的时候,我们不要嚼,整个吞到肚子里。这样不就既能保护脾胃,又不伤害牙齿了吗?"听了他的话,周围的人都哈哈大笑起来:"吃梨子只嚼不咽,倒还可以。这把枣子整个吞下去,你的肚子能受得了吗?"那人听了,羞得无地自容,灰溜溜地走了。

狐假虎威

【注音】hú jiǎ hǔ wēi

【注释】假:凭借。比喻倚仗着别人的威势吓唬、欺压他人。

【出处】西汉·刘向《战国策·楚策一》:"虎以为然,故遂与之行,兽见之皆走。虎不知兽畏己而走也,以为畏狐也。"

成语故事

一只老虎正在森林里转悠,突然发现前面有一只狐狸,老虎高兴极了,它一下子把狐狸扑倒在地,得意地说:"看来今天又可以美美地享受一番午餐了!"狐狸知道自己无法逃脱,它急中生智,想出一个主意。于是,狐狸故作威严地对老虎说:"你好大的胆子,竟然想吃我!你知道我是谁吗?"

"你不就是小狐狸吗?"老虎惊愕地问。"什么狐狸?告诉你吧,我是被天神派下来做百兽之王的,你要是吃了我,天神一定会狠狠惩罚你的!"

听了狐狸的话,老虎哈哈大笑起来:"难道你不知道我才是百兽之王吗?"狐狸眨了眨眼睛说:"那是过去的事了。要是你不信,可以和我到森林里走走,看看动物们对我的态度,你就知道谁才是真正的百兽之王了。"

老虎听了,犹豫地松开了爪子。狐狸站起来,拍了拍身上的土,大摇大摆地向森林深处走去，老虎也将信将疑地跟在了它的后面。

森林里有许多小动物，它们看到狐狸神气活现地走了过来，谁都没有在意。可是，当它们往狐狸身后一看时：呀，一只大老虎！小动物们立刻吓得四散奔逃，不一会儿就无影无踪了。狐狸回过头，得意地朝老虎笑笑："怎么样，现在你总该知道谁是百兽之王了吧？"老虎看了看狐狸，只好无奈地把它放了。

华而不实

【注音】huá ér bù shí

【注释】原意是指花开得好看，但不结果实。比喻外表好看，内容空虚。

【出处】春秋鲁·左丘明《左传·文公五年》："且华而不实，怨之所聚也。"

【成语故事】

春秋时，晋国大夫阳处父出使魏国，回来时经过宁邑，见天色不早，就在一家客店里住了下来。店主宁嬴见阳处父举止不凡，顿生仰慕之心，便要求跟着他去闯荡天下，阳处父欣然应允。次日，宁嬴告别妻子，跟着阳处父一同走了。没过多久，店主就回来了。店主的妻子问他为什么突然回来，宁嬴说："我看阳处父长得一表人才，以为他值得信赖，可听了他的言论后才知道，这人就像只开花不结果的树一样，外表虽然漂亮，却没有什么实质内容。别看他现在得意扬扬，将来恐怕连命都保不住。所以我打消了跟他的念头。"后来，阳处父果然被杀。

画饼充饥

【注音】huà bǐng chōng jī

【注释】充：解除。比喻徒有虚名而无实惠，于事无补。也比喻以空想聊以自慰。

【出处】西晋·陈寿《三国志·魏书·卢毓传》："选举莫取有名，名如画地作饼，不可啖也。"

【成语故事】

卢毓是东汉末年涿县（今河北涿州）人，曹丕称帝后，卢毓被任命为侍中，深得曹丕的器重。后来，曹丕打算任命卢毓为吏部尚书，希望卢毓能推荐一个与他的能力相当的人来接替他的职务。卢毓向曹丕推荐了孙邕，孙邕果然不负众望，在侍中的位置上做得非常出色。

当时担任中书郎的诸葛诞等人行事不稳，曹丕对他们很不满意，打算换掉他们，但又找不到合适的人来接替，于是下令选举，并一再强调："选举的人员要像卢毓那样，而不能只是一些徒有虚名而无真才实学的人，因为虚名就像画在地上的饼，是只能看不能吃的。"卢毓也非常赞同曹丕这一选择人才的标准与原则，他进言道："选择贤才不必看是否有名，只看人品和才干就行。还是考试的办法比较公平，容易发现人才，请陛下裁决。"于是曹丕采纳了卢毓的意见，量才而用，取得了令人满意的效果。

画蛇添足

【注音】 huà shé tiān zú

【注释】 添：添加。比喻多此一举，弄巧成拙。

【出处】 西汉·刘向《战国策·齐策二》："一人蛇先成，引酒且饮之，乃左手持卮，右手画蛇，曰：'吾能为之足。'"

【成语故事】

春秋时期，楚国有个贵族，在祭祀完祖先后，把剩下的一壶美酒赏赐给仆人们喝。人多酒少，很难分配，经过商量，仆人们决定每个人在地上画一条蛇，谁先画好了这壶酒就归谁。

其中有一个人画得很快，不一会儿就把蛇画好了。他看了看周围，其他的人还在画。这个人一手拿着酒壶，自言自语道："哼，看来我就是再给这条蛇添上几只脚，你们也画不完！"说着，他果真又拿起小木棍，给蛇画起脚来。就在这时，另外一个人也画好了，他一把夺过酒壶，说："蛇是没有脚的，你却给它添上了脚，那已经不是蛇了，这壶酒应该归我！"说着，他仰起头，"咕咚咕咚"地喝起酒来。那个给蛇添脚的人只好眼巴巴地看着别人把那壶酒都喝光了。

讳疾忌医

【注音】huì jí jì yī

【注释】讳：有顾虑而不说出来。忌：害怕。隐瞒疾病，不愿就医。比喻掩饰缺点、错误，不愿改正。

【用例】北宋·周敦颐《周子通书·过》："今人有过，不喜人规，如讳疾而忌医，宁灭其身而无悟也。"

成语故事

战国时期，有个名医医术精湛，所以人们就用传说中上古轩辕时代的名医扁鹊的名字来称呼他。

有一年，蔡桓公召扁鹊进宫。扁鹊观察了一下蔡桓公的气色，问道："大王最近身体如何？""我的身体一直很好，从来不生病。"蔡桓公笑着回答。"可依我看，您已经病了。不过现在您的病只是在皮肤里，很好医治。"蔡桓公一听笑了，说自己从来不生病。过了几天，扁鹊又一次进宫来见蔡桓公，说："大王，您的病已经到了血液里，不及时医治会更厉害的。"可是蔡桓公还是不听。又过了几天，扁鹊又来到了蔡桓公的宫殿。他说："大王，您的病已经进入肠胃，再不治疗会有生命危险的。"蔡桓公很不高兴，扁鹊只好退下。

几天后，蔡桓公乘车出游，正好看到扁鹊。但扁鹊远远地扫了一眼蔡桓公，就急忙走开了。蔡桓公很奇怪，于是派人去问。扁鹊说："大王的病现在已进入骨髓，就是神仙也无法医治了。"

果然，没过多久，蔡桓公就病死了。

鸡犬不宁

【注音】jī quǎn bù níng

【注释】宁：安宁。连鸡狗都不得安宁。形容骚扰得很厉害。

【出处】唐·柳宗元《捕蛇者说》："悍吏之来吾乡，叫嚣乎东西，隳突乎南北，哗然而骇者，虽鸡狗不得宁焉。"

成语故事

柳宗元，字子厚，河东（今山西永济）人，世称"柳河东"。柳宗元不但在文学上的建树极高，同时也是一位进步的思想家。

公元805年，唐顺宗李诵即位，他重用曾伴读自己十八年之久的王叔文，命他进行改革，企图挽救"安史之乱"后唐朝出现的危机。柳宗元当时任礼部员外郎，他也参加了这次以反对宦官和藩镇割据为中心内容的革新运动，成为王叔文革新集团的重要成员。但是，这次被称为"永贞革新"的改革只是昙花一现。同年八月，顺宗被迫让位给太子李纯，即唐宪宗。宪宗即位后，残酷打击和迫害革新派，革新运动夭折了。九月，柳宗元被贬为邵州刺史，在赴任途中又被加贬为永州司马。

永州地处湖广交界处，是个荒僻之地，司马又是定员以外的闲员，没有什么实权。不但如此，柳宗元还要忍受政敌的种种迫害。在这种恶劣的环境中，柳宗元并没有退缩，他利用时间研读经史诸子，著书撰文。十年后，柳宗元被调任柳州刺史。在永州近十年的时间里，他写下了《封建论》《天对》《六逆论》等著名的篇章。由于过度操劳，再加之生活凄苦，柳宗元在柳州去世，年仅四十七岁。柳宗元死后，其家境凄凉，虽为一州之长，竟无钱治丧，多亏好友相助，才得归葬先人之墓。

柳宗元死后，他的文章被朋友收集起来，定名为《柳河东集》。《捕蛇者说》就是《柳河东集》中的著名篇章，是柳宗元被贬永州时所作。柳宗元通过对蒋氏一家三代冒着生命危险捕捉毒蛇以代替赋役的苦难命运的描述，描绘了一幅民不聊生的悲惨图画。文中写道："悍吏之来吾乡，叫嚣乎东西，隳突乎南北，哗然而骇者，虽鸡狗不得宁焉。"意思是说：凶暴的征税官来到我们村里，到处狂呼乱喊，横冲直撞，哄哄嚷嚷，被惊扰的不只是人，就连鸡、狗也不得安宁。柳宗元以严肃的政治态度面对现实，用赋税这个重要社会问题和捕蛇这个典型事件，揭露了当时的统治者横征暴敛、"苛政猛于虎"的现实。

疾风劲草

【注音】 jí fēng jìng cǎo

【注释】 疾风：猛烈的大风。劲：强劲、坚韧。比喻只有在危难的时刻或艰难的环境下，才能显示出人的坚强意志和忠贞的品质。

【出处】 东汉·班固等《东观汉记·王霸传》："上谓霸曰：'颍川从我者皆逝，而子独留，始验疾风知劲草。'"

【成语故事】

西汉末年，外戚王莽篡夺了皇位，建立了新朝。由于新朝的法令严酷、徭役繁重，致使社会矛盾日益激化，农民起义接连不断。西汉皇族后裔刘縯、刘秀兄弟也趁机起兵，很多有识之士听说后都纷纷赶来投奔他们，其中有一个名叫王霸的人。王霸为人慷慨豪放、志向远大。他投奔刘秀后，奋勇杀敌，立下了不少功勋，深得刘秀的器重。

公元23年，刘秀奉汉更始帝的命令前往河北去做安抚工作，王霸也随他一同前往。当时，更始帝的势力尚未到达河北，因此，刘秀一行人的处境非常危险。面对这些艰难险阻，随从中的许多人都失去了信心，纷纷离开刘秀。先前和王霸一起投奔刘秀的几十个人，也都不辞而别，只有王霸还和以前一样，忠心耿耿地追随刘秀。

刘秀见王霸这样忠于自己，不由得慨叹道："从前在颍川追随我的人都走了，只剩下你还留在我身边。我曾经听说：'只有在迅猛的风中才能看出哪些草是坚韧的。'看来,这句真的得到了应验。"

后来,刘秀建立了东汉政权,王霸被封为淮陵侯,位列"云台二十八将"。

集思广益

【注音】jí sī guǎng yì

【注释】集:集中。思:想法、智慧。广:扩大。益:益处,效果。指集中众人的智慧,可以收到更好的效果。

【出处】三国蜀·诸葛亮《教与军师长史参军掾属》:"夫参署者,集众思,广忠益也。"

【成语故事】

公元223年,蜀主刘备去世,临死前,他把国家大事都托付给了丞相诸葛亮。为了履行对先主的承诺,诸葛亮殚精竭虑,全心全意地辅佐后主刘禅,事必躬亲、任劳任怨。当时,丞相府里有一个办理文书事务的主簿名叫杨颙,他看到诸葛亮无论做什么事情都要亲自过问,觉得这样太辛苦了,于是想劝他改变一下工作方法。

杨颙对诸葛亮说:"处理国家军政大事,上下级之间应该有不同的分工,您不需要一切事情都亲自过问处理。"随后,杨颙列举出一些历史上著名的例子,来劝导诸葛亮改变工作方法,不要管一些琐碎的小事,对下属应有所分工,从而节省时间和精力着重抓国家军政大事。

诸葛亮对杨颙的劝告和关心非常感激,但他总觉得不能有负先主的嘱托,感觉重任在身,许多事情不亲自处理不放心。后来杨颙病死,诸葛亮非常难过,痛哭了好几天。为了鼓励下属参与政事,诸葛亮写下了《教与军师长史参军掾属》这篇文告,鼓励大家主动发表政见。他在文告中写道:"丞相府让大家都来参与议论国家大事,是为了集中众人的智慧和意见,广泛地听取各方面有益的建议,从而让我知道有些事情怎样处理效果会更好。"

家徒四壁

【注音】 jiā tú sì bì

【注释】 徒：仅仅，只有。家中仅有四面墙壁。形容极其贫穷，一无所有。

【出处】 西汉·司马迁《史记·司马相如列传》："文君夜亡奔相如，相如乃与驰归成都，家居徒四壁立。"

【成语故事】

司马相如是西汉时期著名的文学家。有一年，他应好友王吉的邀请，来到了临邛（今四川邛崃）。

这天，两人来到当地富豪卓王孙的家里。卓王孙知道司马相如琴艺出众，便请他为大家弹奏一曲。司马相如推辞不过，只得取出琴弹了一首。他的琴声悠扬动听，在座的宾客不禁纷纷鼓掌喝彩。卓王孙有个女儿叫卓文君，才貌双全。她正好路过前厅，一下子就被司马相如的琴声吸引住了。这时，司马相如也发现了卓文君，立即被她的美貌所吸引，于是又弹了一首《凤求凰》，借此表达自己的爱慕之情。卓文君一听，立即领会了司马相如的意思。当天夜里，卓文君就和司马相如一起私奔了。

回到司马相如的老家，卓文君发现家里除了四面墙壁，什么也没有。但她并不嫌弃，两人过上了恩爱异常的生活。

坚壁清野

【注音】 jiān bì qīng yě

【注释】 坚壁：加固壁垒。清野：清除四野，将物资、居民全部转移。指坚守堡垒，把所有的东西都收藏起来，使敌人一无所获。

【出处】 西晋·陈寿《三国志·魏书·荀彧传》："今东方皆以收麦，必坚壁清野以待将军。"

【成语故事】

　　东汉末年，曹操在镇压黄巾起义军后占据兖州，继而挥师东进，准备夺取徐州。兖州豪强张邈趁机勾结吕布，攻破兖州大部分地方，并占领了要地濮阳。曹操得知后，急忙从徐州撤兵，向驻扎在濮阳的吕布发起了反攻。无奈吕布十分凶悍，两军相持了数日，曹操仍无法取胜。

　　正在这时，徐州守将陶谦病死，把徐州让给了刘备。曹操一听更是心急，于是决定先夺取徐州再回来消灭吕布。谋士荀彧听说后，连忙赶来劝阻。他对曹操说："汉高祖刘邦争夺天下时，是先保住关中；光武皇帝刘秀平定天下时，是先占据河内。他们这样做，都是深根固本，以制天下。所以他们虽然也遭到了一些挫折、失败，但由于自己的根本没丢，最终都获得了成功。兖州对于您来说就是根本，虽说残破些，但更容易保存力量。而徐州方面，据说刘备已经组织人力加紧抢割城外的麦子，运进城去，这说明他对可能发生的战争已经有所准备。收割完粮食，对方必然还要加固防御工事，等着您去打他。如果现在您真的派兵马去攻打徐州，到那时，攻不能克，掠无所得，不出十天，全军将不战自溃。如此权衡一下利弊，我认为还是先不打徐州为妙。"

　　曹操听了荀彧的劝告，觉得十分有道理，便取消了攻打徐州的计划，专心与吕布对垒，不久就大败吕布，平定了兖州。

「兼听则明，偏信则暗」

【注音】　jiān tīng zé míng，piān xìn zé àn

【注释】　兼听：多方面打听。明：看得分明。暗：糊涂。指听取多方面的意见，才能明辨是非；如果只听取一方面的意见，就容易作出错误的判断。

【出处】　东汉·王符《潜夫论·明暗》："君之所以明者，兼听也；其所以暗者，偏信也。"

【成语故事】

　　唐初大臣魏徵以敢于直言和见解独到而闻名于世，深得唐太宗的器重。

有一次，唐太宗问魏征："作为一国之君，如何才能断事正确呢？他办错了事情又往往是什么原因呢？"魏徵回答："各方面的意见您都听一听，自然会得出正确的结论。如果您只听信一面之词，那就会因为片面意见而把事情办错。以尧舜为例，他们都善于听取各方面的意见，所以才能够战胜敌人。而秦二世因为偏信赵高，从而招来望夷之祸；梁武帝偏信朱异，自取台城之辱；隋炀帝偏信虞世基，导致彭城阁之变。所以，陛下遇事的时候，只要多了解一些情况，多听取一些意见，就可以避免或防止一些祸害了。"

见利忘义

【注音】 jiàn lì wàng yì

【注释】 利：私利。义：道义。指见到有利可图就忘记道义。

【出处】 东汉·班固《汉书·樊郦滕灌靳周传》："当孝文时，天下以郦寄为卖友。夫卖友者，谓见利而忘义也。"

【成语故事】

汉高祖刘邦死后，皇后吕雉以太子年幼为由把持朝政。她大肆分封吕氏族人为王为侯，严重威胁了刘汉的江山。面对这种情况，丞相陈平、太尉周勃等老臣心中十分着急，急忙聚在一起商议对策。

陈平认为控制军队是当务之急，但兵符掌握在吕后的侄子吕禄手中，只有拿到兵符，才能够调遣部队。可吕禄从来也不肯离开军队，怎么才能强迫他交出兵符呢？这时，陈平想起前任丞相郦商的儿子郦寄与吕禄是至交，只有借助郦寄，才能将吕禄调出军中。

于是，周勃来到郦商的府邸，开门见山地对郦商说："吕氏一族准备篡权，一旦他们的阴谋得逞，我们这些开国老臣必遭斩杀。为了大汉的社稷，为了你的一家老小，你也不该坐以待毙呀！"郦商本指望借助儿子郦寄与吕禄的交情来保护自己的利益，听了周勃的话，这才意识到局面的危险性。他问周勃："依太尉之见，老朽应该如何去做？"周勃说："老丞相可令郦寄将吕禄约出北门，只要控制住吕禄，我们就胜券在握了。"于是，郦商命郦寄邀吕禄出城打猎，结果吕禄被周勃的伏兵擒获，被迫交出兵符。随后，吕氏家族中的人被一一诛杀，大汉政权又回到了刘氏的手中，郦寄也因为立了大功被封为曲周侯。但是，当时许多人都指责他，说他为了自己的利益出卖朋友，是个见利忘义的小人。

江郎才尽

【注音】jiāng láng cái jìn

【注释】江郎：指南朝时期的文学家江淹。指江淹的才气已经枯竭了。后用来比喻文思枯竭。

【出处】南朝梁·钟嵘《诗品》卷中："尔后为诗，不复成语，故世传'江郎才尽'。"

【成语故事】

江淹，字文通，南北朝时梁朝考城（今河南兰考县）人。江淹自小聪明过人，年纪轻轻就写出了为后世传诵的《别赋》《恨赋》等佳作。

公元477年，齐高帝萧道成因仰慕江淹的才学，便请他到京城帮助自己拟定朝廷的文稿。有时需要草拟的文件太多，江淹就一边饮酒，一边挥笔疾书，不一会儿，一大堆文件就拟好了。可是，随着官职越做越高，江淹的文思却大不如前了，写出来的东西平淡无奇。很多时候，他提笔思虑好久，却写不出一个字来。即使偶尔来了灵感，写出的文章也是十分晦涩。于是，人们都说江淹的才思已经用尽了。因为江淹年轻时被称为"江郎"，所以后人便把他的故事演化成"江郎才尽"这个成语。

将勤补拙

【注音】jiāng qín bǔ zhuō

【注释】拙：愚笨。指用勤奋努力来弥补自己的笨拙。

【出处】唐·白居易《自到郡斋题二十四韵》："救烦无若静，补拙莫如勤。"

【成语故事】

白居易是我国历史上杰出的现实主义诗人。白居易不仅诗名出众，为官更是清廉公正，令人敬仰，而这些与他的做人态度和做事原则有很大的关系。白居易认为，一个人天生的资质是很难得的，但后天的努力却更加重要，一个人笨一点没关系，关键是要勤奋。

公元825年，唐敬宗任命白居易为苏州刺史。苏州是当时东南地区最大的城市，人口众多、商业繁荣。白居易刚一上任，当地的官吏、乡绅就依照旧风俗想要给他设宴接风。可是，白居易早早地就传下话去，声称所有的宴请接风一律全免，以便腾出更多的时间处理公务。

为了尽快熟悉政务，白居易一连十几天都待在书房里，连吃饭睡觉也不离开。就这样，经过一段时间的紧张工作，白居易初步了解了苏州各个方面的情况。随后，他便开始整顿吏治。他首先废除了一些烦琐的条令，接着下令颁布一些新法令，以便减轻百姓不合理的负担，从而博得了民众对他的信任和好评。

后来，白居易在一首诗中这样写道："救烦无若静，补拙莫如勤。"意思是说：自己生来就很笨拙，所以要用勤奋来加以弥补。

狡兔三窟

【注音】jiǎo tù sān kū

【注释】窟：洞穴。指狡猾的兔子有好几个藏身的洞穴。比喻隐蔽的地方或方法很多。

【出处】 西汉·刘向《战国策·齐策四》："狡兔有三窟，仅得免其死耳。"

【成语故事】

孟尝君任齐国相国时，有个名叫冯谖的门客替他到薛地收债。他到后把百姓欠债的借据全都烧了，那儿的百姓无不对孟尝君感激涕零。

一年后，孟尝君被齐王免职，回到薛地，百姓们扶老携幼地前来迎接。孟尝君这才看到冯谖烧债契的意义，万分感谢。冯谖说："聪明的兔子有三处洞穴，从而使它免于被猎人猎杀。如今您只有一个洞穴，让我再帮您凿两个洞穴吧。"于是，冯谖带着许多财宝来到魏国，劝说魏王聘请孟尝君来魏国当相国。齐王听到这个消息，立刻恢复了孟尝君的职位。接着，冯谖又建议孟尝君向齐王请求赐给自己先王祭器，在薛地建造宗庙供奉，如此一来，齐王就会派兵来保护薛地。宗庙建成后，冯谖对孟尝君说："三个洞穴已经凿好，今后您可以高枕无忧了。"

脚踏实地

【注音】 jiǎo tà shí dì

【注释】 实：坚实。把脚踏在坚实的土地上。比喻做事不浮夸，认真踏实。

【出处】 北宋·邵雍《邵氏闻见前录》："司马温公尝问康节（邵雍）曰：'某何如人？'曰：'君实（司马光）脚踏实地人也。'"

【成语故事】

公元1066年，北宋著名政治家、历史学家司马光奉宋英宗之命，开始着手编纂《资治通鉴》。经过19年的艰辛工作，这部中国历史上第一部编年体史书终于呈现在世人面前。全书共294卷，记载了上起周威烈王二十三年（公元前403年），下至后周显德六年（公元959年），前后共1362年的历史，是中国历史上的杰出著作。为了编纂这部著作，司马光付出了艰辛的努力。编纂期间，他发现皇家藏书不够，就四处寻访，找来大量民间史料作为补充。对于史料中有疑问的地方，他都做了详细的考证。他的好朋友邵雍曾亲眼见到司马光为此付出的努力，因此经常对人称赞司马光。一次，司马光问邵雍："你看我是个怎样的人？"邵雍不假思索地说："你是个脚踏实地的人啊！"

嗟来之食

【注音】jiē lái zhī shí

【注释】嗟：没有礼貌的呼喝声。原指因怜悯人饥饿，而不客气地招呼人来吃东西。后多指侮辱性的施舍。

【出处】西汉·戴圣《礼记·檀弓下》："予惟不食嗟来之食，以至于斯也！"

【成语故事】

战国时期，有一年，齐国发生了严重的饥荒，许多人因为缺少粮食被饿死了。当时，有个名叫黔敖的财主，家里囤积了许多粮食。为了博得个乐善好施的名声，黔敖命家人在路旁支起一口大锅，熬了些稀粥，施舍给那些饥民。饥民们喝了粥，都对黔敖感激不尽。黔敖非常得意，觉得自己是天底下最大的大善人。

这一天，黔敖坐在粥锅边等着给饥民施舍。这时，他看到一个面黄肌瘦的乞丐。于是，黔敖用勺子敲着锅沿儿，趾高气扬地对那个乞丐说："喂，过来吃吧。"谁知，那个乞丐看都不看锅里的粥，他注视着黔敖说："对于这种'嗟来之食'，我是不会吃的！"说完，他就起身离开了。

结草衔环

【注音】 jié cǎo xián huán

【注释】 结：打结。衔：叼着。比喻感恩报德，至死不忘。也作"衔环结草"。

【出处】 春秋鲁·左丘明《左传·宣公十五年》："及辅氏之役，颗见老人结草以亢杜回，杜回踬而颠，故获之。"
南朝宋·范晔《后汉书·杨震传》唐·李贤等注引《续齐谐记》："以白环四枚与宝，曰：'令君子孙洁白，位登三事，当如此环矣。'"

【成语故事】

公元前594年，秦桓公出兵伐晋，晋将魏颗与秦将杜回两人厮杀在一起，久久难分胜负。正在这时，不知从哪里冒出来一位老人，老人拿出一条草编的绳子做成一个圈套，套住了杜回。魏颗乘机俘虏了杜回。

当天夜里，魏颗做了一个梦。梦里，那位老人对他说："我就是当年你嫁出去的那个侍妾的父亲，今天是为报答您对我女儿的救命之恩。"原来，魏颗的父亲魏武子病危时，让魏颗把他的侍妾陪葬，但魏武子死后，魏颗没有这么做，而是把这个侍妾嫁入了一个好人家。

东汉人杨宝在华山游玩，看见一只受伤的黄雀，就把它带回家，治好伤后把它放走了。

有一天，杨宝正在灯下看书，突然有位黄衣童子来到他面前，说："我本是西王母的使者，那年受伤，多亏您救了我。"然后，他拿出四个洁白的玉环，说："我把这四个玉环送给你，保佑你的子孙能够像玉环一样品质高洁，享尽富贵荣华。"后来，杨宝的子孙果然都身居高位。

于是，后人根据这两个故事归纳出了一个成语——"结草衔环"，用来表达感恩报德的心志。

竭泽而渔

【注音】 jié zé ér yú

【注释】 泽：池、湖。竭：尽。指把池塘里的水淘干了捉鱼。比喻做事只顾眼前的利益，丝毫不为以后打算。

【出处】 战国·吕不韦等《吕氏春秋·义赏》："竭泽而渔，岂不获得，而明年无鱼。"

【成语故事】

春秋时期，中原地区的曹、卫、陈、蔡、郑等诸侯国都倒向强大的楚国，只有宋国不愿意亲楚，而投靠了晋国。楚成王非常恼怒，他命大将子玉统帅三军，包围了宋国的都城商丘。宋成公赶紧向晋文公求援，晋文公亲率大军前往救援，在城濮（今山东濮县）与楚军相遇。

当时，晋军在兵力上不如楚军，于是，晋文公召集众臣一起商量对策。大臣子犯提议应该采用欺诈的方法迷惑楚军，然后伺机击败他们。晋文公觉得子犯的主意很有道理。但大臣雍季却持反对意见，他对晋文公说："臣觉得这个办法并不好。"晋文公问道："为什么呢？"雍季说："假如有个人想要捉鱼，就把池塘里的水都弄干了，这样，他当然能捉到池塘里所有的鱼，可等到明年，池塘里就无鱼可捉了。所以，臣以为，欺诈的方法虽然偶尔用一次会取得成功，可是常用就会失灵，因此并不是长久之计。"

晋文公非常赞同雍季的看法，但当务之急是先解除宋国的危机，所以晋文公还是采纳了子犯的计策，果然打败了楚军。

回国以后，晋文公对各个大臣论功行赏，然而，雍季的封赏却在子犯之上。有人感觉很奇怪，就问晋文公："您是不是将封赏弄错了？"晋文公说："子犯的计策，只能让我们取得一时的优势，而雍季的建议，却能使我们受益几百年。一时的好处怎么能比得过一世的好处呢？"

解衣推食

【注音】jiě yī tuī shí

【注释】指把穿着的衣服脱下来给别人穿，把正在吃的东西让给别人吃。形容慷慨地给人以关心和帮助。

【出处】西汉·司马迁《史记·淮阴侯列传》："汉王授我上将军印，予我数万众，解衣衣我，推食食我，言听计从，故吾得以至于此。"

【成语故事】

秦朝末年，天下大乱，各地起义势力纷纷崛起，其中最强的两支力量是西楚霸王项羽和汉王刘邦。本来，刘邦的势力较项羽要弱许多。但后来，刘邦听从丞相萧何的建议，拜原本只在项羽手下做小官的韩信为大将军，从而逐渐扭转了战局。

项羽见韩信战无不胜，于是派人去游说韩信，希望他能再回来为自己效劳。韩信对来人说："我当年在项羽的手下，只是一个执戟的小官，项羽对我的话从未认真听过，对我献的计策也不肯采纳，所以我才归依汉王。汉王封我为上将军，让我指挥汉军的全部兵马。不但如此，他与我情同手足，把他的衣服给我穿，把他的饭给我吃，我才有今天。所以就算是死，我也会效忠汉王的。"来人见韩信意志坚定，只好转回楚营，向项羽报告去了。

金玉其外，败絮其中

【注音】jīn yù qí wài, bài xù qí zhōng

【注释】败絮：破旧的棉絮。比喻外表漂亮，内里破败，虚有华美的外表，实质却一团糟。

【出处】明·刘基《卖柑者言》："观其坐高堂，骑大马，醉醇醲而饫肥鲜者，孰不巍巍乎可畏，赫赫乎可象也？又何往而不金玉其外，败絮其中也哉？"

【成语故事】

有一次，明朝大臣刘基从小贩手中买了几个看起来金黄油亮的柑子，回家剥开柑皮一看，发现里面的果肉干缩得像破棉絮一样，就跑去责问小贩为何骗人钱财。不料，那小贩说："当今世上骗人的，岂止我一个人？你看大街上那些威风凛凛的武将，难道他们真正懂得兵法吗？再看那些器宇轩昂的文官，难道他们真正掌握了治理国家的本事吗？别看这些人一个个身居高位，哪一个不像我所卖的柑子那样，表面上如金如玉，内中却像破棉絮呢？"刘基听后哑口无言，回家后，他感慨万千，就写了一篇名为《卖柑者言》的文章。

近水楼台

【注音】 jìn shuǐ lóu tái

【注释】 由于个人关系比较亲近，或是职务、环境方面比较便利，而优先得到利益和方便。

【出处】 南宋·俞文豹《清夜录》："范文正公（范仲淹）镇钱塘，兵官皆被荐，独巡检苏麟不见录，乃献诗云：'近水楼台先得月，向阳花木易为春。'"

【成语故事】

北宋著名的政治家、文学家范仲淹从小读书就十分刻苦，曾经在附近的醴泉寺寄宿读书。那时，范仲淹的生活极其艰苦，每天只煮一锅稠粥，凉了以后分成四块，早晚各取两块，拌几根腌菜，调半盂醋汁，吃完继续读书。后来，范仲淹做了大官，他为人正直，待人谦和，特别善于选用人才。

范仲淹在杭州做知府的时候，城中的文武官员大都得到过他的关心和帮助。在他的推荐下，那些官员都担任了能发挥自己才干的职务，心里都很感激他。只有一个名叫苏麟的巡检官，因在杭州所属的外县做巡察，没有像杭州的官员那样有接近范仲淹的机会，所以一直没有得到推荐和提拔，心里感到十分遗憾。

有一次，苏麟因公事要见范仲淹，趁此机会，他写了一首诗献给范仲淹，一表不满，二求举荐。诗中有两句是："近水楼台先得月，向阳花木易为春。"意思是：靠近水边的楼房可以最先看到月亮，朝着阳光生长的花草树木容易成长开花，显现出春天的景象。苏麟用这两句诗来表达对范仲淹的不满，巧妙地指出：那些接近你的人都得到了好处，而离你远的人则得不到关照。范仲淹看了，不禁哈哈大笑。后来，范仲淹根据苏麟的意愿和实际才干，为他找到了更合适的职位。

惊弓之鸟

【注音】 jīng gōng zhī niǎo

【注释】 惊：受到惊吓。指受过箭伤，闻弓弦声而惊堕的鸟。比喻因受过惊吓，遇到一点儿事情就惊慌害怕的人。

【出处】 西汉·刘向《战国策·楚策四》："故疮未息，而惊心未去也。闻弦音，引而高飞，故疮陨也。"

【成语故事】

更羸是战国时期魏国有名的神箭手。有一天，更羸陪魏王到野外打猎。这时，一只大雁从远处慢慢飞了过来。更羸仔细看了看，指着这只大雁对魏王说："大王，我不用箭，只要拉一下弓，就能把这只大雁射下来。"

魏王听了有些不敢相信，他问："你真有这样的本事吗？"更羸说："我做臣子的怎么敢欺骗国君呢？"说着，他拿起弓，伸出右手使劲拉了一下弓弦，只听"砰"的一声，那只大雁猛地拍了两下翅膀，便掉了下来。

魏王一看大吃一惊："先生的箭法真是神奇！"更羸却笑着说："大王，不是我的箭法神奇，是因为我知道这是一只受过箭伤的大雁。"

魏王一听更吃惊了，他问道："你怎么知道它受过伤？"更羸说："这只大雁飞得又低又慢，叫声又很凄惨。飞得慢，是因为它受过伤，伤口还没有愈合；叫声凄惨，是因为它孤单失群。这时，它听到弓弦响，心里很害怕，就拼命想往高处飞，它一使劲，伤口又裂开了，就掉了下来。"魏王听了，不禁连连点头，称赞更赢心思细腻。

精诚所至，金石为开

【注音】jīng chéng suǒ zhì, jīn shí wéi kāi

【注释】金石：指坚硬的东西。指人的诚心所到，能感动天地，使金石为之开裂。

【出处】东汉·王充《论衡·感虚篇》："精诚所加，金石为亏，盖诚无坚则亦无远矣。"

【成语故事】

西汉大将李广特别喜欢射箭，人称飞将军。有一天，李广去山林里打猎，忽然发现不远处的草丛中似乎卧着一只猛虎。李广忙张弓搭箭，用尽力气朝那只猛虎射去，只听"扑"的一声，箭射中了。

李广退后几步，想等那只虎死了之后再去查看，可他等了好久，也不见一点动静。李广下了马，拨开草丛，发现射中的是一块形似老虎的巨石，而那支箭则深深地插在巨石里！李广顿时惊呆了，不敢相信自己竟然有这么大的力气，于是他再次张弓搭箭向巨石射去，可一连几箭，都没有射进去。

后来，有人拿这件事去请教大学问家扬雄。扬雄听了，说："这是因为李广当时太专心了，所以石头才能被射穿呀！"

鞠躬尽瘁

【注音】jū gōng jìn cuì

【注释】鞠躬：弯着身子，表示恭敬、谨慎。瘁：劳累。指勤勤恳恳、呕心沥血、竭尽全力贡献出自己的一切。含褒义，常和"死而后已"连用。

【出处】 西晋·陈寿《三国志·蜀书·诸葛亮传》裴松之注引《汉晋春秋》："臣鞠躬尽力，死而后已。"

【成语故事】

东汉末年，由于统治者昏庸无能，致使天下大乱，各地诸侯纷纷割据自立。公元220年，曹操之子曹丕篡汉建魏，定都洛阳，曹丕即为魏文帝。此后，占据四川一带的刘备也正式登基，建立了蜀汉政权。而占据江东的孙权则建立了吴国，三国鼎立的局面正式形成。

刘备即位之初，便任命诸葛亮为丞相。在诸葛亮的辅佐下，蜀国国富民强，百姓安居乐业。公元223年，刘备病逝，他的儿子刘禅即位，是为蜀汉后主。刘禅为人昏庸无能，只知道享乐，于是，治理蜀国的重任全部落到了诸葛亮的身上。

为了不辜负先主刘备的重托，诸葛亮夜以继日地工作，凡事亲力亲为，非常操劳。为了使蜀国更加强大，诸葛亮在政治上一贯主张联吴伐魏，他一面和东吴交好，一面率领大军，平定南方边境，同时积蓄力量，准备北伐曹魏。

经过一段时间的准备，诸葛亮觉得时机已经成熟，于是决定北伐。在出征前，诸葛亮给后主刘禅上了一道奏表，要刘禅听信忠言、富国强兵。这道奏表就是著名的《前出师表》。但是，这次北伐并没有成功，诸葛亮只好又退回蜀地，期待下次伐魏的机会。

经过几年的养精蓄锐，诸葛亮决定再次北伐，并又给后主刘禅写了一道奏表。奏表中，诸葛亮详细分析了当时的敌我形势，说明蜀汉和曹魏势不两立，同时指出即使现在蜀不伐魏，将来魏也必定会伐蜀。后主刘禅看了奏表，同意了诸葛亮的北伐。这第二道奏表，就是历史上有名的《后出师表》。在这道奏表的最后，诸葛亮用"臣鞠躬尽瘁，死而后已"结尾，表达了他衷心为国的意愿。

遗憾的是，由于蜀魏力量相差太大，这次北伐又未能获胜。但诸葛亮并没有灰心，他仍一直谋求机会，讨伐魏国，直到最后病死在军中，实现了他为蜀国"鞠躬尽瘁，死而后已"的愿望。

开诚布公

【注音】 kāi chéng bù gōng

【注释】 开诚：敞开胸怀。布：宣布、陈述。表示坦白无私，真诚相待。

【出处】 西晋·陈寿《三国志·蜀书·诸葛亮传论》："诸葛亮之为相国也，抚百姓，示仪轨，约官职，从权制，开诚心，布公道。"

成语故事

蜀汉后期，丞相诸葛亮悉心辅佐资质平庸的后主刘禅治理国家，他待人公正，处理事情合乎情理，不徇私情，深受人们的尊敬。

在攻打曹魏时，诸葛亮派马谡当前锋，牙门将军王平担任副将，共同守卫街亭。马谡和王平带领人马到了街亭后，张郃也带着魏军从东面过来了。

马谡不听王平的劝告，坚持要在山上扎营，布置埋伏。王平没办法，只好央求马谡拨给他一千人马，让他在山下临近的地方驻扎。

张郃率领魏军赶到街亭，看到马谡放着现成的城池不守，把人马驻扎在山上，暗暗高兴，马上吩咐手下将士在山下筑好营垒，把马谡扎营的那座山围困起来。

张郃看准时机，发起总攻，蜀军将士纷纷逃散，马谡只好自己杀出重围，往西逃跑。

王平得知马谡失败，就叫士兵拼命打鼓，装出进攻的样子。张郃怀疑蜀军有埋伏，不敢逼近。于是王平带领一千人马安全地向后撤退。

街亭失守，蜀军失去了重要的据点，诸葛亮为了保存实力，将人马全部撤退到汉中。然后，他详细查问街亭失守的原因，得知完全是由于马谡违反他的作战部署造成的。马谡承认了自己的过错，但军纪如山，诸葛亮忍痛杀了马谡，把王平提拔为参军。

诸葛亮觉得自己用人不当，也应该负连带责任，就上奏后主，请求降官三级。为了吸取教训，诸葛亮还经常让下属指出他的缺点和错误。因此，《三国志》的作者陈寿称赞诸葛亮"开诚心，布公道"。

开卷有益

【注音】　kāi juàn yǒu yì

【注释】　开卷：打开书本，指读书。指只要读书就会有所收益。

【出处】　北宋·王辟之《渑水燕谈录·文儒》："太宗日阅《御览》三卷，因事有阙，暇日追补之，尝曰：'开卷有益，朕不以为劳也。'"

【成语故事】

宋太宗赵光义深知"马上得天下，不能马上治天下"的道理，即位不久，就下令重修书库，编纂《太平总类》、《太平广记》以及诗文总集《文苑精华》等。

《太平总类》摘取经史百家之言，保存了不少佚失的古籍，历经六年方才编成。成书后，宋太宗对宰相宋琪说："从今天起，每天把《太平总类》给我送来三卷，我要亲自阅读。"宰相宋琪说："陛下以读书为乐，借古鉴今，自然是好事，但每日读三卷，是不是太多了？"宋太宗回答道："古人云：'行万里路，读万卷书。'我虽然不能行万里路，但是读万卷书还是不难的。"

此后，宋太宗每天读三卷，有时因事耽搁了，也要再抽空补上，并常说："只要打开书本，总会有好处的。"

空前绝后

【注音】　kōng qián jué hòu

【注释】　绝：终止，断绝。指以前没有，以后也不会出现。形容独一无二，非常难得。

【出处】　北宋·佚名《宣和画谱》："顾（顾恺之）空于前，张（张僧繇）绝于后，而道子（吴道子）乃兼有之。"

【成语故事】

晋朝的顾恺之才华出众,学识渊博,在绘画上更是成就非凡,闻名于世。

南北朝时期,梁朝出现了一位著名的大画家张僧繇,他的人物故事以及宗教画自成样式,因此人们都称赞他的成就远远超越了前人。

到了唐朝,又诞生了一位更有成就的画家——吴道子。吴道子集书法、绘画之大成于一身。据说,有一次,吴道子和他的书法老师张旭去洛阳游玩,在那里遇到了一位善于舞剑的将军。吴道子见这位将军的剑式神出鬼没、变化多端,便即兴画了一幅壁画,只见他笔走如飞,飒飒有声,顷刻画成。随后张旭又在墙壁上挥笔留言。三个人的表现使在场的数千名观众大饱眼福,人们不住地赞叹:"一日之中,获观三绝!"

还有一次,唐玄宗要去嘉陵江观赏江景,派吴道子一同去写生。吴道子回来后,命人准备了一匹素绢,只用了一天时间,便在大同殿上画出了嘉陵江三百余里的风光,令唐玄宗赞叹不已。据说,吴道子在景玄寺中画的地狱变相图,不画鬼怪却阴森逼人,看过这幅画后改过自新、弃恶从善的大有人在。

后来,有人评价这三位画家时,认为顾恺之的绘画成就超越前人,张僧繇的绘画成就后人莫及,吴道子则兼有两人的长处,可谓空前绝后。

空中楼阁

【注音】 kōng zhōng lóu gé

【注释】 指悬在半空中的楼阁。比喻虚构的事物或脱离实际的空想。

【用例】 南宋·朱熹《朱子语类·邵子之书》:"问:'程子谓康节空中楼阁。'曰:'是看得四通八达,庄子比康节亦仿佛相似。'"

【成语故事】

从前有一个财主,他生性愚钝,经常做一些傻事。有一天,这个财主到一个朋友家做客，他看到那个朋友家盖了一幢新屋，足足有三层！站在最顶层，远处的景色一览无遗。财主见了非常羡慕，于是，回到家后，他立刻找来一些工匠，要他们也给自己盖一幢那样的屋子。

工匠们准备好材料开工了。这一天，财主来到工地，看见第一层已经快盖好了，他立刻叫来工匠的头儿问道："你们这是盖什么呢？"

"盖你要的楼啊！"工匠头儿不解地回答。

"错了！"财主摆着手叫道，"我只是要你们建一幢第三层的屋子，下面的两层我不要，赶紧拆掉！"工匠头儿一听就大笑起来："只要最上面一层？这样的空中楼阁我们可造不出来！"说完，他便带着人离开了。

口蜜腹剑

【注音】 kǒu mì fù jiàn

【注释】 指嘴上说的甜如蜜，肚子里却装着杀人的剑。比喻嘴甜心狠，阴险狡诈。

【出处】 北宋·司马光《资治通鉴·唐玄宗天宝元年》："谓李林甫'口有蜜，腹有剑'。"

【成语故事】

唐玄宗晚年任用奸臣李林甫做了宰相。李林甫为人阴险狡诈，只要是能力比他强的人，他都想方设法把他们调出京城。有一次，唐玄宗在勤政楼上隔帘眺望，正好兵部侍郎卢绚从楼下经过。玄宗见卢绚风度翩翩，便随口称赞了几句。谁知，第二天，李林甫就找了个借口将卢绚降为华州刺史。

当时，还有一个官员叫严挺之，因受李林甫的排挤而被派往外地。后来，唐玄宗想起了他，便问李林甫："严挺之现在怎么样？他很有才能，还可以重用。"李林甫一听，忙说："我这就去打听一下。"退了朝，李林甫把严挺之的弟弟找来，说："你哥哥不是很想回京城吗？我有一个办法。"严挺之的弟弟见李林甫这样关心哥哥，连忙请教该怎么办。李林甫说："只要叫你哥哥上一道奏章，就说他病了，请求回京城来看病就可以了。"严挺之接到弟弟的信，真的上了一道奏章，请求回京城看病。李林甫拿着这道奏章去见唐玄宗，说："严挺之现在得了重病，不能干大事了。"唐玄宗惋惜地叹了口气，也就算了。

尽管李林甫伪装得非常巧妙，他的阴谋还是被人们识破了。人们都说李林甫是"嘴上像蜜甜，肚里藏着剑"。他当了十九年宰相，一个个有才能的大臣全都遭到排斥，一批批钻营拍马的小人都受到重用提拔，而唐朝也从兴盛转向了衰败。

口若悬河

【注音】kǒu ruò xuán hé

【注释】悬河：倾泻的激流。指讲起话来就像河水倾泻一般滔滔不绝。形容人能言善辩。

【出处】南朝宋·刘义庆《世说新语·赏誉》："王太尉（王衍）云：'郭子玄语议如悬河泻水，注而不竭。'"

【成语故事】

晋朝的郭象是一位大学问家，他知识丰富，对各种事情都有自己独到的见解。当时，许多达官贵人都仰慕郭象的才学，纷纷向朝廷举荐他做官。郭象推辞不过，便来到京城，担任了黄门侍郎一职。

由于郭象的口才很好，而且立论新颖、条理清楚，因此，许多人都喜欢与他交谈。有一次，郭象和一位名叫王衍的太尉闲聊，二人从天文地理、诸子百家聊到行兵布阵、治乱兴亡，郭象说得头头是道。王衍是当时一流的学者，口才也很好，但听了郭象的一席话，还是忍不住对他赞不绝口。王衍曾对朋友们说："郭象说话，就好像一条瀑布，滔滔不绝地往下灌注，永远没有枯竭的时候。"郭象的口才，由此可见一斑。

胯下之辱

【注音】 kuà xià zhī rǔ

【注释】 胯下：两条腿之间。指从胯下爬过的耻辱。比喻难以忘记的奇耻大辱。

【出处】 西汉·司马迁《史记·淮阴侯列传》记载，韩信年轻时，家贫无行，常求食于人。有淮阴少年当众侮辱他，令他从胯下爬过去。

【成语故事】

汉代大将韩信自幼就失去了父母，孤苦无依的他只好靠钓鱼换钱维持生活，经常饥一顿饱一顿，邻居们都很看不起他。有一次，一群恶少当众羞辱韩信。一个屠夫对韩信说："虽然你长得又高又大，喜欢带刀佩剑，其实你胆子小得很。你敢用你的剑来刺我吗？如果不敢，就从我的裤裆下钻过去！"韩信自知势单力薄，硬拼肯定要吃大亏，只得强忍屈辱，从那个屠夫的裤裆下钻了过去，大家哄堂大笑。但是，那些围观嘲笑的人万万没有料到，这个甘受胯下之辱的少年日后会因帮助刘邦建立汉朝有功，被封为楚王，从而彪炳史册。

脍炙人口

【注音】 kuài zhì rén kǒu

【注释】 脍：切得很细的肉丝。炙：烤热的肉。原意是指美味的烤肉人人都爱吃。比喻好的诗文或事物为众人所喜爱和传诵。

【用例】 五代·王定保《唐摭言》卷一〇："李涛，长沙人也，篇咏甚著，如'水声长在耳，出色不离门'……皆脍炙人口。"

【成语故事】

曾参是孔子的弟子之一，为人非常孝顺。他的父亲曾皙在饮食上有种偏好，喜欢吃一种圆而小、色泽黑紫的水果——羊枣。在父亲去世之后，曾参每当看到羊枣就睹物思人，想起已逝的父亲，并因此而伤心难过。于是，父亲生前爱吃的羊枣，曾参一口也不忍心吃。他的这一举动在当时被公认为是孝道的表现，因此，曾参得到了人们极大的赞赏。

到了战国时期，孟子的弟子公孙丑很爱较真，他对曾参的这个事情想不通，于是跑去问孟子："老师，您觉得炒肉丝、烤肉和羊枣这样的野果比起来，哪种更好吃？"

孟子笑着说："这还用问吗？当然是肉丝和烤肉好吃，谁不爱吃烤肉啊？"

公孙丑又问："那既然是像肉丝、烤肉那样的'脍炙'好吃，那么，曾参和他父亲也都是爱吃脍炙的了！曾参的父亲爱吃羊枣，在父亲去世后，曾参就不忍再吃羊枣，可他父亲也爱吃脍炙啊，那为什么曾参不戒吃脍炙呢？"

孟子回答说："脍炙，是大家都爱吃的；羊枣呢，却不是人人都喜欢吃，只有曾晳喜欢吃，这是曾晳特别的口味喜好，所以曾参戒吃羊枣。这就如同对长辈只因忌讳不直呼其名，而不必连姓也一起忌讳了一样。"公孙丑一想，的确如孟子所言，便不再质疑曾参不食羊枣而食脍炙的事了。

狼狈为奸

【注音】láng bèi wéi jiān

【注释】狼狈：指狼和狈两种兽。据说，狼和狈两种野兽常合伙伤害牲畜。后用"狼狈为奸"比喻相互勾结，一起干坏事。

【用例】清·褚人获《隋唐演义》第八五回："安禄山向来同李林甫狼狈为奸。"

【成语故事】

相传，狼和狈这两种野兽，不仅长相十分相似，性情也非常相近，都十分凶残狡诈。唯一不同的就是，狼的前腿长、后腿短，而狈则正好相反，前腿短、后腿长。

有一次，狼和狈一起去偷羊。可羊圈筑得很高，又非常坚固，它俩忙活了半天还是没有办法偷到羊。于是狼对狈说："我倒有个办法。你看，我的前腿长，而你的后腿长。我骑在你背上，你再站起来，把我抬高，然后我用前腿扒住羊圈，就能把羊叼走了。"狈一听，觉得这真是个好主意。于是，它蹲下身来，让狼爬到自己背上，然后用前腿抓住羊圈的竹篱，狈则慢慢地把身子站直。狈站直后，狼把两条前腿伸进羊圈，猛地抓住了一只小羊。从那以后，狼和狈就联合起来，一起去偷农民的牲畜。"狼狈为奸"这个成语便由此而来。

老当益壮

【注音】lǎo dāng yì zhuàng

【注释】当：应当。益：更加。指人老了，志气应当更加豪壮。

【出处】南朝宋·范晔《后汉书·马援传》："丈夫为志，穷当益坚，老当益壮。"

【成语故事】

马援，字文渊，东汉时期著名的军事家。马援年轻的时候曾担任过扶风郡（今陕西兴平）的督邮。有一次，郡太守派他押送犯人到长安，半路上，马援看犯人哭得伤心，便动了恻隐之心，把他们放走了，自己也因此丢了官，逃到北地郡（今甘肃庆阳）躲了起来。在北地郡，马援从事畜牧业和农业生产，没几年，便拥有了大片的土地和几万头牛羊。但这种生活并不是马援所追求的，他常对朋友们说："男子汉大丈夫，处于困境更要坚强，年纪虽老更要有雄心壮志。"

在这种精神的鼓舞下，马援把自己的土地和牛羊都分给了他的兄弟，转而从军，投靠了光武帝刘秀，为东汉王朝的建立立下了赫赫战功。

老马识途

【注音】 lǎo mǎ shí tú

【注释】 途：道路。指老马认识走过的路。比喻阅历多、经验丰富的人对事情比较熟悉。

【出处】 《韩非子·说林上》："管仲、隰朋从于桓公伐孤竹，春往冬返，迷惑失道。管仲曰：'老马之智可用也。'乃放老马而随之，遂得道。"

【成语故事】

公元前663年，齐桓公带领相国管仲等人攻打位于北方的孤竹国。齐国大军一路势如破竹，终于平定了孤竹国。于是，齐桓公决定班师回朝。大军出发的时候是春天，而这时已经是冬天了，好多路都已经变了样子。齐军在一个山谷里迷失了方向，虽然派出了很多探子去探路，但仍然找不到出路。管仲思索了好久，对齐桓公说："君上，我认为老马有认路的本领，可以利用它们在前面领路，带领大军走出山谷。"齐桓公知道管仲一向多谋善断，于是同意了他的提议。

管仲立即在军中挑出几匹老马，解开缰绳，让它们在大军的最前面自由行走。只见这些老马都毫不犹豫地朝同一个方向跑去。于是，大军紧跟着它们，终于走出山谷。看到回家的路就在眼前，齐桓公不禁感叹道："是这些识途的老马救了我们啊！"

厉兵秣马

【注音】 lì bīng mò mǎ

【注释】 厉：同"砺"，磨。兵：兵器。秣：喂。指磨利兵器、喂饱马匹，做好战斗的准备。

【出处】 春秋鲁·左丘明《左传·僖公三十三年》："郑穆公使视客馆，则束载厉兵秣马矣。"

【成语故事】

春秋时期,秦国曾和晋国联合攻打郑国,后秦穆公被郑国大夫烛之武说服,与郑国结盟,但却留下了将领杞子等三人继续留守郑国。

两年后,杞子派人密报秦穆公,说:"郑国让我掌管都城北门的钥匙,我国如果现在派兵偷袭,便可攻下郑国的都城。"秦穆公接到密报后,决定立即出兵伐郑。这时,老臣蹇叔极力劝阻穆公不要做这种背信弃义的事,并预言如果秦国出兵必会遭到晋国军队的截击,还有可能全军覆没。但秦穆公认为机不可失,于是派孟明视、西乞术、白乙丙三名将帅领兵远征郑国。秦军经过长途跋涉来到了距离郑国不远的滑国,正巧郑国的商人弦高也经过此地。得知秦军将进攻自己的国家,弦高便假称自己是郑国派来接待秦军的使者,稳住秦军,然后派人把秦军进犯的消息火速报告给郑穆公。

郑穆公接到密报,马上派人到北门察看杞子等人的动静,见他们果然已扎好行李,磨好兵器,喂饱了马,准备做秦军的内应。于是郑穆公派大臣皇武子来到杞子等人的住处,对他们说:"我们很抱歉,没有好好款待你们,现在孟明视要来了,你们可以跟他回去了。"

杞子等人见事已败露,分别逃往齐国和宋国。孟明视得到消息,知道偷袭不成,只好下令返回。回师途中,经过险地崤山,秦军果然遭到了晋军的伏击,全军覆没,孟明视等三位统帅也成了晋国的俘虏。

励精图治

【注音】 lì jīng tú zhì

【注释】 励:激励。励精:振奋精神。图:谋求、力图。指努力振奋精神,力求治理好国家。比喻振作起来,做好某件事情。

【出处】 东汉·班固《汉书·魏相传》:"宣帝始亲万机,厉精为治。"

【成语故事】

公元前74年,汉昭帝刘弗陵驾崩,武帝曾孙刘询即位,是为汉宣帝。由于刘询当时年纪尚轻，朝中大权都掌握在大司马霍光手里。

公元前68年，霍光病故，宣帝开始亲政。因为宣帝出身民间，深知百姓疾苦，所以他特别重视吏治，大量选用熟悉法令的人做官，严惩了一批贪赃枉法的高官。

宣帝还设置了治御史一职，负责审核廷尉在法律量刑中是否失当，并且废除了一些残酷的刑罚。在经济上，宣帝采取招抚流民的措施，恢复和发展农业生产。他屡次削减田租、算赋，提倡勤俭节约，降低天下的盐价。这些措施都取得了比较显著的效果。

当时，匈奴发生内乱，呼韩邪单于请求依附汉朝。宣帝便设立了西域都护，使政令达于西域。在文化方面，宣帝下诏召集文人讲论五经异同，并且亲临裁决。御史大夫魏相被提升为丞相，封为高平侯，他率领百官尽心尽力辅佐宣帝，深得宣帝信任和赏识。宣帝在魏相的辅佐下，继续采取了一系列有利于发展生产、减轻百姓负担的有效措施。因此，国家很快便强盛起来，呈现出一派繁荣的景象。在宣帝统治期间，"吏称其职，民安其业"，因此，后世史家称此段时期为"宣帝中兴"。

连篇累牍

【注音】 lián piān lěi dú

【注释】 牍：古代写字用的木简。形容文章篇幅过多，文辞冗长。

【出处】 唐·魏徵等《隋书·李谔传》："连篇累牍，不出月露之形，积案盈箱，惟是风云之状。"

成语故事

南北朝时，在文人当中流行着一种浮夸之风，所有的文章都过于追求华丽的辞藻和外表形式，而毫不注重实质内容，这种风气一直延续到隋朝。

隋文帝的治书侍御史李谔是一位非常有才华的人，他对这种浮而不实的文风十分痛恨,于是决定上书皇帝,希望朝廷能够通过发布政令改变这种风气。

经过详细的酝酿,李谔的《上书正文体》一文终于写好了。在文中,李谔写道:"从魏武帝、文帝、明帝起,以后的各朝皇帝都很崇尚文采辞令,却忽视了文章要言之有物。不但如此,他们自己写文章也是只注重文辞华丽,不重视为君之道。于是,下面的文人也就跟着他们学,在文辞上大做文章,这样就渐渐形成了浮华的风格,给后世各朝带来了恶劣的影响。因此,臣希望皇上能够下一道政令,来改变这种华而不实的文风。"

隋文帝杨坚对这种浮夸的文风也深恶痛绝,所以,当他看到李谔的奏章时,禁不住点头称赞。特别是当看到"连篇累牍,不出月露之形,积案盈箱,惟是风云之状"一句时,隋文帝更是拍案叫好。

于是,隋文帝立即下令,将李谔的奏章颁布天下,并传下口谕,以后如果谁写来的奏章再空洞无物、华而不实,一定严惩不贷。从那以后,人们在写文章的时候都注意起来,整个朝野的文风也逐步好转起来。

梁上君子

【注音】liáng shàng jūn zǐ

【注释】指窃贼。有时也指脱离实际、脱离群众的人。

【出处】南朝宋·范晔《后汉书·陈寔传》:"正色训之曰:'夫人不可不自勉,不善之人,未必本恶,习以性成,遂至于此,梁上君子者是矣。'"

【成语故事】

东汉的陈寔为人宽厚善良,很受乡邻的尊重。有一年乡里闹灾荒,许多人耐不住饥饿,干起了违法的勾当,陈寔却始终教育家人要坚持做人的操守。一天晚上,一个小偷溜进了陈家,躲在屋梁上,准备行窃。陈寔察觉后,并没有声张,而是把全家人召集到客厅里,说:"你们一定要爱惜名声，从严要求自己，不能做那些损害别人的事。有些人原来并不坏，只不过染上了坏习惯而又不愿改正。这些人如果严格要求自己，也可以成为君子。梁上的那位君子就是个例子。"小偷一听，吓得赶紧爬下来，叩头认错。陈寔了解到小偷是迫于生计才干偷窃之事后，不但没有责骂他，还苦口婆心地劝他改邪归正，说完又让家人取出两匹绸缎送给小偷。小偷感激不尽，决定重新做人。

两袖清风

【注音】 liǎng xiù qīng fēng

【注释】 原指迎风潇洒的姿态。后形容为官清廉。

【用例】 元·陈基《次韵吴江道中》诗："两袖清风身欲飘，杖藜随月步长桥。"

【成语故事】

　　于谦，字廷益，明朝著名的军事将领、诗人。明代宗时，于谦被任命为兵部尚书，他为官公正清廉，对各州、府、县的官员要求很严，并坚决禁止受贿、贪赃等行为。于谦不但这样要求下属，自己更是以身作则。在封建社会，有一种逼迫官员搜刮民脂民膏的陋习，那就是每到年终岁首，地方官调京任职，都必须准备一些地方特产送给相关的上级官员，或端砚、湖笔，或人参、鹿茸，或冬虫夏草，等等。起初，送些特产是出于礼节或是自愿，久而久之竟形成了一种不成文的规矩。

　　当时于谦由巡抚调任兵部尚书，按规矩也应该给他的上司送些礼品，可于谦却根本不理睬这种陋规。他的部下劝他说："大人，您到京城做官，那里就是这种风气。您不带些礼物过去，人家会对您有看法，特别是您的上司，他们会找您麻烦的。"于谦却说："我当官是为国为民，不是为哪一个人，我只要清白做官，认真做事，不管他们怎么看我。"于是，于谦就这样进京赴任了，连蘑菇和线香之类的小物件都没有带。

　　后来，当有人再次劝于谦带礼物时，他便写下了一首七言绝句来作答："绢帕蘑菇与线香，本资民用反为殃。两袖清风朝天去，免得闾阎话短长。"借此来表明自己的心志。

量力而行

【注音】liàng lì ér xíng

【注释】量：估量。行：行事。指做事情要按照自己力量的大小去做，不要勉强。

【出处】春秋鲁·左丘明《左传·昭公十五年》："力能则进，否则退，量力而行。"

【成语故事】

春秋时期，郑庄公联合齐、鲁两国讨伐许国，攻破了许国都城，许庄公被迫逃到了卫国。战后，郑庄公将许国一分为二：东部属郑国，派大夫公孙获治理；西部立许庄公的弟弟许叔为君，由许国大夫百里辅佐，仍为许国，实际也是归郑国所有。郑庄公的这番安排为他赢得了美誉。《左传》的作者左丘明评价说："郑庄公在这件事上做得太合乎礼制了。许国人不遵从王命就讨伐他们，许国人认输服罪了就赦免了他们。郑庄公能揣度自己的德政来分派他们，衡量自己的力量来治理他们，看准时机而采取行动，不连累后人，真是懂得礼法。"

流言蜚语

【注音】liú yán fēi yǔ

【注释】蜚：凭空而来，毫无根据。原指毫无根据的话。后多用来形容背后散布的诽谤性或挑拨性的话。

【用例】《明史·马孟祯传》："人主出奴，爱憎由心，雌黄信口，流言蜚语，腾入禁庭，此士习可虑也。"

【成语故事】

汉武帝时,窦太后的侄子窦婴因为平定叛乱有功,被封为魏其侯。当时,还有一位皇亲国戚名叫田蚡,他是王太后的兄弟,被封为武安侯。窦太后去世后,窦婴很快失势,而田蚡却凭着王太后的关系当上了丞相,为此窦婴觉得很不服气。

一次宴会上,窦婴和田蚡因为一件事吵了起来,两个人越吵越凶,一直闹到了汉武帝那里。由于两人都是皇亲国戚,汉武帝一时也不知道如何处置。这时,王太后得到消息,便以绝食相逼,让汉武帝支持田蚡。汉武帝无奈,只得将窦婴打入大牢。汉武帝本来想关窦婴一段时间,等事情平息了再将他放出来。谁知,就在这时,许多没有根据的、诬蔑中伤窦婴的话传了出来,汉武帝一气之下,就将窦婴杀了。

柳暗花明

【注音】 liǔ àn huā míng

【注释】 指绿柳成荫、繁花似锦的景象。也比喻经过一番曲折后,出现了新的局面。多指由逆境转变为充满希望、前途光明的顺境。

【用例】 唐·武元衡《摩诃池送李侍御之凤翔》诗:"柳暗花明池上山,高楼歌酒换离颜。"

【成语故事】

陆游是南宋时期著名的文学家、史学家和诗人。他出生于北宋灭亡之际,成长在偏安的南宋,少年时即深受家庭爱国思想的熏陶。宋高宗时,陆游参加礼部考试,因受宰臣秦桧排斥而仕途不畅。宋孝宗即位后,陆游被赐进士出身,历任福州宁德县(今福建宁德市)主簿、敕令所删定官、隆兴府(今江西南昌市)通判等职,因坚持抗金,屡遭主和派排斥。

隆兴二年(1164),陆游任隆兴府通判时,因为积极支持抗金将帅张浚北伐,符离战败(宋金符离之战,宋败)后,遭到朝廷中主和投降派的排挤打击，以"交结台谏，鼓唱是非，力说张浚用兵"的罪名被罢免官职。

陆游被免职后，回到故乡山阴。这年四月的一天，春光明媚，陆游独自一人到二十里外的西山去游览。上山先要翻过好几座小山头。陆游拄着手杖，顺着沿河的山坡向上行走。山，过了一重又一重；水，绕了一道又一道。他来到一个地方，似乎已到了尽头，再也没路走了，但拐了一个弯，却发现前面不远的山谷里有一块空地，在那成荫的绿柳和明艳的红花之间，有一个小村庄。陆游高兴地来到那个小村庄，受到当地村民的热情款待。

回到家后，陆游对这次西山之行久久难忘，便作了一首七言律诗《游山西村》。其中有两句是："山重水复疑无路，柳暗花明又一村。"

勠力同心

【注音】lù lì tóng xīn

【注释】勠力：合力。形容大家齐心协力，团结一致。

【用例】北宋·苏轼《拟进士廷试策》："盖以为其人可与勠力同心，共致太平。"

【成语故事】

桀是夏朝最后一位君主，他荒淫无道，凶狠残暴，惹得全国民怨四起。当时，商是一个小诸侯国，商的国君汤是一位贤明的君主，他认为夏朝的气数已尽，就联络各地诸侯，招贤纳士，准备推翻夏朝的统治。商汤听说伊尹是一个德才兼备的人，便让他来辅助自己。伊尹为商汤想了许多办法，在他的努力下，商逐渐强大起来。讨伐夏的时机一成熟，商汤就召集大军攻打夏。出发前，他发布告示，声称要同伊尹齐心合力，共同灭夏，治理天下。后来，在伊尹的协助下，商汤终于推翻了夏朝的统治，建立商朝。

洛阳纸贵

【注音】luò yáng zhǐ guì

【注释】指一时之间洛阳地区的纸张用量猛增,价格抬高了。形容好的著作风行一时,广为流传。

【出处】唐·房玄龄等《晋书·左思传》:"于是豪贵之家,竞相传写,洛阳为之纸贵。"

【成语故事】

西晋时期,有位著名的文学家,名叫左思。

有一次,左思读到东汉班固写的《两都赋》和张衡写的《二京赋》,觉得气势宏大、文辞华丽,写出了东京洛阳和西京长安的气派,可是他也看出了文章有虚而不实、大而无当的弊病,决心依据事实和历史的发展,写一篇《三都赋》,把三国时的魏都邺城、蜀都成都、吴都南京写入赋中。为了写好《三都赋》,左思搜集了大量的历史、地理、风俗人情的资料,然后闭门谢客,终日写作。这样努力地写了十年,他终于把《三都赋》写完了。

左思写完《三都赋》后,就拿去向当时著名的学者皇甫谧请教。皇甫谧读了非常赞赏,还亲自给它写了一篇序。在皇甫谧的推荐下,《三都赋》很快风靡了京城文人圈,懂文学的人都对它称赞不已。很快,左思的杰作传遍京城。豪门权贵竞相买纸传抄,每天纸铺门前人头攒动,洛阳地区的纸张一下子变得供不应求,纸价迅速涨了好几倍。原来每刀一千文的纸一下子涨到两三千文,后来竟倾销一空。不少人只好从外地买纸,抄写这篇千古名赋。

马革裹尸

【注音】mǎ gé guǒ shī

【注释】指牺牲在战场上,用马皮把尸体包裹起来。形容英勇杀敌,不怕死在

疆场上。

【出处】 南朝宋·范晔《后汉书·马援传》："男儿要当死于边野，以马革裹尸还葬耳，何能卧床上在儿女子手中耶！"

【成语故事】

汉光武帝时，大将马援随刘秀南征北战，立下了赫赫战功。东汉王朝建立后，汉光武帝封马援为伏波将军，命他奔赴沙场抵御外族侵略。马援在边疆抗击匈奴，屡建战功。他班师回朝那天，京城百姓夹道相迎。后来，南方武陵发生了叛乱，满朝文武议论纷纷，光武帝十分担忧，想派一位大将前去平叛，却不知道选谁好。当时马援已经六十二岁了，他自愿请命出战。光武帝考虑到他年事已高，不肯答应。马援恳切地说："好男儿应当为国远征，死后用马皮包裹尸体运回故土埋葬！"光武帝只好同意由他率兵平定叛军。后来，马援不幸病死疆场，实现了"马革裹尸"的誓言。

买椟还珠

【注音】 mǎi dú huán zhū

【注释】 椟：木匣子。比喻没有眼光，不识货，取舍失当。

【出处】 《韩非子·外储说左上》："楚人有卖其珠于郑者……郑人买其椟而还其珠……"

【成语故事】

春秋时期，楚国有一个珠宝商人，常常往返于楚国和郑国之间做生意。有一天，这个商人得到了一颗名贵的夜明珠。为了能将这颗夜明珠卖个好价钱，商人特意请人用上等木料做了一个精致的盒子，又在盒子外面雕刻上精美的花纹，四周镶嵌了许多彩色羽毛，还用名贵的香料把盒子熏得香喷喷的，这才把那颗夜明珠放进盒子里。

到郑国后，珠宝商人选了一条最热闹的街道来展示他的夜明珠。

他坐下来，大声吆喝道："快来看，快来买，世间奇珍——夜明珠，不要错过好机会……"商人的喊声引来了不少人，郑国的首富朱六也在其中。见到朱六，珠宝商人笑着说道："朱先生对这颗明珠也感兴趣吗？"朱六趾高气扬地说："那得让我看看才能决定。""没问题，您看。"珠宝商人说着打开了盒子。"哇，真是颗宝珠！"围观的人不禁纷纷赞叹起来。朱六点了点头："是不错。"说完他立刻出高价买下了这颗夜明珠。

朱六叫手下人拿过钱递给商人。这时，他才发现装夜明珠的盒子。只见这盒子做工精细，还发出阵阵香味，朱六不禁爱不释手。他一把抓起盒子，随手把夜明珠还给商人，说道："珠子我不要了，盒子归我。"说完，他揣起盒子扬长而去。

瞒天过海

【注音】mán tiān guò hǎi

【注释】瞒：欺瞒、欺骗。指用欺骗的手段暗中做成某事，使别人看不出来。

【用例】明·阮大铖《燕子笺·购幸》："我做提控最有名，瞒天过海无人问。"

【成语故事】

　　相传，唐太宗曾率军远征辽东。当大军到达海边时，太宗举目远眺，见沧海茫茫、一望无边，大军很难渡过去，不由得心急如焚。

　　大将薛仁贵见状，心生一计。几日后，他请太宗来到海边一座五彩的营帐中歇息，并请文武百官一起陪同太宗饮酒作乐。一时间，笙歌四起，美酒飘香。此情此景竟然使太宗忘记了忧愁，沉浸在一片欢乐之中，不知不觉陷入了酣睡。他睡得正香，忽然听到帐外有波涛汹涌之声，急忙揭开帐幕向外张望，这才发现自己与大军正在乘船渡海，而且马上要到达彼岸。原来薛仁贵担心太宗因为大海阻隔而放弃东征，便瞒着他指挥大军渡海。因为皇帝贵为"天子"，所以后人便将这个故事称为"瞒天过海"。

毛遂自荐

【注音】máo suì zì jiàn

【注释】自荐：自我推荐。比喻自告奋勇或自我推荐从事某项工作。

【出处】西汉·司马迁《史记·平原君虞卿列传》："门下有毛遂者，前自赞于平原君曰：'愿君即以遂备员而行矣。'"

成语故事

战国时期，秦军包围了赵国都城邯郸。大敌当前，赵国公子平原君赵胜奉命前去楚国求援。平原君把门客召集起来，想从中挑选二十个文武双全的同他一起去。其中有一个名叫毛遂的门客自告奋勇，表示愿意和平原君一起前往楚国。

平原君说："一个有才能的人在社会上，就像锥子放在袋子里，尖儿立刻就会露出来。你在我的门下已经三年，从来没有人称颂过你，这就说明你没有什么长处，既然这样，你还是留下吧。"毛遂说："假使我在袋子里，早就脱颖而出，而不是只会露出一点儿尖儿而已。"听了这番话，平原君觉得毛遂可能有一些过人之处，于是便答应了他的请求，允许他与自己同行。

到了楚国，楚王把平原君请到大殿上，两个人一直从早上谈到中午，结盟的事还是定不下来。毛遂见了便提着宝剑奔上大殿，慷慨陈词，分析了赵楚联合抗秦的好处，迫使楚王当场订下了盟约。

门庭若市

【注音】mén tíng ruò shì

【注释】门庭：门口和庭院。若：如，好像。门口和庭院就像集市一样，热闹非凡。形容来往的人很多。

【出处】西汉·刘向《战国策·齐策一》："令初下，群臣进谏，门庭若市。"

【成语故事】

战国时期，齐国大夫邹忌和城北的徐公都是有名的美男子。一天，邹忌问妻子："我和徐公，谁漂亮？"妻子回答："当然是你。"邹忌听了非常高兴。这时，他见爱妾走过来，又问爱妾："我和徐公，谁漂亮？"爱妾想都不想，说："徐公哪比得上您呢？"第二天，一位客人前来拜访，邹忌又问客人："我和城北的徐公，谁更漂亮？"客人说："我以为您更漂亮。"过了几天，徐公来拜访邹忌，邹忌仔细观察了徐公好久，觉得徐公比自己漂亮多了。他想："为什么妻子、爱妾和客人都说我漂亮呢？"思虑好久，邹忌终于明白了：妻子说自己漂亮是因为偏爱自己，爱妾是因为惧怕自己，客人则是有求于自己。

于是，邹忌立即去朝见齐威王，对他讲了此事，然后劝谏道："大王贵为一国之君，宫中的妃子没有不偏爱您的，朝中的大臣没有不害怕您的，全国的百姓没有不有求于您的。由此看来，大王受到的蒙蔽很深啊！"

齐威王一听，觉得很有道理，于是立即下诏："无论是谁，只要能当面指出我的过失，受上等奖赏；能上书劝谏我的，受中等奖赏；在公共场所批评我并传到我的耳朵里的，受下等奖赏。"诏书一经颁布，给齐威王提意见的人络绎不绝，宫门热闹得就如同集市一般。一年以后，即使有人想进谏，也没有什么可说的了。齐国也一跃成为各诸侯国中最强盛的国家。

妙笔生花

【注音】miào bǐ shēng huā

【注释】妙笔：指高超的写作、绘画技巧。以高超的技巧创作出优美动人的作品。

【出处】五代·王仁裕《开元天宝遗事·梦笔头生花》："李太白少时，梦所用之笔头上生花，后天才赡逸，名闻天下。"

【成语故事】

相传唐代著名诗人李白曾在睡意蒙眬中来到一座仙山,只见四周云海茫茫,云海之中矗立着一支巨大的毛笔。看着这支毛笔,李白心想:"如果能得此巨笔,以大地为砚,海水为墨,蓝天作纸,写尽天下美景,该有多好啊!"正当李白浮想联翩的时候,只见一朵鲜艳的红花出现在笔尖上,放射出万丈光芒。李白一见不禁诗兴大发,脱口而出:"山涌玉毫架更奇,天公巧设是何时?若能借此生花笔,写尽人间万首诗。"

吟罢此诗,李白伸出手,想摸一下那支巨笔,没想到手还没触到笔杆,他便醒了过来。李白梦醒之后,决心遍访名山大川,寻找梦中仙境。在游历过程中,李白深入了解了社会生活的各个方面,创作出大量不朽的诗篇。

明察秋毫

【注音】 míng chá qiū háo

【注释】 秋毫:秋天鸟兽新生出来的细毛。指视力好到可以察辨秋天鸟兽身上的细毛。形容人非常精明,目光敏锐,能洞察事理。

【出处】 《孟子·梁惠王上》:"明足以察秋毫之末,而不见舆薪,则王许之乎?"

【成语故事】

齐桓公、晋文公曾先后称霸,齐宣王也想效仿他们,在诸侯中称霸,因此便向当时著名的思想家孟子请教如何才能称霸。

齐宣王对孟子说:"请您讲些关于齐桓公、晋文公用武力统一天下的事给我听好吗?"孟子答道:"对不起,我们不讲霸道,只讲王道——用道德的力量来统一天下。"

齐宣王问道:"要有怎样的道德才能统一天下?像我这样的人能不能统一天下?"孟子说:"当然能了!我听说,有一次新钟铸成,准备杀牛祭钟，您因为看见好好的一头牛无罪而被杀，感到不忍。凭您这种好心，就可以行王道，统一天下。问题不在于您能不能，而在于您干不干！比方有人说'我的力气能举起重三千斤的东西，但举不起一根羽毛；我的眼力能看清秋天鸟兽的毫毛，而看不见满车的木柴'，您相信他这种话吗？"

齐宣王说："当然不信！"

孟子说："是呀！如今您的好心能用来对待动物，却不能用来爱护老百姓，这也同样叫人难以相信。一根羽毛之所以举不起，是不肯举的缘故；一车木柴之所以看不见，是没有看的缘故；老百姓之所以得不到安居乐业，是您根本不去关心的缘故。您能不能统一天下，问题也在于此：是您不想这么做，而不是不能这么做啊！"

明修栈道，暗度陈仓

【注音】míng xiū zhàn dào, àn dù chén cāng

【注释】栈道：在陡峭的悬崖上用木头建成的路。陈仓：古地名，在今陕西省宝鸡市东。指从正面迷惑敌人，暗中却偷偷地从侧面迂回袭击。比喻暗中活动。

【用例】元·尚仲贤《气英布》第一折："孤家用韩信之计，明修栈道，暗度陈仓，攻定三秦，劫取五国。"

成语故事

公元前206年，秦朝灭亡，项羽自立为西楚霸王，封刘邦为汉王，统治巴蜀及汉中一带，完全背弃了先前与众人约定的"先攻入秦都咸阳者为王"的誓言，引起了刘邦的极大不满。但项羽兵多将广，刘邦慑于他的威势，不得不顺从项羽的意思来到巴蜀。当时的巴蜀是个名副其实的不毛之地，唯一通向外界的栈道也被烧毁，因此汉军的士气非常低落。

项羽的分封也引起了其他将领的不满，被封在齐国的田荣首先起

兵反叛，项羽只好亲率大军征讨田荣。正巧此时刘邦也得到了大将韩信，于是听从他的建议出兵东进。

由于当时出山的栈道已被烧毁，于是，刘邦同谋士张良定下了"明修栈道，暗度陈仓"的计策。他派了几百名兵士，装作去重修栈道，再留下丞相萧何驻守川地，征税收粮，接济军饷。刘邦自己却同韩信率领三军，悄悄地从南郑出发向东挺进。因为久离家乡，汉军将士们也都盼着早日东归，于是日夜兼程，从小路直奔陈仓。

当时，雍王章邯奉了项羽的密嘱，驻守汉中，防止刘邦出川。因为东出巴蜀必须经过栈道，而栈道被烧毁后还没修好，不能通行，所以章邯并没多加防备。

这天有探子来报，说数百汉军正在重修栈道，章邯笑着说："栈道那么长，烧毁的时候容易，再修却是万难啊！"所以他还是没有在意。

到了八月中旬，忽然传来急报，说汉军已到了陈仓。章邯并不相信，他大笑着说："栈道还没修好，汉军从哪里出来的，难道他们长着翅膀吗？"可没过多久，就有陈仓的败兵逃到章邯处，报称刘邦亲率大军，已经攻下了陈仓。章邯这才惊慌起来，于是领兵数万，直奔陈仓。

两军相遇，随即交战。汉军积愤已久，奋不顾身，勇猛冲杀。没过多久，章邯的军队就溃败而逃。刘邦继续率大军向东进攻，驻守关中东部的司马欣和北部的董翳，也都相继向刘邦投降。

就这样，号称三秦的关中地区全部被刘邦占领，为他日后称霸天下奠定了坚实的基础。

明哲保身

【注音】míng zhé bǎo shēn

【注释】明哲：聪明有智慧。指聪明有智慧的人，善于趋安避危，保全自身。也指为保全个人利益而回避原则问题的处世态度。

【出处】《诗经·大雅·烝民》："既明且哲，以保其身。"

【成语故事】

周宣王时期，西北方和南方有一些部族经常侵犯西周的领地，于是，周宣王就派了大臣尹吉甫和仲山甫一起去讨伐这些部族。尹吉甫在和仲山甫共事的过程中，发现仲山甫很有才能，因此对他非常敬佩。

有一次，仲山甫奉周宣王之命去齐地筑城，尽管任务非常艰巨，仲山甫还是欣然接受了。临行前，尹吉甫写了一首诗送给仲山甫，诗中有这样几句话："邦国若否，仲山甫明之。既明且哲，以保其身。夙夜匪解，以事一人。"意思是说："仲山甫明达事理又充满智慧，不参加可能危及自身的事。他日夜操劳，从不懈怠，只效劳周宣王一个人。"后来，人们就从这首诗中引申出"明哲保身"这个成语。

磨杵成针

【注音】mó chǔ chéng zhēn

【注释】杵：短棒。将铁棒磨成绣花针。比喻做任何事情，只要持之以恒，必能成功。

【用例】明·杨慎《七星桥记》："矢磨杵成针之志，徼折梅寄橢之灵。"

【成语故事】

唐代大诗人李白小时候非常顽皮，上课时总喜欢走神，谁都拿他没办法。一天放学后，李白在路边看到一位老婆婆正拿着一根铁棒用力地磨着。李白非常好奇，他走过去问道："老婆婆，您磨这根铁棒干什么呀？"

"我要把它磨成一根绣花针。"老婆婆回答道。

"什么？"听了老婆婆的话，李白吃惊地叫起来，"这么粗的铁

棒，怎么可能磨成一根绣花针呢？"

老婆婆认真地对李白说："孩子，只要功夫深，铁棒同样会磨成绣花针的！"听了老婆婆的话，李白顿有所悟，他谢过老婆婆，飞快地跑回家去。

从那以后，李白再也不贪玩了。不但如此，凡是读书碰到困难，李白就自然而然地想起老婆婆的话，他便更加努力地学习。正是凭着这种刻苦的精神，李白终于掌握了丰富的知识，写出了许多流传千古的诗篇，成为中国历史上最杰出的诗人之一。

南柯一梦

【注音】nán kē yī mèng

【注释】柯：树枝。比喻空欢喜一场。

【出处】唐·李公佐《南柯太守传》记载：淳于棼在槐树下睡觉，梦到自己到了大槐安国，做了南柯太守。

【成语故事】

唐朝有个叫淳于棼的人。一天晚上，淳于棼在院子里的槐树下大摆宴席，庆祝自己的生日。席间，他喝得烂醉如泥，恍惚中见面前来了两位紫衣使者，便追随他们来到了一个叫大槐安国的国家。碰巧，那里正举行会试，淳于棼便参加了考试，结果高中状元。大槐安国的皇帝亲自召见了他，并把公主许配给他，还封他为南柯太守。一时间，淳于棼可谓春风得意。

这一年，敌国大举来犯，皇帝任命淳于棼为大将，率军抵抗。淳于棼一介书生，根本不懂得带兵打仗，大败而归。皇帝大怒，立即传旨将淳于棼削职为民。淳于棼大惊失色，不觉惊起，原来，所谓的中状元、做驸马，不过是一场梦罢了。

南山可移

【注音】 nán shān kě yí

【注释】 南山：终南山。比喻已经定案，不可更改。

【出处】 后晋·刘昫等《旧唐书·李元纮传》："累迁雍州司户，时太平公主与僧寺争碾硙……元纮遂断还僧寺。窦怀贞为雍州长史，大惧太平势，促令元纮改断。元纮大署判后曰：'南山或可改移，此判终无摇动。'"

【成语故事】

　　唐代的李元纮曾经做过雍州的司户参军，他秉性耿直，为官清廉。一次，有人状告太平公主霸占了百姓的一间磨坊。元纮在调查证实后，果断地将磨坊判归原主。太平公主是武则天的女儿，她专横跋扈、权倾朝野，满朝文武都因惧怕而巴结她。因此，案卷上报之后，元纮的上级、雍州长史窦怀贞因为惧怕太平公主的权势，将案卷驳回，责令元纮改判。元纮毫不畏惧，维持原判。他在原判语后面写下了几个大字："南山或可改移，此判终无摇动。"

南辕北辙

【注音】 nán yuán běi zhé

【注释】 辕：车前面用来驾牲口的直木。辙：车轮经过后留下的痕迹。指本来要往南边去却驾着车向北走。比喻行动和目的截然相反。

【出处】 西汉·刘向《战国策·魏策四》："犹至楚而北行也。"

【成语故事】

　　战国后期，魏国的国君安釐王想发兵攻打赵国。魏国的谋臣季梁本来已经奉命出使邻邦，听到这个消息，他立刻半路折回，想劝安釐王打消伐赵的念头。安釐王见季梁这么快就回来了，不禁奇怪地问："季大夫，我不是命你去出使邻邦了吗？你怎么回来了？"

季梁说道:"是这样,大王,我刚一出城,就遇到一件非常奇怪的事,所以我想先回来告诉您。"

"哦?什么奇怪的事,值得你半路折回?"安釐王不解地问。

季梁不慌不忙地说:"我出门的时候,遇到一个人,乘车向北走,于是我问他去哪,那个人说要去楚国。我觉得很奇怪,因为楚国在我们的南方,可是他却是朝着北方走。于是我告诉他,到楚国应该是往南方走,他这样往北走,方向不对。谁知那人却满不在乎地说:'没关系,我的马快着呢!'我一听更加不明白了,便问他:'你的方向不对,马走得越快不就离楚国越远了吗?'那个人又告诉我:'不要担心,我带的路费多着呢!'我一听更觉得好笑了,走的路不对,带多少路费都是白花呀!那个人却有些不耐烦了,对我说:'你就不要作无谓的担心了,我的车夫赶车的本领高着呢!'说完,他就命令车夫继续赶路了。我只好眼睁睁地看着他朝与楚国相反的方向走去。"

听了季梁的故事,安釐王不禁哈哈大笑起来:"季梁大夫,天下难道真有这样愚蠢的人吗?"季梁看了看安釐王,说:"当然有了,而且不止他一个。"安釐王停住了笑声:"什么,还有其他人?谁呀?"

季梁盯着安釐王,缓缓地说:"就是大王您呀!""什么?"安釐王一听生气地叫了起来。可是,他知道季梁不会平白无故胡言乱语,于是压住了怒火,对季梁说:"季梁大夫,你倒是说说,我哪儿愚蠢了?"

季梁平静地说:"大王的志向是建功立业,可一个人想要成就霸业,只有取信于天下。如果仗着自己的强势去欺负弱小,是不会得到别人的尊敬的。这就像那个想去楚国的人一样,征战越多就会离目标越远啊!"听了季梁的话,安釐王这才醒悟过来,于是打消了攻打赵国的念头。

囊萤映雪

【注音】 náng yíng yìng xuě

【注释】 用萤火虫照明读书,借着雪光读书。形容在极端困难的条件下刻苦读书。

【出处】 南朝宋·檀道鸾《续晋阳秋》:"车胤家贫,不常得油,夏日用练囊,盛数十萤火,以夜继日焉。"

《孙氏世录》:"孙康家贫,常映雪读书。"

【成语故事】

晋代有个叫车胤的人,他从小就非常喜欢读书。但因为家里太穷,连买灯油的钱都没有,所以天一黑,车胤就没办法看书了,为此他感到很苦恼。

一个夏天的晚上,车胤正坐在院子里背诵诗文,忽然看见好多萤火虫在空中飞来飞去,一闪一闪的,十分耀眼。车胤眼睛一亮,心想:"要是把许多萤火虫聚集在一起,不就变成一盏灯了吗?"于是,车胤找了一只口袋,抓了许多萤火虫放在里面,做成了一个"虫灯",借着这微弱的灯光来读书。

与车胤同时期还有一个叫孙康的人,由于家境贫寒,孙康也无法点灯夜读。一天夜里,孙康从梦中醒来,发现窗外很亮。他趴到窗户上一看才知道,那是窗外的白雪反射出的亮光。"何不借着雪光来看书呢?"孙康想着,立即起身穿好衣服跑到屋外,借着微弱的雪光看起书来。冬天本来就很冷,又下了那么大的雪,不一会儿孙康的手脚就冻僵了。于是他站起来,绕着院子跑了几圈,又接着看起书来。从那以后,每逢下雪的晚上,孙康就跑到院子里,借着雪光看书。终于,孙康学有所成,成了当时的名士。

后来,人们就把车胤和孙康的故事合成一个成语——囊萤映雪,用来形容在极其困难的条件下也要刻苦读书的精神。

宁为玉碎，不为瓦全

【注音】 nìng wéi yù suì，bù wéi wǎ quán

【注释】 宁：宁可、宁愿。全：保全。指宁愿作为玉器被打碎，也不愿作为瓦器而得以保全。比喻宁为正义而牺牲生命，也不苟且偷生。

【出处】 唐·李百药《北齐书·元景安传》："大丈夫宁可玉碎，不能瓦全。"

成语故事

南北朝时期，东魏的孝静帝只是一个傀儡，朝政大权都掌握在丞相高洋的手上。公元550年，高洋设计毒死了孝静帝和他的三个儿子，自立为帝，建立了新的政权——北齐。

当时，由于人们的知识有限，对一些自然现象并不能作出正确的解释，因此都将其归结为上天的旨意。有一天，天空中出现了日食，高洋想到自己的皇位是从孝静帝手中阴谋夺过来的，觉得非常害怕，认为这是老天对他的警示。因此，他向一个亲信询问："以前，王莽曾经夺取了汉朝的天下，可为什么后来汉室后裔刘秀又做了皇帝呢？"亲信知道高洋的心思，于是回答道："那就怨王莽自己了。俗话说斩草除根，如果他当时把刘氏宗亲的人都斩尽杀绝，当然也就没有刘秀了，他的江山也就可以千秋万代了。"

高洋听后觉得很有道理，就下令把前朝皇室的四十四族近亲全部逮捕下狱，随后押到东市处死。消息一经传出，剩下的东魏皇室远亲宗族都非常害怕，他们马上聚集到一起商量对策。宗亲中有个叫元景安的人说："我们要想保住性命，恐怕就要完全和王室脱离关系，再也不能姓元了。我看，不如我们恳请皇上，请他赐我们姓高吧。这样，他就会知道我们的忠心了。"元景安有个堂兄叫元景皓，是个非常有骨气的人。他听了元景安的建议非常气愤："我们怎么可以为了保全性命，就改名换姓，苟且偷生呢？这不是连祖宗都不要了吗？大丈夫宁可作为高贵的玉器被打碎，也不能够为了保全性命而做低俗的瓦片！我宁愿为了保持气节而死，也不要为了活命而忍受改姓的耻辱！"

听了元景皓这一番大义凛然的话，其他的人都觉得很惭愧，但元景安却不这么想。为了保全性命，元景安偷偷地把元景皓的话禀告给高洋。高洋对元氏的贵族本来就怀有戒心，听了这件事更是火冒三丈，于是，他便下令处死了元景皓。元景皓虽然死了，但他"宁为玉碎，不为瓦全"的高尚气节却始终为世人所敬仰。

奴颜婢膝

【注音】 nú yán bì xī

【注释】 奴：奴才。婢：婢女。形容低三下四、卑躬屈膝的样子。

【用例】 唐·陆龟蒙《江湖散人歌》："奴颜婢膝真乞丐，反以正直为狂痴。"

【成语故事】

公元1127年，金兵攻破北宋都城汴梁（今河南开封），宋徽宗和宋钦宗被金兵掳走。宋钦宗的弟弟赵构在一帮大臣的护送下，逃往临安（今浙江杭州），建立了南宋。但南宋积弱，并且奸佞当道，整个国家依旧处于风雨飘摇之中。宋理宗时，皇帝任用奸臣贾似道为相，使得政局更为混乱。贾似道本是市井无赖，因其姐姐被选入宫做了贵妃，他才得以做官。贾似道非常善于察言观色，很快就做到了参知政事。

宋理宗开庆元年（公元1259年），鄂州被蒙古人围困。贾似道奉命领兵增援，暗中却向蒙古侵略者称臣纳贡。蒙古人得到了实惠，也就退了兵。贾似道班师回朝后，却谎报此战"大捷"，糊涂的理宗竟大表其功，升他做了右丞相。理宗死后，度宗即位，他加封贾似道为太师，朝中大小事情都交由贾似道打理，自己则躲进深宫，整日只顾饮酒作乐。

大臣陈仲微看到这种情况，心急如焚，他不顾阻挠闯入后宫，向度宗劝谏道："当年徽宗在位时，君臣都十分昏庸，等金兵打进来时，那些人只会像奴才那样满脸堆笑、像婢女那样磕头求饶，最后落得被俘的下场。现在，陛下应该引以为鉴啊！"谁知，度宗根本不听劝告，还把陈仲微撵了出去。很快，蒙古军就攻占了临安，南宋也随之灭亡了。

呕心沥血

【注音】 ǒu xīn lì xuè

【注释】 呕：吐。沥：滴。指过于耗费心血，像是要把心呕出来似的。多用来形容费尽心思。

【出处】 唐·李商隐《李长吉小传》："太夫人见所书多，辄曰：'是儿要当呕出心乃已耳。'"

【成语故事】

唐代有一位诗人，以其瑰丽的诗风享誉诗坛，被冠以"诗鬼"的称号，他就是李贺。

李贺，字长吉，是唐宗室郑王李亮的后裔，但在李贺出生前，家道已经中落。李贺天资聪明，七岁即能诗作文，少年时已经名动京城。据说，李贺作诗时并不遵循固有的题目，而是注重到生活中发掘素材。他每次出门都会让书童背上一个袋子，将一路上的所见所闻写下来，放进袋子，等回家时再进行整理。有时，他竟然会写下满满一袋子。每当看到这些诗稿，李贺的母亲就会忍不住埋怨他："你这孩子，难道要把心血都呕出来，才肯罢休吗？"每天吃过晚饭后，李贺就会点上灯，将这些诗稿拿出来，细心地整理成章，无论什么日子都不间断。

由于作诗太过刻苦，再加上仕途上的不得志，李贺的健康每况愈下，只活了短短二十七岁便去世了。

攀龙附凤

【注音】 pān lóng fù fèng

【注释】 攀：抓住别的东西往上爬。附：依附。比喻巴结或投靠有钱有势的人。

【用例】 东汉·班固《汉书·叙传下》："颍阴商贩，曲周庸夫，攀龙附凤，并乘天衢。"

【成语故事】

西汉开国皇帝刘邦出生在一个农民家庭,三十岁时才当了沛县的一个乡村小吏。刘邦为人豁达大度,做事很有气魄,当地的萧何、樊哙、夏侯婴等人都是他的好朋友。萧何本是沛县的功曹,他机敏聪慧,善于结交朋友。

萧何见刘邦器宇轩昂、谈吐不俗,所以对他格外钦佩。樊哙出身寒微,早年以屠狗为业,曾经和刘邦一起在芒砀山泽间(今河南永城东北)隐居。夏侯婴原来是县衙里的马夫,对刘邦也是非常钦佩,每次奉命为过往使者赶车,回来经过刘邦那里,他总要与刘邦闲谈很长时间。

后来,刘邦在沛县起兵,这些人跟随他一起出生入死,立下了汗马功劳。公元前207年,刘邦大军来到陈留,在城郊安营。当地有个叫郦食其的小吏前来献计,他对刘邦说:"如今您兵不满万人,如何能与那些强大的势力抗衡?我看您不如先攻取陈留,然后再招兵买马,等兵强马壮后再图大业。"郦食其还表示,他和陈留县令关系不错,愿意前去劝降。

刘邦听后,采纳了郦食其的建议。在郦食其的协助下,刘邦很快攻下了陈留。后来,郦食其又劝说弟弟郦商带领手下的四千兵马一起投靠了刘邦,为刘邦立下了汗马功劳。

后来,刘邦当了皇帝,大封功臣时,樊哙、夏侯婴和郦商等人都因攀附刘邦而登上了高位。

抛砖引玉

【注音】 pāo zhuān yǐn yù

【注释】 用粗浅的、不成熟的意见或文字引出别人高明的、成熟的意见。

【出处】 北宋·释道原《景德传灯录·赵州东院从谂禅师》:"大众晚参,师云:'今夜答话去也,有解问者出来。'时有一僧便出,礼拜,师曰:'比来抛砖引玉,却引得个墼子。'"

【成语故事】

唐朝时,有位叫从谂的禅师强调苦修。相传他对僧徒要求极严,参禅时要求人人达到凝思静想、身心不动的入定境界。

一天晚上,众僧参禅时,从谂禅师故意说:"今夜答话,有闻法解悟者出来。"此时僧人们都盘腿正坐,闭目凝心。这时,有一个小僧却沉不住气,竟以解悟者自居,走出礼拜,回答禅师。从谂禅师看了看他,然后和缓地说道:"我本想抛砖引玉,没想到引来一块土坯!"

除此之外,还有一个抛砖引玉的经典故事。唐代诗人赵嘏以佳句"长笛一声人倚楼"博得大诗人杜牧的赞赏,人称"赵倚楼"。

当时另有一位名叫常建的诗人,一向仰慕赵嘏。有一次,常建听说赵嘏来到苏州游玩,心想:这是一个向他学习的好机会,千万不能错过。他猜赵嘏一定会到灵岩寺游览。于是,他赶在赵嘏之前到了灵岩寺,并在寺前山墙上题写了几句诗:"清晨入古寺,初日照高林。曲径通幽处,禅房花木深。"希望赵嘏看到后能添补几句,续成一首。

果然,赵嘏到灵岩寺游览来了。他在常建的诗后续了几句:"山光悦鸟性,潭影空人心。万籁此俱寂,但余钟磬音。"常建读后,认为自己以平常的诗句引出了赵嘏的佳句。后人便把常建这种做法叫作"抛砖引玉"。

鹏程万里

【注音】 péng chéng wàn lǐ

【注释】 鹏:传说中的大鸟。传说鹏鸟能飞越万里的路程。现在常用来比喻前程远大。

【出处】 《庄子·逍遥游》:"鹏之徙于南冥也,水击三千里,抟扶摇而上者九万里。"

【成语故事】

　　远古的时候，北海里居住着一条鱼，叫作鲲。据说，鲲的身体有几千里那么长。后来，鲲变成了鸟，叫作鹏。鹏的背有几千里宽，它奋起而飞的时候，翅膀把天日都遮住了。

　　每年，鹏都要从北海飞往南海的天池。它拍一拍翅膀，激起的水花远达三千里。它乘着风暴，一下子能飞越九万里的高空。就这样，它整整飞了六个月才停下来。

　　看到鹏展翅高飞，蝉和斑鸠等一些小鸟都不以为然地笑笑。它们说："我们什么时候愿意起飞就一下子飞起来，碰到榆树、栗树就落在上面歇一会儿。有时要是力气不够，飞不到树梢上，那就干脆落在地上，何必要飞越九万里，去那么遥远的南海呢？"

披荆斩棘

【注音】　pī jīng zhǎn jí

【注释】　披：拨开、劈开。荆、棘：泛指丛生长刺的小灌木。斩：砍断。指拨开和斩断长刺的灌木和藤草。比喻在前进道路上扫除障碍，克服困难。

【出处】　南朝宋·范晔《后汉书·冯异传》："为吾披荆棘，定关中。"

【成语故事】

　　西汉末年，刘秀起兵反抗王莽新朝的统治。起初，刘秀的发展并不顺利，所以，一些人纷纷离开了，但主簿冯异却始终追随刘秀，从没有动摇过。一天，刘秀率领着为数不多的队伍来到了饶阳的无萎亭。当时，天气非常寒冷，将士们饥寒交迫，冯异便想办法煮了一大锅热乎乎的豆粥给大家吃，为大家消除饥寒。随后，刘秀一行人来到南宫县，不巧又遇上了狂风暴雨，刘秀躲进路旁的一座空屋避雨。冯异找来一些木柴，生起了火，帮刘秀烘干了衣服。这两件事令刘秀久久不能忘记。

　　东汉政权建立后，冯异因为功勋卓著，被封为应侯，长期驻守在长安。当时，有人向刘秀进言，说冯异权力太重，要加以防备。但刘秀听了只是一笑，并不在意。不仅如此，他在给冯异的信中还说："将军对于朕来说，道义上是君臣，恩情上就像父子一样。"

公元30年，冯异到京城觐见刘秀，刘秀隆重地接见了他，并对文武百官说："冯异是我当年起兵时的重将，曾经为我在前进的道路上劈开荆棘，扫除了重重障碍。后来，他又为我平定了关中大地，是我东汉王朝的开国功臣啊！"退朝后，刘秀又赏给冯异大量的珍宝和钱帛，还特意写了一道诏书来表彰冯异的功勋。

平易近人

【注音】píng yì jìn rén

【注释】指态度谦逊和蔼，使人容易亲近。

【用例】唐·白居易《策林》十二："故周公叹曰：'夫平易近人，人必归之。'"

【成语故事】

周武王死后，他的儿子姬诵继承了王位，是为周成王，但因为成王年幼，所以由武王的弟弟周公旦辅政。周公旦把姜子牙封到了齐地，把自己的儿子伯禽封到了鲁地。

五个月后，姜子牙便来向周公旦汇报齐地的情况。周公旦感到非常奇怪，就问姜子牙："你为什么这么快就把齐地的情况弄明白了？"姜子牙回答道："我到了那里，简化了君臣之间的礼节，所有的一切都按照当地的民风民俗去做，所以很快便获知了当地的情况。"

三年后，伯禽也来向周公旦报告鲁地的情况。周公问他为什么三年后才来汇报，伯禽说："我到了那里，首先变革了当地的习俗和礼法，三年后才看出了效果。"周公旦一听，感慨地说："齐地的政令平和易行，贴近当地百姓的生活，看来鲁国的后代将来要当齐国的臣民了。"

破釜沉舟

【注音】pò fǔ chén zhōu

【注释】釜：古代用来煮饭的大锅。指砸破煮饭用的大锅，凿沉船只。形容不顾一切，下定决心一拼到底。

【出处】西汉·司马迁《史记·项羽本纪》："项羽乃悉引兵渡河，皆沉船，破釜甑，烧庐舍，持三日粮，以示士卒必死，无一还心。"

【成语故事】

公元前208年，秦将章邯奉命攻打赵国。赵军不敌，退守巨鹿（今河北平乡），向楚国求救。楚怀王命项羽领兵支援赵军。

公元前207年12月，项羽率领大军抵达位于巨鹿南边的漳水。等渡河之后，项羽下令将士们将所有的船只凿沉、饭锅打破，又烧掉了营房，只给了每个士兵三天的粮食，以此表示誓死而战的决心。

这支有进无退的大军在项羽的率领下以迅雷不及掩耳之势直奔巨鹿，迅速切断了秦军的补给线，包围了秦军。楚军将士个个士气振奋，越战越勇，经过九次激烈战斗，活捉了秦将王离，杀伤杀死秦军不计其数。经过巨鹿大战，项羽的威名迅速传播开来。之后，他又率领大军日夜兼程，打败秦军主力，奠定了自己在军队中的领袖地位。

扑朔迷离

【注音】pū shuò mí lí

【注释】扑朔：乱动。迷离：眼睛半闭。原指难辨兔子的雌雄，后用来形容事情错综复杂，不易看清真相。

【出处】北宋·郭茂倩《乐府诗集·木兰诗》："雄兔脚扑朔，雌兔眼迷离；双兔傍地走，安能辨我是雄雌？"

【成语故事】

南北朝时期，北方的一个国家与外族发生了战争，朝廷下令征兵，花木兰的父亲也在被征之列。可是，花木兰的父亲已经年迈，身体又不好，而木兰没有兄长，弟弟年龄又小，所以她便女扮男装，代父从军。

木兰虽然是个女子，但武艺高强，再加上聪明机智，因此屡立战功。经过十年的苦战，他们终于打退了敌人，获胜而归。因为木兰战功卓著，皇帝要封她做兵部尚书，木兰却百般推脱，说只求与父母团聚。皇帝只好答应了木兰的请求，赏赐了她大量的财物，允许她回乡了。

木兰回到家里，踏进阔别已久的闺房，脱下战袍，换上女装，出来和大家相见。往日的战友见了着女装的木兰都惊讶不已。他们没有想到，十年来在战场上和他们一起奋勇杀敌的木兰竟然是个女子。木兰见了，笑着对大家说："雄兔脚扑朔，雌兔眼迷离；双兔傍地走，安能辨我是雄雌？"

璞玉浑金

【注音】pú yù hún jīn

【注释】璞玉：未经人工雕琢的玉。浑金：没有冶炼过的金子。泛指天然浑朴的精美之器，也比喻人的品质纯美质朴。

【出处】南朝宋·刘义庆《世说新语·赏誉》："王戎目山巨源如璞玉浑金，人皆钦其宝，莫知名其器。"

【成语故事】

魏晋时期，山涛担任吏部尚书一职，负责全国官吏的任免、选拔等工作。有个县令为了得到提拔，就向包括山涛在内的一些大臣行贿，他送给山涛的是一百斤丝。山涛为了不显示自己与众不同，就不动声色地收了下来，但吩咐家人不准动用。后来那个县令案发，不少大臣被牵连受讯。问到山涛时，他把封存的丝取出来，上面积满了尘土，里面的丝一点都没有动用过。山涛不为财物所动的品质，受到西晋名士王戎的盛赞，他说："山涛就像未经雕琢的玉和未经冶炼的金一样。人们往往都欣赏玉和金光彩夺目的外表，而不了解未经雕琢的玉和未经冶炼的金的高贵质地。"

欺世盗名

【注音】qī shì dào míng

【注释】欺：欺骗。盗：窃取。指欺骗世人，窃取名誉。

【用例】元·脱脱《宋史·郑丙传》："近世士大夫有所谓道学者，欺世盗名，不宜信用。"

【成语故事】

史鱼是春秋时期卫国的大夫，他曾经向卫灵公进谏，请他重用贤士蘧伯玉，罢免奸臣弥子瑕，可这个建议并没有被卫灵公采纳。为此，史鱼直到临死之前还叮嘱自己的儿子，他死后不要将他入殓，以此再谏卫灵公。战国时期，齐国的田仲家境贫寒。后来，田仲的哥哥做了大官，为了帮助弟弟摆脱困境，他派人给田仲送去许多礼物，却都被田仲退了回去。

当时，史鱼和田仲的行为赢得了人们的广泛赞誉。可是，大思想家荀子对他们的这种行为却给予了尖锐的批判。荀子说："像史鱼和田仲这样的人，在政治黑暗的社会里，采用欺骗的手段窃取好的名誉，这才是动荡社会中最危险的行为。"

漆身吞炭

【注音】qī shēn tūn tàn

【注释】漆身：身上涂漆为癞。吞炭：吞炭使嗓子变哑。指故意变形改音，使人不能认出自己，以便报仇或报效恩人。

【出处】西汉·司马迁《史记·刺客列传》："豫让又漆身为厉（癞），吞炭为哑，使形状不可知，行乞于市，其妻不识也。"

【成语故事】

　　春秋时期，晋国有个叫豫让的人，投到当时很有地位的上卿智伯门下，很受重用。后来，智伯被仇人赵襄子杀死。豫让发誓要替智伯报仇。从此，他隐姓埋名，潜入赵襄子府中，伺机报仇。不料赵襄子为人十分警觉，豫让没有找到任何机会。豫让不死心，把漆涂抹在脸上和身上，看上去像是患有严重的皮肤病；又吞炭入喉，使声音变得嘶哑。这样一来，他整个人变得面目全非。一天，豫让躲在赵襄子回家必经的一座桥下，准备行刺，不料被赵襄子发现。豫让情知难逃一死，悲愤地说："我死后，再也没有人替智伯报仇了。"他请求赵襄子脱下衣服，让他用剑砍衣，表示为智伯报仇。赵襄子敬重他的义气，就同意了。豫让达成心愿后，便拔剑自刎了。

奇货可居

【注音】 qí huò kě jū

【注释】 奇货：稀少的货物。居：储存。指把稀有的货物储存起来，等待高价卖出去。常比喻凭借某种独特的技能或掌握某种事物以谋取私利。

【出处】 西汉·司马迁《史记·吕不韦列传》："子楚，秦诸庶孽孙，质于诸侯……吕不韦贾邯郸，见而怜之曰：'此奇货可居。'"

【成语故事】

　　战国时，卫国有个叫吕不韦的大商人，他经常到赵国的都城邯郸做买卖。一次偶然的机会，吕不韦发现秦昭王的孙子异人正在赵国当人质。当时，由于秦、赵两国频繁交战，赵国无暇照顾异人，因此异人的处境非常艰难，经常食不果腹，连御寒的衣服都没有。吕不韦看到这种情况，马上意识到如果在异人身上投资，将来或许会换来不可预计的收益，他不禁自言自语道："此奇货可居也。"

于是，吕不韦拿出一大笔钱，买通了监视异人的赵国官员，让他得以见到异人。一见异人，吕不韦就表示自己可以想办法让他离开赵国。异人听了大喜过望，连连表示如果自己能回到秦国，一定会好好报答吕不韦。接着，吕不韦带着无数财宝赶往秦国，贿赂了秦国太子安国君的亲信，通过他们说服了安国君，让安国君把异人赎回国。吕不韦又探听到安国君最宠爱的华阳夫人没有孩子。于是，他又想尽办法接近华阳夫人，让她收异人做了嗣子。秦昭王死后，安国君即位，史称孝文王。在华阳夫人的帮助下，异人被立为太子。后来，孝文王去世，异人即位为王，是为庄襄王。

庄襄王即位后，念念不忘吕不韦对他的帮助，拜吕不韦为相，还把洛阳一带十二个县作为封地赏赐给他。吕不韦终于从当年的"奇货"处得到了回报，成为秦国权倾朝野的重臣。

歧路亡羊

【注音】qí lù wáng yáng

【注释】歧路：岔路。亡：丢失。因岔路太多无法追寻而丢失了羊。比喻事物复杂多变，没有正确的方向就会误入歧途。

【出处】《列子·说符》："大道以多歧亡羊，学者以多方丧生。"

【成语故事】

杨朱是战国时期魏国人，他的脑中有许多奇怪的念头。杨朱认为唯有保全身心的自由才可以实现思想的超脱，他反对思想家墨子的"兼爱"理论，主张"贵生""重己"，即人们应该重视保全个体的生命。杨朱的这些思想与当时主流社会的要求格格不入，而与他有关的故事，也与众不同。

有一次，杨朱的弟弟出门时穿了一身白衣，回来时，恰好遇到天下大雨，就换了一身黑衣。杨朱的弟弟进家门后，家里的狗没有认出他来，朝他狂吠，杨朱的弟弟气得要打它，杨朱却说："你不要打它。如果这只狗出门时是白色的,回来时却变成了黑色,难道你不同样感到奇怪吗?"弟弟听了,无言以对。还有一次,杨朱的邻居家跑丢了一只羊。邻居立刻率领亲戚朋友们去追寻,还请杨朱的仆人一同去找。杨朱不太情愿地说:"跑丢了一只羊而已,用得着这么多人去找吗?"邻居解释道:"您不知道,那里的岔路太多了!"杨朱只好答应让仆人同去。过了一会儿,邻居带着找羊的人回来了,杨朱问:"羊找着了吗?"邻居摇了摇头,杨朱问:"这么多人怎么会找不到一只羊呢?"邻居答道:"路上很多岔路,岔路之中又有岔路。我们一群人站在岔路口,不知道应该选择哪一条路去找,所以就回来了。"

杨朱听了邻居的话,联想到人生的歧途也很多,不由得悲从中来,放声痛哭起来。

骑虎难下

【注音】 qí hǔ nán xià

【注释】 指骑在虎背上难以下来。比喻事情遇到困难,迫于形势不能中止,陷入进退两难的境地。

【出处】 唐·房玄龄等《晋书·温峤传》:"今之事势,义无旋踵,骑猛兽安可中下哉!"

【成语故事】

东晋成帝时,历阳(今安徽和县)内史苏峻与豫州刺史祖约合谋反叛朝廷,劫持了晋成帝。大臣温峤闻讯,联合陶侃等人组成联军,讨伐苏、祖二人。

苏峻得知联军将到,便押着晋成帝来到石头城,坚守不出。就这样僵持了几个月,联军一直攻不下城。主帅陶侃心急如焚,责备温峤道:"现在才刚交战,我军就已出现败象,况且现在军中供给不足,如果再这样下去,还是退兵为好。"

听了陶侃的一番话，温峤道："自古以来，能打胜仗的军队，都是内部团结一致的队伍，如果我们一遇到困难就马上想要撤兵，不仅会被人笑话，更会助长叛军的士气，使他们更加嚣张。我们现在的处境，就像是骑在老虎的背上，如果不把老虎打死，我们怎么能从虎背上下来呢？"陶侃听了，默默地点了点头。

于是，温峤写下一篇讨伐檄文，并在三军中宣读。三军将士无不动容，一时士气大振。随后，陶侃率领联军奋勇杀敌，一举打败了叛军。

旗鼓相当

【注音】 qí gǔ xiāng dāng

【注释】 形容对立双方势均力敌，不相上下。

【用例】 西晋·陈寿《三国志·魏书·管辂传》："容貌粗丑，无威仪而嗜酒，饮食言戏，不择非类，故人多爱之而不敬也。"裴松之注引《管辂别传》："酒尽之后，[管辂]问子春：'今欲与辂为对者，若府君四坐之士邪？'子春曰：'吾欲自与卿旗鼓相当。'"

成语故事

公元9年，西汉外戚王莽篡权，自立为皇帝，他登基后又多行苛政，使天下大乱，各地人民纷纷起义。

公元20年，西汉皇族刘秀在河南起兵。第二年九月，平林军与刘秀联合，拥戴刘秀的族兄刘玄为更始将军，公元23年二月又立刘玄为帝，年号更始。七月，隗嚣与其兄隗义及杨广、周宗等起兵响应。公元23年十月，王莽政权彻底垮台，王莽也被商人杜吴所杀。

公元25年，刘秀在洛阳建立了东汉王朝，史称汉光武帝。但这时全国还没有统一。当时，曾经在王莽当权时担任蜀郡太守的公孙述占据了益州，并在成都称帝。

为了孤立公孙述，刘秀决定拉拢隗嚣。而隗嚣为了寻找政治出路，也表示愿意向东汉称臣。于是，刘秀封隗嚣为西川大将军。此后，隗嚣又打退了从长安往西发展的赤眉起义军，因此深得刘秀的信任和尊重。

为阻止盘踞蜀地的公孙述势力向外扩展，刘秀给隗嚣写了一封信。他在信中说："我现在忙于在东方作战，西方兵力薄弱。如果公孙述出兵到汉中并企图进犯长安，我希望能够借助将军您的战鼓和军旗，使双方势均力敌。倘能如此，我就算得到了上天的赐福。"后来，人们从刘秀的这段话中引申出了"旗鼓相当"这一成语。

杞人忧天

【注音】 qǐ rén yōu tiān

【注释】 杞：古国名，在河南杞县。一个杞国人总是担心天掉下来。比喻没有必要或没有根据的忧虑和担心。

【出处】 《列子·天瑞》："杞国有人忧天地崩坠，身亡所寄，废寝食者。"

【成语故事】

春秋时期，杞国有个人胆子很小，整天就知道胡思乱想、疑神疑鬼。他经常提出一些非常奇怪的问题，让人觉得莫名其妙。

一个夏天的夜晚，这个人吃过晚饭，拿着一把大蒲扇坐在门前的大树下乘凉。那天的天气很好，天空中有许多星星闪闪发光。突然，一颗流星从天空划过，消失在黑暗的夜色里。这个人吓坏了："天哪！星星怎么会掉下来啊！不好，要是有一天天塌了下来，我们岂不是要被活活压死吗？这可怎么办啊？！"这个人越想越害怕，赶忙逃回屋子，躲在墙角打起了哆嗦。家里人看到他这个样子都非常奇怪，忙问他是怎么回事。他慌慌张张地把刚才的想法告诉了家人。家人一听，笑着说："唉，你真是自寻烦恼。自古以来，天就好好地在那儿，怎么会塌下来呢？"可是，这个人并没有因此而少担心。从那以后，他几乎每天都为这个问题担忧，白天吃不下饭，夜里睡不着觉。

没过几天，整个人就憔悴了许多。朋友们见他终日精神恍惚，一副魂不守舍的样子，都纷纷过来劝他："老兄啊，不要再为这些无谓的事情担心了，天哪能那么容易就塌下来呢？"

这个人连连摆手道："此言差矣。你们看，天空有的时候很高，有的时候又很低，好像随时都有可能塌下来呀。"朋友一听笑了："老兄，天只不过是一股积聚的气体，气体多了，你看着天就低了。再说，我们整天在这些气体中生活，怎么还要担心它会塌下来呢？"

谁知那人听了，却更加发愁了："唉，你们不知道啊，气体怎么能托住这么多人呢？况且天上还有日月星辰，我就亲眼看见一颗星星从天上掉下来，不知落到什么地方去了。"朋友们一听，再也无话可说，只好摇着头走了。而这个杞国人，仍然为这个问题日夜担忧，经常望着天空唉声叹气。日子一天天过去了，天还是好好儿的，连日月星辰也没有什么变化。可是，这个人却因为忧虑过度，日渐消瘦，终于一病不起。据说，在临死之前，他还念念不忘，担心天会塌下来呢。

气宇轩昂

【注音】 qì yǔ xuān áng

【注释】 气宇：仪表，风度。轩昂：精神饱满的样子。形容人精力充沛，气概不凡。

【用例】 明·冯梦龙《醒世恒言·吴衙内邻舟赴约》："那太医衣冠齐楚，气宇轩昂。"

成语故事

三国时期，东吴的孙权派鲁肃去见刘备，商量联合抗曹一事。刘备依照鲁肃的意见，派军师诸葛亮前往柴桑拜见孙权。恰在此时，孙权收到曹操的来信。在信中，曹操劝孙权与自己联合。与刘备联合还是与曹操联合？孙权犹豫不决。诸葛亮到达柴桑后，孙权见这位军师只有二十六七岁的样子，对联刘抗曹产生怀疑。为了试探诸葛亮的才能,孙权安排东吴所有的谋士都来大厅相见。张昭等人见诸葛亮丰神秀逸,气度不凡,料定他必然是来游说的。于是,双方展开了一场激烈的舌战。最终,诸葛亮说服了孙权答应与刘备联合抗曹。

「前车之鉴」

【注音】 qián chē zhī jiàn

【注释】 鉴:镜子,引申为警戒、教训。指前面的车子翻了,后面的车子可以引以为戒。比喻以前人的失败作为教训。

【出处】 东汉·班固《汉书·贾谊传》:"鄙谚曰:'前车覆,后车戒。'秦世之所以亟绝者,其辙迹可见,然而不避,是后车又将覆也。"

【成语故事】

贾谊是西汉时期杰出的政治家、评论家和文学家。二十岁时,贾谊被汉文帝请到京城,成为当朝最年轻的官员。贾谊为官勤勤恳恳,再加上学识渊博,深得汉文帝的赏识,不久就被提升为太中大夫。

汉文帝对贾谊的重用遭到了朝中一些大臣的嫉妒,他们联名上书,诋毁贾谊。当时,汉文帝刚刚即位不久,而那些大臣都是先帝的重臣,权重势大,文帝虽然爱惜贾谊的才能,却不能违背这些权臣的意愿,所以将贾谊贬出京城,做了长沙王的太傅。后来,文帝又任命他做了梁怀王的太傅。

为了表示对朝廷的忠心,贾谊多次上书,陈述治国方针,受到了汉文帝的赞赏。有一次,贾谊在奏折中引用了夏、商、周三代都统治了几百年,而秦朝只传了两代就被倾覆的历史事实,劝说汉文帝效仿夏、商、周的做法,改进政治措施,努力治理国家。他引用当时的谚语说:"前车覆,后车戒。"意思是说,前面的车翻倒了,后面的车就要当心了,应当以此为戒,不要犯类似的错误。接着他又说道:"我们已经看到了秦代灭亡的车迹,若稍不留心,便也会走上灭亡的道路。所以我们应当施行仁政，安抚百姓。"

汉文帝认为贾谊的意见很好，于是施行了一系列休养生息的政策。经过汉文帝和汉景帝两代皇帝的治理，社会经济获得了很大的发展，国力也日渐强大。历史上称这一时期的统治为文景之治。

前倨后恭

【注音】 qián jù hòu gōng

【注释】 倨：傲慢，怠慢。先傲慢而后恭敬，形容前后态度截然不同。

【出处】 西汉·司马迁《史记·苏秦列传》："苏秦之昆弟妻嫂侧目不敢仰视，俯伏侍取食。苏秦笑谓其嫂曰：'何前倨而后恭也？'"

【成语故事】

苏秦是战国时期著名的谋士。他曾随鬼谷子学习纵横捭阖之术多年。学成之后，他想投奔秦惠王，但是遭到了冷遇。此后，苏秦穷困潦倒，只好回到家乡。

苏秦回家后，父母狠狠地骂了他一顿；妻子不理他；他求嫂子给他做饭吃，嫂子"哼"了一声，扭头走开了。

苏秦决心争一口气，从此更加发愤读书。一年后，苏秦的学识比以前丰富了很多，对问题的见解也更为精辟。于是，苏秦重新出游了。

苏秦先来到燕国，受到燕昭王的重用。此后，他又先后游说韩、赵、魏、齐诸国国君，约他们合纵抗秦，成功地使秦国废帝退地。苏秦也成了一人佩有六国相印的风云人物。

取得了荣华富贵后，苏秦风风光光地回到家乡。在离家还有三十里地时，一家人都来迎接他。父母非常高兴，妻子非常恭顺，嫂子甚至跪下拜见他。

苏秦问嫂子："你以前瞧不起我，为什么现在如此谦卑？"嫂子回答："那是因为你现在的地位尊贵多了呀！"

前事不忘，后事之师

【注音】qián shì bù wàng，hòu shì zhī shī

【注释】师：榜样。指不忘记过去的经验教训，作为以后行事的借鉴。

【出处】西汉·刘向《战国策·赵策一》："前事之不忘，后事之师。"

【成语故事】

战国初期，晋国的朝政被智、赵、韩、魏等六位上卿所把持。在六卿中，智氏首领智伯的权势最大，为了扩大自己的势力，他便向韩、赵和魏三家索取土地。韩、魏两家因为惧怕，都拿出一部分土地给了智伯，只有赵氏不肯给。于是，智伯联合了韩、魏的军队一起攻打赵氏。

赵氏的左司马张孟谈看到形势对赵氏十分不利，便亲自赶到韩、魏两家，向他们陈述利害，劝说他们联赵灭智。韩、魏两家经过权衡利弊，接受了张孟谈的建议，联合赵氏的军队偷袭智军，杀死了智伯。事后，赵氏首领赵襄子决定好好赏赐张孟谈，谁知张孟谈却向赵襄子提出了辞官的请求。赵襄子觉得很奇怪，他对张孟谈说："我听说只有尽心辅佐君主的人，才能名声显赫；对国家大事负责的人，才能委以重任。以前贤明的君主之所以能安邦定国，正是因为这样做的缘故。你是国家需要的人才，为什么要辞官呢？"张孟谈说："大王所说的是一个人功成名就值得赞美的一面，臣所说的是掌握国家权力的道理。功成名就者应当急流勇退，留恋功名迟早会身败名裂，这是古人留下来的教训。只有牢记这些教训，才能够指导我们以后保身行事。所以即使大王不答应，我也不能替您做事了。"赵襄子见张孟谈决心已下，只好同意了他的请求。

黔驴技穷

【注音】qián lǘ jì qióng

【注释】黔：今贵州省一带。技：技能。穷：尽。比喻仅有的一点本领也用完了。

【出处】唐·柳宗元《三戒·黔之驴》："黔无驴……虎因喜，计之曰：'技止此耳。'"

【成语故事】

古时候，在贵州这个地方没有驴子，当地人对于驴子的相貌、习性、用途等都很不熟悉。有一年，一个贵州人去外地，见到驴子，他觉得非常新奇，便买了一头，用船运回了贵州。可一时之间，这个人也想不起来驴子能派上什么用场，于是把它放到了山脚下，让它自己吃草、散步。

有一天，一只老虎出来觅食，远远地看到了这头驴子。老虎从来也没有见过驴子，它看这家伙身躯庞大，耳朵长长的，四条腿看起来又十分有力，觉得很害怕。老虎暗自琢磨着："天哪，什么时候跑出来这么一个庞然大物？不会是上天派来的天神吧？看上去似乎不太好惹，我还是走远点，先观察观察再说吧。"

于是，一连几天，老虎都偷偷地躲在密林深处，观察驴子的行动。过了一段时间，老虎觉得这家伙好像不是很厉害，就大着胆子朝前走了几步，可它还是没有搞清楚这个家伙到底是什么东西。

有一天，老虎又慢慢地朝驴子凑了过去。这时，驴子突然仰起脖子长叫了一声，声音十分响亮。听到这奇怪的叫声，老虎以为驴子要吃自己呢，吓得转身就跑。跑出去很远，老虎发现那家伙并没有追过来，于是停住了脚步，回过头来悄悄张望。只见驴子叫了几声，就低下头吃起草来。老虎有些疑惑了，搞不懂这个家伙到底有什么本事，于是，它更加仔细地观察起驴子来。

渐渐地，老虎发现，这个家伙除了会叫几声，好像并没有什么特别的本领。老虎的胆子越来越大，它一点一点地靠近驴子，在驴子周围又叫又跳，有时候还跑上去轻轻碰一下驴子的身体，然后再跑开。

驴子终于被惹火了。这一天，当老虎又故意碰它的时候，它抬起蹄子向老虎踢去，可老虎稍微一转身，就躲开了。驴子气得哇哇大叫，又抬起蹄子使劲向老虎踢去。这时，老虎才明白，原来这个家伙就会这么几招。它开心极了，忍不住嘲笑道："哈哈，你这个没用的家伙，害得我担心了这么多天，原来就这点本事啊！"说完，老虎张开血盆大口，猛地朝驴子扑过去，一下咬断了它的喉管！然后，它美美地饱餐了一顿，心满意足地走开了。

强弩之末

【注音】 qiáng nǔ zhī mò

【注释】 弩：古代一种利用机械力量射箭的弓。末：尽头，指最后阶段。指强弩射出的箭，到了最后连鲁缟都穿不过去。比喻原本强大的力量已衰微，起不了作用。

【出处】 西汉·司马迁《史记·韩长孺列传》："强弩之极，矢不能穿鲁缟。"

【成语故事】

　　韩安国是汉武帝时期的御史大夫。有一年，北方的匈奴派使臣来向汉朝求和，汉武帝召集大臣商议是否接受匈奴的求和。掌管边疆事务的大臣王恢很了解匈奴，他认为凭借汉朝的军事实力，一定能扫平匈奴，因此他坚决反对与匈奴和好，并建议汉武帝立即发兵征讨匈奴。

　　这时，韩安国站出来大声说道："现在匈奴的兵力日益壮大，而我们千里远征，战线拉得很长，人马一定会非常疲惫，这就像古人说的：'即使强弩发出的箭，到了最后连极薄的绸缎也无法射穿。'所以，如果出兵，我们不一定能够取胜。依我看，倒不如先和他们暂时缔约谈和，再做周密的安排。"大臣们听了，都觉得韩安国的见解很有道理，汉武帝也表示同意。于是，他派人和匈奴使者进行谈判，建立了友好关系。

锲而不舍

【注音】qiè ér bù shě

【注释】锲：镂刻，用刀刻。舍：停止。指用刀一直镂刻下去，永不停止。常用来比喻有恒心、有毅力，坚持不懈、持之以恒地做某件事。

【出处】《荀子·劝学》："锲而舍之，朽木不折；锲而不舍，金石可镂。"

【成语故事】

王冕是元末著名的画家、诗人。王冕七岁的时候，父亲去世了，他只好辍学回家，靠替别人放牛来补贴家用。有一天，王冕赶着牛群去放牧，不远处的湖里开满了荷花，因为刚下过大雨，花苞上沾满水滴，水珠在荷叶上滚来滚去，十分美丽。王冕心想："可惜这里没有一个画师，不然把这美景画下来该多好。"他转念又想："我为什么不自己学着画画呢？"

于是，王冕托人到城里买了一些颜料和画笔，开始学画荷花。因为没人指导，所以一开始王冕画得很不好。但他懂得，做事一定要坚持，这样才能取得成功。所以，他每天都到湖边去，一边放牛一边画画，仔细地观察荷花的神韵。三个月之后，他画的荷花就像从湖里摘下来那样栩栩如生了。二十岁时，王冕已经成了远近闻名的画家。

秦晋之好

【注音】qín jìn zhī hǎo

【注释】秦、晋：春秋时期的两个诸侯国。指秦国和晋国数代联姻，友好相处。后世以"秦晋之好"指联姻、婚配的关系。

【用例】明·罗贯中《三国演义》第一六回："主公仰慕将军，欲求令爱为儿妇，永结秦晋之好。"

【成语故事】

春秋时期，秦国与晋国是两个相邻的大国。为了加强彼此间的友好关系，公元前654年，晋献公将自己的女儿伯姬嫁给了秦穆公。

后来，晋献公为了讨好爱妃骊姬，杀死了当时的太子申生，另外两个公子夷吾和重耳也受到了加害，被迫逃离了晋国。

晋献公死后，骊姬的儿子奚齐当上了晋国国君，但不久就被忠于夷吾的大臣杀死。于是，流亡在外的夷吾向秦穆公请求帮助，并允诺割让五座城池给秦国以作报答。

在秦穆公的扶助下，夷吾顺利地登上了王位，他就是晋惠公。可即位以后的晋惠公不但没有履行自己的诺言，反倒三番五次向秦国的边境挑衅，这使秦穆公非常恼火。

公元前647年，晋国发生饥荒，走投无路的晋惠公只好又向秦穆公求助。秦穆公不计前嫌，给晋国送去许多粮食，帮晋国渡过了灾荒。晋惠公非但不感恩图报，反而在两年后趁着秦国发生旱灾之际，发兵大举入侵秦国。双方在韩原展开大战，晋军大败，晋惠公被俘。晋惠公被迫割让河东五城给秦国，并派太子圉入秦做人质。后来，为了保障两国的边境安全，秦穆公不但把女儿怀嬴嫁给了圉，还把河东五城归还给了晋国。后来，圉听说晋惠公病重，害怕国君的位置会被别人抢去，便扔下妻子怀嬴，自己偷偷跑回了晋国。第二年，晋惠公病死，圉即位成为晋国国君，他就是晋怀公。

晋怀公即位后，立即重修边境，发誓不与秦国来往。秦穆公闻后大怒，决定帮助另一位逃亡在外的晋国公子重耳即位。公元前636年，秦穆公派兵护送重耳东渡黄河，回到晋国。因为惧怕秦国，晋怀公逃亡，晋国众臣立重耳为国君，重耳就是晋文公。

晋文公即位后，与秦国重修旧好，还让自己的儿子娶了秦国的宗室女为妻，双方结成了"秦晋之好"。

青出于蓝

【注音】qīng chū yú lán

【注释】蓝：蓼蓝，可以提取蓝色染料的植物。青是从蓝中提取出来的，颜色却比蓝更深。比喻学生胜过老师，或后人超过前人。

【出处】《荀子·劝学》："青，取之于蓝而青于蓝；冰，水为之而寒于水。"

【成语故事】

南北朝时，有一位很有名的学者，叫作李谧。李谧是相州刺史的儿子，他天资聪颖，勤奋好学，十三岁时就已经通读了《孝经》《论语》《毛诗》《尚书》等典籍。不但如此，他还能把这些书中的经典要义一一解释出来，所以不少人都称他为"神童"。

李谧十八岁的时候，拜到孔璠门下学习。孔璠是当时著名的大学问家，他学识渊博，治学严谨，学生们都非常敬佩他。

李谧师从孔璠以后，更加孜孜不倦地学习。没过几年，李谧对某些知识的掌握甚至超过了老师孔璠。孔璠知道后，为能有李谧这样出色的学生而感到非常欣慰。每当他听到李谧对某些问题的独到见解时，就禁不住喜笑颜开，对他大加赞赏。

不但如此，每当遇到一些难以解答的问题，孔璠也会向李谧请教。有人看到这种情况，觉得非常不解，于是问孔璠："您身为老师，反倒向学生请教问题，难道您就不怕在您的学生面前失去威信吗？"

孔璠听后，不以为然地回答："荀子曰：'青，取之于蓝而青于蓝。'也就是说，老师并不是固定的，谁懂得多，理解得深刻，谁就有资格当老师，这并没有什么好羞愧的呀！"那人听了孔璠的这番话，不禁深感佩服。这件事传出去以后，人们编了一首小诗来赞颂孔璠不耻下问的精神，诗是这样的："青成蓝，蓝谢青；师何常，在明经。"意思是说，青这种染料是从蓝里面提炼出来的，但是它却比蓝的颜色更深。同样，师生关系也不是固定不变的，谁的

知识多，谁就可以当老师。

　　李谧更是对老师的为人钦佩不已。从此他更加努力地学习，终于成了一个博学多才的人。由他集诸子各家经典，又援引《春秋三传》为例编出的《春秋丛林》十二卷，成为中国文化史上的一座丰碑。

请君入瓮

【注音】qǐng jūn rù wèng

【注释】瓮：口小腹大的坛子。指以其人之道还治其人之身。

【出处】唐·张鷟《朝野佥载·周兴》："有内状勘老兄，请兄入此瓮。"

【成语故事】

　　女皇武则天在位时，为了维护自己的统治，采用严刑峻法，消除异己。因此，她手下出现了一些酷吏，在这些酷吏中，最为狠毒的要数周兴和来俊臣了。有一次，武则天接到一封告发周兴谋反的密信，便责令来俊臣严查此事。来俊臣接旨后，想出了一条让周兴招供的妙计。

　　他把周兴请到自己家里，两人喝酒聊天。酒过三巡，来俊臣假装叹了口气说："我平日办案，常遇到一些犯人死不认罪，不知老兄有何好办法？"周兴一向对刑具很有研究，得意地说："这还不好办？你找一个大瓮，四周用炭火烧烤，再把犯人放到瓮里，无论犯人多么狡猾，也受不了。"来俊臣听后连连点头，随即命人抬来一口大瓮，按周兴说的那样，在四周点上炭火。然后，他回过头，严厉地对周兴说："有人告发你谋反，皇上命我严查。对不起，现在就请老兄你自己钻进瓮里吧。"周兴一听，手里的酒杯"啪哒"一声掉在地上，他连忙跪倒在地，连连磕头说："我招供，我招供。"

趋炎附势

【注音】 qū yán fù shì

【注释】 趋：追逐、投靠。炎：指有权有势的人。附：依附。指投靠、依附有权势的人。

【用例】 南宋·黎靖德《朱子语类》卷八三："左氏是个猾头熟事、趋炎附势之人。"

【成语故事】

宋真宗时，山东人李垂博学多才，可是，因为他对当时官场中奉承拍马的风气非常反感，因此得罪了很多权贵，一直得不到重用。

宰相丁谓善于玩弄权术，最喜欢阿谀奉承，所以很多想升官的人都去巴结他，以期望能爬上高位。当时，有人劝李垂也去拜见丁谓，以获得晋升的机会。可李垂却对劝他的人说："丁谓身为宰相，不但不秉公处理政务，反倒排挤异己、仗势欺人，完全辜负了朝廷对他的重托和百姓对他的信任。这样的人，我为什么要去拜见他呢？"后来，这话传到了丁谓的耳朵里，丁谓非常恼火，找了个机会把李垂贬到地方上当官去了。

宋仁宗即位后，丁谓倒台，李垂又被召回了京师。这时，又有人劝他说："你才学过人，只是没有人引荐，你为什么不去拜见新任宰相，为自己的前途作个铺垫呢？"没想到李垂又拒绝了。他说："如果我三十年前去拜见宰相丁谓，说不定现在已经做上了翰林学士。既然那个时候我都不去，那么，现在我怎么能趋炎附势，看别人的眼色行事，借此来换取他们的引荐和提携呢？"

结果，李垂的这番话又传到了新任宰相的耳朵里，李垂再次被贬出京师，到外地做了个小州官。虽然李垂的仕途一直不得意，但他这种不攀附权贵、正直高尚的品行却得到了后人的赞誉。

曲高和寡

【注音】 qǔ gāo hè guǎ

【注释】 曲：音乐曲调。高：高深。和：跟着唱。指曲调越高深，能跟着唱的人就越少。比喻思想、言行、文艺作品等非常高深，不能为多数人所理解、接受。

【出处】 战国·宋玉《对楚王问》："是其曲弥高，其和弥寡。"

【成语故事】

战国时期，宋玉曾在楚国为官，他能言善辩、文采出众，遭到许多同僚的嫉妒。楚襄王听到谗言，就把宋玉叫来问话。

宋玉听了，说："大王，请听我给您讲个故事吧。最近，有一位客人来到我们郢都唱歌。开始，他唱的是非常通俗的《下里》和《巴人》等曲子，有好几千人跟着他一起唱。接着，他又唱起了《阳河》和《薤露》，一起唱的人少了很多。后来，他唱起了格调高雅的《阳春》和《白雪》，跟着唱的就剩下几十个人了。而当他唱到技巧高难的商音、羽音时，能跟得上的只剩下三个人。由此可见，曲子的格调越高雅，难度越大，能跟着唱的人也就越少。同样的道理，自古以来，圣人常有奇伟的思想和表现，一般人又怎么能理解他们的所作所为呢？"

楚襄王听到后，恍然大悟。

忍辱负重

【注音】 rěn rǔ fù zhòng

【注释】 忍辱：忍受屈辱。负重：承担重任。指人心胸不凡，能从大处着眼，忍受屈辱，承担重任。

【出处】 西晋·陈寿《三国志·吴书·陆逊传》："国家所以屈诸君使相承望者，以仆有尺寸可称，能忍辱负重故也。"

【成语故事】

　　公元221年，刘备为了替关羽报仇，亲率大军攻吴。孙权几次派使臣求和，都被拒绝。于是，孙权命陆逊率兵前去迎战。陆逊资历较浅，因此手下的将军对他很不服气。吴军到达夷陵之后，陆逊见蜀军士气高涨，又占据有利地形，便坚守阵地，不与交锋。陆逊手下的将领以为他害怕强敌，怯懦畏战，纷纷对他表示不满。

　　这一天，陆逊把众将召集起来，说："刘备是我们的劲敌，希望众将军以大局为重，同心协力，共同抗敌。我虽是一介书生，但主上任命我为大都督，就是因为我还有一点微薄之力，能够忍受委屈、担负重任。今后，希望各位各负其责，如有违者必按军法处置。"听了陆逊这番话，诸将再不敢违抗命令了。

　　陆逊打定主意，坚守不出长达七八个月之久。后来，他趁蜀军懈怠轻敌之际，实施火攻，大获全胜。陆逊也因此战而名声大震。

如鱼得水

【注音】rú yú dé shuǐ

【注释】指就像鱼儿得了水一样。比喻得到投合自己心意的人或适合自己的环境。

【出处】西晋·陈寿《三国志·蜀书·诸葛亮传》："孤之有孔明，犹鱼之有水也。"

【成语故事】

　　东汉末年，天下大乱，豪杰纷起，群雄争霸。汉室后裔刘备为实现自己统一天下的宏愿，四处搜罗人才。刘备在荆州时就听说了诸葛亮的贤名，便"三顾茅庐"请诸葛亮出山辅佐，帮助他完成复兴汉室的大业。诸葛亮尽心尽力地辅佐刘备，而刘备对诸葛亮也非常信任和重用。关羽和张飞二人见诸葛亮寸功未立，就受到刘备如此的青睐和倚重，心中十分不悦。他们不时在刘备面前流露出不满的神色，禀性耿直的张飞，更是牢骚满腹。

刘备耐心地给他们解释,他形象地把自己比作鱼,把诸葛亮比作水,反复说明诸葛亮的才识与胆略对自己完成统一大业的重要。他说:"我刘备有了诸葛亮,就像鱼儿得到了水一样。希望你们不要有什么怨言。"关羽、张飞听了,就不敢再说什么了。后来,刘备在诸葛亮的谋划下,东联孙权,北伐曹魏,占荆州,取益州,军事上节节胜利,势力不断扩大,最终与魏、吴形成了三国鼎立之势。

孺子可教

【注音】rú zǐ kě jiào

【注释】孺子:小孩子。教:教诲。形容年轻人有出息,可以把本事传授给他。

【出处】西汉·司马迁《史记·留侯世家》:"父去里所,复还,曰:'孺子可教矣。'"

【成语故事】

张良是西汉时期著名的政治家、军事谋略家。年轻时,张良因行刺秦始皇未遂,只好逃到下邳隐居起来。

有一天,张良在附近的汜水桥上散步时遇到了一位老人。当时,老人的一只鞋掉进了河里。见张良走了过来,老人朝他喊道:"小伙子,帮我把鞋子捡上来吧。"张良见老人年迈,便跳入河中帮他把鞋子捡了上来。没想到,老人又对张良说:"给我穿上吧。"张良一听非常气愤,但转念一想,鞋子都捡起来了,穿就穿吧。于是他弯下腰,帮老人穿好鞋子。老人看了看张良,说:"小伙子,真是不错。这样吧,五天后的早上,你来桥上,我会好好指教你的。"说完,老人就走了。

五天后,张良来到桥上,谁知老人已经等在那儿了。他一见张良就生气地说:"你来得太晚了,过五天再来吧。"又过了五天,

张良起了个大早,可等他赶到桥上时,老人又到了。老人撂下一句"过五天再来",就离开了。五天过去了,张良半夜便来到了桥上。天蒙蒙亮的时候,老人才走上桥来,他一见张良,高兴地说:"这样才对嘛。"说完,他拿出一部书递给张良:"把它钻研透了,以后你就可以做帝王的老师了。"说完,老人扬长而去。张良打开书一看,是一部《太公兵法》。回去后,张良日夜攻读,从里面学到了许多东西,并利用自己的所学辅佐汉高祖刘邦建立了西汉王朝。

入木三分

【注音】 rù mù sān fēn

【注释】 木:木头、木板。原指笔力深入木板三分,形容书法笔力强劲。后来也比喻看问题精辟、深刻。

【出处】 唐·张怀瑾《书断·王羲之》:"王羲之书祝版,工人削之,笔入木三分。"

成语故事

王羲之,字逸少,琅琊人,曾任右军将军,因此也称"王右军"。他是中国历史上著名的书法家,被后人尊称为"书圣"。王羲之的字,秀丽中透着苍劲,柔和中带有刚强,是后人学习书法的典范。

王羲之之所以有这么高的成就,一方面来自于他的天赋,但最主要的还是他勤学苦练的结果。据说,王羲之经常在家旁边的池塘边练字,每次写完,他就在池塘里将笔和砚清洗干净。时间一久,整个池塘的水都变成了黑色,这个池塘也因此被称为"墨池"。

有一次,皇帝要到北郊祭祖,于是命令王羲之把祝词写在一块木板上,再派工人雕刻。工人们雕刻的时候惊奇地发现,由于王羲之笔力强劲,那些字竟然渗透到了木板中,刀子刻进去三分深的时候,还能看得到墨迹。工人们不禁大为惊叹:"右军的字,真是入木三分啊!"

「塞翁失马,焉知非福」

【注音】sài wēng shī mǎ, yān zhī fēi fú

【注释】塞:边塞。翁:老头儿。比喻虽然暂时受到损失,却可能因此而得到好处,坏事变成好事。

【出处】西汉·刘安等《淮南子·人间训》:"近塞上之人有善术者,马无故亡而入胡,人皆吊之。其父曰:'此何遽不为福乎?'"

【成语故事】

战国时期,北部边城有一位老人专以养马为生。有一天,老人的马群里突然走失了一匹马。邻居们听说后,纷纷过来安慰他。老人心里非常感激,他连连拱手道:"多谢各位乡亲的关心,不过丢失了一匹马也不算什么大损失,说不定还会带来什么福气呢。"

听了老人的话,邻居们以为他只是给自己宽心,也就没放在心上。谁知,过了几天,那匹马真的回来了。不但如此,它还带回了一匹匈奴的骏马。这下子,邻居们又来到老人家里,向他表示祝贺。可是,老人听了邻居们的话,不但没有一点高兴的样子,反倒愁容满面地说:"唉,白白得了一匹马,不见得是什么福气,说不定还会惹来什么祸患呢。"

果然,没过几天,老人的儿子骑着那匹马出去,不小心从马背上摔下来,把腿摔断了。邻居们听说后便又赶来劝慰。老人看了看邻居们,慢条斯理地说:"没什么,摔断了腿却保住了命,也许是福气啊。"

事隔不久,匈奴大举入侵,所有的年轻人都被召入伍。老人的儿子因为是跛子,便留下了。后来,参军的年轻人几乎都死在了战场上,老人留在家中的儿子却保住了性命。

三顾茅庐

【注音】 sān gù máo lú

【注释】 顾：拜访。茅庐：草房。比喻诚心诚意地邀请或多次登门造访。形容非常有诚意。

【出处】 三国蜀·诸葛亮《出师表》："先帝不以臣卑鄙，猥自枉屈，三顾臣于草庐之中。"

【成语故事】

　　东汉末年，天下大乱，汉宗室刘备听说诸葛亮很有才能，就带着义弟关羽和张飞前去拜访，想请他出山，辅佐自己建功立业。十分不巧的是诸葛亮正好出去了，刘备三人只好失望而归。过了不久，刘备又带着两位兄弟前去。可等他们赶到时，书童告诉他们，诸葛亮已于前一天出门云游去了，不知道什么时候回来，于是三个人又败兴而归。

　　这一天，听说诸葛亮已经回来了，刘备三人第三次来到诸葛亮住的草庐，正好赶上诸葛亮在睡午觉。于是，刘备就站在门外，一直等到诸葛亮醒来。刘备向诸葛亮表达了自己想复兴汉室的决心，恳请诸葛亮出山辅佐自己。诸葛亮见刘备胸怀大志，且态度诚恳，便答应了他的请求。在诸葛亮的辅佐下，刘备占据了巴蜀地区，与曹操、孙权三分天下，成就了一番大业。

三迁之教

【注音】 sān qiān zhī jiào

【注释】 迁：迁移、搬迁。指为选择良好的、有利于子女学习的环境而搬家三次。

【用例】 东汉·赵岐《孟子题辞》："孟子生有淑质，幼被慈母三迁之教。"

【成语故事】

　　孟子，名轲，战国时期著名的思想家和教育家，被后世尊称为

"亚圣"。相传孟子小时候很顽皮，并不喜欢读书。他的母亲为了让他受到良好的教育，花了很多的心血。

孟轲三岁丧父，由母亲一手抚养长大。孟母是一位很有见识的妇女，为了把儿子培养成有用的人，她非常重视对他的教育，甚至不惜连番更换住所。

据说，开始的时候，孟轲和母亲住在一个小乡村里，离他家不远的地方就是一片墓地，经常有出殡、送葬的队伍从孟轲的家门口经过。每当这个时候，小孟轲就会跑到这些队伍的后面，学着吹鼓手的样子吹吹打打，或者是装成孝子的样子哭哭啼啼。不但如此，他还经常和小伙伴们到墓地里去玩死人下葬的游戏。孟母看到这些，非常担忧，于是，她决定把家搬到城里，那里没有墓地，孟轲就不会再玩这样的游戏了。到了城里，在母亲的督促下，小孟轲开始阅读《论语》之类的书籍。开始的时候，他还能静下心来读书，可日子一久，他的心思又定不下来了。

原来，他们的新家正处于闹市之中，打铁的、叫卖的甚至杀猪的声音终日不绝。这一切对小孟轲来说都十分新奇。于是，只要母亲一不注意，他就会偷偷溜到街上，和小伙伴们玩商人做生意的游戏。他一会儿像店主那样鞠躬欢迎客人，一会儿又扮演伙计，招待来往的客人，玩得不亦乐乎。孟母觉得在这个地方居住，小孟轲确实很难集中精神读书，于是又将家搬迁到城东面的学馆附近。学馆内每天书声琅琅，学习气氛浓厚，小孟轲终于可以安下心来读书了。

有时候，小孟轲还会趴在学馆的窗户外，向里面张望，看里面的学生是怎样读书的。不但如此，他还学着学生的样子学习《周礼》等书籍，回家以后，自己也模仿着做起来。

有一天，孟母发现小孟轲又在那里磕头跪拜，以为他又在玩埋死人的游戏，不禁板起了脸。当听孟轲说是在学习周礼，她顿时眉开眼笑。不久，孟母就将孟轲送进了学馆，让他系统地学习《诗》《书》等经典。在学馆里，孟轲长进很快，经过一番苦读，终于成了一位学识渊博的人。

杀身成仁

【注音】 shā shēn chéng rén

【注释】 为了成全仁德，可以不顾自己的生命；或为了维护正义事业而牺牲生命。

【出处】 《论语·卫灵公》："志士仁人，无求生以害仁，有杀身以成仁。"

【成语故事】

孔子是春秋时期著名的思想家、教育家。有一次，一位弟子向孔子请教："老师，您讲的仁德、忠义都是极好的。人人相爱，以仁义待人，确实是一种美德。仁德当然是我想得到的，但是，作为一个血肉之躯，我也有自己的欲望。假如仁德与生命两者发生了冲突，该怎样处理呢？"孔子答道："这有什么好犹豫的呢？凡是真正的仁人志士，都不会因为贪生怕死而损害仁义；为了成全仁德，可以不顾自己的生命。"弟子听完，恭敬地给孔子施礼，表示敬服。

舍生取义

【注音】 shě shēng qǔ yì

【注释】 舍：放弃。生：生命。取：求取。义：正义。指宁可牺牲自己的生命，也要维护正义和公理。

【出处】 《孟子·告子上》："生，亦我所欲也；义，亦我所欲也。二者不可得兼，舍生而取义者也。"

【成语故事】

文天祥是南宋时期的抗元名将，他从小就爱读历史上忠臣烈士的传记，树立了杀敌报国的伟大志向。

南宋末年，元军逼近临安（今浙江杭州），宋恭帝下诏要各地将领带兵援救。

文天祥接到诏书，立刻招募了三万人马，准备赶赴临安。

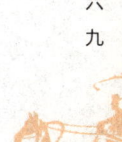

这时，有人劝他："现在元兵长驱直入，您带着这些临时招募的人马去抵抗，好比赶着羊群去跟猛虎争斗，不是白白送死吗？"

文天祥答道："这个道理我何尝不知道，但是国家养兵多年，现在临安危急，却没有一兵一卒为国出力，岂不叫人痛心！我虽然力量有限，但宁可以死殉国，也不苟且偷生。"

后来，文天祥被俘。元朝丞相派投降官员去劝降。文天祥将这个叛徒一顿痛骂，赶了出去。被俘后，他曾写下了流传千古的《过零丁洋》："辛苦遭逢起一经，干戈寥落四周星。山河破碎风飘絮，身世浮沉雨打萍。惶恐滩头说惶恐，零丁洋里叹零丁。人生自古谁无死？留取丹心照汗青。"

后来，元朝皇帝忽必烈许诺只要文天祥臣服，立即封他为丞相。但文天祥只是笑了一声说："一死之外，无可为者。"

公元1283年，这位抗元英雄从容就义，展现了他舍生取义的浩然正气。

身无长物

【注音】shēn wú cháng wù

【注释】除自身外再没有多余的东西。形容非常贫穷。

【出处】南朝宋·刘义庆《世说新语·德行》："对曰：'丈人不悉恭，恭作人无长物。'"

【成语故事】

东晋时，有位叫王恭的官员，为官清廉，生活简朴。有一次，他从会稽回来，同族王大去看他。王大见王恭坐在一张六尺长的竹席上，非常喜欢，就说："你从盛产竹制品的会稽回来，一定带回很多这样的竹席，能不能给我一张呢？"王恭当时没说什么，等王大走后，王恭就命人把坐着的这张竹席给王大送去了。没有了竹席，王恭就坐在草垫上吃饭、看书、写字。王大听说这件事后，对王恭说：

"我本以为你有很多竹席，才向你要的。"王恭笑了笑，答道："您不了解我，我从来没有多余的东西。"

神机妙算

【注音】shén jī miào suàn

【注释】机：机谋。算：策划。指高明奇妙的计谋策略。

【用例】明·罗贯中《三国演义》第四六回："瑜大惊，慨然叹曰：'孔明神机妙算，吾不如也。'"

【成语故事】

公元208年，曹操率领大军南下，准备一举消灭孙权和刘备的势力，统一全国。刘备派诸葛亮去东吴联合孙权，共同对付曹操。

东吴的都督周瑜非常嫉妒诸葛亮的才干，总想找个机会把他除掉。这一天，周瑜请诸葛亮前来商量军事，他对诸葛亮说："我们和曹军交战，用弓箭最好，但现在军中缺箭，所以想请先生负责赶造十万支箭，请先生不要推脱。"诸葛亮一听爽快地答应了，并和周瑜立下军令状，表示如果三天之内造不好十万支箭，就甘受惩罚。周瑜一听大喜过望，心想："哼，三天怎么能造好十万支箭呢？到时可别怪我不客气！"

诸葛亮回到自己的营中，派人请来东吴的大将鲁肃，向他借了二十只快船，每只船上配置了三十名士兵，船上用青布做帐幕，又准备了一千多个草靶子排在船的两侧。第三天一大早，天还没亮，诸葛亮趁着大雾，下令将二十只快船驶向曹军的水寨，装作要攻打曹军。曹操大惊，忙命令士兵射箭阻击。霎时间，曹军一万多名弓箭手万箭齐发，不多时草靶上便插满了箭。等到大雾散去，诸葛亮立即下令返航，这时，二十只快船上的箭已经远远超过了十万支。

周瑜得知诸葛亮借箭的经过，不禁叹道："诸葛亮神机妙算，我的确不如他啊。"

声名狼藉

【注音】shēng míng láng jí

【注释】声名：名声。狼藉：乱七八糟。形容名声坏到了极点。

【出处】西汉·司马迁《史记·蒙恬列传》："恶声狼藉，布于诸国。"

【成语故事】

秦始皇死后，丞相李斯和中车府令赵高密谋立了秦始皇的二子胡亥为帝，为了防止事情败露，他们捏造了一个罪名逼迫始皇长子扶苏自杀，又把大将军蒙恬投入了监牢。之后，赵高又派人来到蒙恬的弟弟、大将军蒙毅的驻地，诬陷他曾劝阻秦始皇立胡亥为太子，是对当朝君主的不忠，赐蒙毅自杀。蒙毅觉得非常冤枉，据理力争道："当初，秦穆公杀奄息、仲行和针虎殉葬，秦昭襄王杀武安君白起，楚平王杀伍奢父子，吴王夫差杀伍子胥，这四个国君，都因杀害良臣，而遭到天下人的指责与非议，所以他们的名声在各诸侯国间都非常坏。我认为，用正道治理国家，就要不杀无罪之人，我劝你们不要滥杀无辜！"但被派去的官吏并没有听蒙毅的解释，还是逼他自杀了。

失之毫厘，谬以千里

【注音】shī zhī háo lí, miù yǐ qiān lǐ

【注释】失：差错。毫、厘：极小的长度计量单位。谬：错误。开始时稍微有一点差错，结果会导致极大的错误。

【用例】西汉·戴德《大戴礼记·保傅》："《易》曰：'正其本，万物理；失之毫厘，差之千里。'故君子慎始也。"

【成语故事】

西汉时，大将军赵充国奉汉宣帝之命，到西北地区平定叛乱。到了那里，赵充国发现叛军虽人数众多，但军心不齐，因此他决定采取招抚的办法，以避免遭受重大伤亡。经过赵充国的努力，果然有一万多名叛军前来投奔。于是，赵充国打算撤回大军，只留一小部分士兵在那里开垦土地，等待叛军全部归顺。可就在这个时候，汉宣帝却下达了限时全面攻击叛军的命令。

看到这道旨意，赵充国不禁想起了临出征以前的一些事情。当时，西北地区的羌族日益壮大，对边境造成了威胁。于是，赵充国建议宣帝派酒泉太守武贤去驻守西北边境，可汉宣帝却听信了别人的建议，派了一个根本不懂军事的义渠安国带兵，结果汉军被杀得大败。后来，赵充国见金城、湟中的粮食大丰收，谷子的价钱非常便宜，于是，他向汉宣帝建议收购三百万石的谷子囤积起来，因为边境军队粮食充裕，羌族就不敢妄动了。可是后来，汉宣帝只批了四十万石。正由于做错了这两件事，才导致了今天的叛乱。想到这些，赵充国不禁深深地叹了口气，说道："真是'失之毫厘，谬以千里'啊！如今战事未停，危机四伏，我一定坚持我的主张。"于是赵充国把招抚的设想奏报了汉宣帝。这次，汉宣帝终于接受了他的主张，顺利地招抚了叛军。

势如破竹

【注音】 shì rú pò zhú

【注释】 势：形势。破竹：劈开竹子。形势如同劈竹子一样，劈开头上几节，剩下的就顺着刀势自然裂开了。形容节节胜利，毫无阻碍。

【出处】 唐·房玄龄等《晋书·杜预传》："今兵威已振，譬如破竹，数节之后，皆迎刃而解。"

【成语故事】

公元263年，蜀汉灭亡，三国之中只剩下孙氏偏居江东。公元279年，晋武帝司马炎任命杜预为镇南大将军，开始为灭吴作准备。杜预受命后即带兵奇袭东吴重镇西陵。此役首战告捷，为晋军大举进攻创造了有利条件。

杜预客观地分析了双方的形势，认为伐吴的时机已经到来，他连续向晋武帝上了两道表章，请求出战，但武帝一直没有决断。这期间，晋、吴双方在边界的争端越来越频繁。在这种形势下，杜预第三次上书武帝，他指出："东吴已经觉察到我灭吴的意图，如果不迅速进攻，待其养精蓄锐、羽翼丰满时，后悔也晚了。"晋武帝接到这份奏表时，正与中书令张华下棋。张华听了杜预的精辟分析，再三恳请武帝当机立断。武帝这才下了决心，下令筹备粮草，调动军队，实施伐吴计划。

杜预率领二十万晋军，兵分六路，向东吴大举进攻，一路所向披靡，很快攻到湖北重镇江陵。然而就在这关键时刻，朝中却出现了反对"一举灭吴"的意见。于是，杜预又向晋武帝上书，他说："现在我军声势浩大，趁此大好时机，一举灭吴，就像用利刃劈竹一样，劈开上端，下面几节就顺势分开了。"晋武帝觉得杜预的话很有道理，就同意了他继续攻吴的建议。公元280年，晋军攻克吴都建业，吴主孙皓投降，吴国灭亡。

视死如归

【注音】shì sǐ rú guī

【注释】视：看待。归：回家。指把死看得好像回家一样。多指为了正义事业，不怕牺牲生命。

【出处】《管子·小匡》："平原广牧，车不结辙，士不旋踵，鼓之而三军之士视死如归。"

【成语故事】

管仲是春秋时期齐国的宰相。有一次，齐桓公请管仲推荐一些治理国家的人才。管仲说："若论开辟疆土，发展生产，宁戚最合适，可以请他做主管经济的官员；而说起进退得体、礼仪娴熟的功夫，则非隰朋莫属，可以派他做主管外交的官员；至于早出晚归，不计个人得失，能冒死进谏的人，只有东郭牙，可以请他做主管监察的官员；

在战斗中，能使全军顽强挺进，视死如归，只有王子城父能办到，所以他可以做大司马；论断案英明，秉公执法，弦章则是最佳人选，所以他可以做司法官。只要有了这五个人，齐国肯定能强大，但要是您想称霸诸侯，则需要我管仲了。"

齐桓公听了非常高兴，便按照管仲的建议，分派给这几个人相应的官职，最终成就了一番霸业。

「舐犊情深」

【注音】shì dú qíng shēn

【注释】舐犊：老牛用舌头舔小牛。这则成语指像老牛舐小牛那样的深情。比喻父母疼爱儿女的深情。

【出处】南朝宋·范晔《后汉书·杨彪传》："犹怀老牛舐犊之爱。"

成语故事

汉末的文学家杨修聪明过人，很有才华。起初，魏国丞相曹操非常赏识他，任他为主簿。一次，曹操带兵去攻打汉中，吃了一通败仗，传下了"鸡肋"的口令。杨修由此猜中了曹操欲收兵的心事，便开始收拾行李。曹操知道后，借口杨修扰乱军心，将他处斩了。杨修死后不久，有一天，曹操见到了杨修的父亲杨彪，便问道："您身体不舒服吗？为什么瘦得这么厉害呢？"

杨彪没有直接回答，而是说："匈奴贵族金日是汉武帝的近臣，他的两个儿子被接到汉宫中抚养。后来，金日察觉到两个儿子淫乱后宫，就先后把他们杀了。我很惭愧没有金日那样的先见之明，也没有好好教育自己的儿子，以致他落得如此结局。"杨彪继续说道，"您看田里的老牛，耕完田后总是和小牛腻在一块，还不时地用舌头舔着小牛，看它们这么深情，教我如何不想念我的儿子呢？"杨彪说完，老泪纵横。曹操听了，内心又是难过，又是羞愧。

手不释卷

【注音】shǒu bù shì juàn

【注释】释：放开。卷：书本。指书本不离手。形容勤奋好学。

【出处】西晋·陈寿《三国志·吴书·吕蒙传》裴松之注引《江表传》："孙权谓吕蒙及蒋钦曰：'光武当兵马之务，手不释卷。'"

【成语故事】

吕蒙是三国时吴国的大将。他年轻的时候，由于家境贫寒无法读书，从军以后，虽骁勇善战，却因缺少足够的知识，无法将作战经验记录下来。为此，吴主孙权曾多次劝告他说："你现在掌权管事，应该好好地读一些书，增长自己的学识才好。"吕蒙一听主公要他学习，便推托说："军队里的事情又多又杂，恐怕很难挤出时间来读书啊！"

孙权说："我并不是要你去研究学问，只是要你翻阅一些古书，从中得到一些启发罢了。从前，东汉光武帝在行军作战的紧要关头，手里还总是拿着一本书不肯放下来呢！"吕蒙听了孙权的话，很受启发，回去便开始读书学习，连作战间隙也不放过。这样，他的学识越来越渊博，见解也越来越精辟，就连当时一些学问高深的人也自叹不如。

东吴名将鲁肃曾对吕蒙感慨道："以前我以为吕兄只不过是有些军事方面的谋略，现在才知道你学识渊博，见解高明，再也不是以前那个吴下阿蒙了！"

熟能生巧

【注音】shú néng shēng qiǎo

【注释】巧：技艺高超，灵巧。指对一件事熟练了，就能找到窍门。

【出处】清·李汝珍《镜花缘》三一回："俗语说的：'熟能生巧。'舅兄昨日读了一夜，不但他已嚼出此中意味，并且连寄女也都听会，所以随问随答，毫不费事。"

【成语故事】

北宋时有一个叫陈尧咨的人，十分善射。

有一天，陈尧咨在空地上练习射箭。他一连射出十支箭，有九支都射中了箭靶的圆心，围观的百姓见了都鼓掌叫好。陈尧咨不禁有些得意，他傲慢地向四周望了望，突然发现人群中有个卖油的老者只是微微点了点头，一副不以为然的样子。

陈尧咨见老者这副神情，有些生气，于是不客气地问道："你看我的箭射得怎么样？"老者看了看他，说："箭虽然射得不错，但也不过是手法熟练罢了。"

陈尧咨一听大怒，问道："难道你有更高明的本领吗？"

老者微微一笑，拿出一个装油的葫芦放在地上，又拿出一枚铜钱盖在葫芦口上。然后，老者拿起勺子舀了一勺油，将勺子高高举过头顶，手腕一抖，勺子里的油形成一条细细的油线，穿过铜钱中间的方孔，准确无误地倒进葫芦里，而铜钱上一滴油也没有沾到。围观的人见状纷纷鼓掌叫好。老者看了看陈尧咨，说："其实，我也没有什么特殊的本领，只不过是熟能生巧罢了。"

陈尧咨听了觉得非常惭愧，从此以后，他更加努力地练习射箭，再也不夸耀自己的本领了。

水滴石穿

【注音】 shuǐ dī shí chuān

【注释】 穿：穿透。指水滴不止，时间长了也能把石板穿透。比喻只要坚持不懈，力量小也能成大事。

【出处】 南宋·罗大经《鹤林玉露》卷一〇："乖崖援笔判曰：'一日一钱，千日一千，绳锯木断，水滴石穿。'"

【成语故事】

北宋大臣张咏性格刚烈，为官十分公正、清廉。张咏曾经担任过崇阳县的县令。当时,社会上流行着一种不良的风气:一些有靠山的军卒、小吏可以倚仗权势凌辱将帅、冒犯长官。张咏对此非常痛恨,决心找机会严惩这种行为。

有一次,张咏来到县里的银库,见到一个看管银库的小吏从里面走出来,头巾边上还夹着一枚铜钱。张咏拦住小吏,问道:"你头巾下的钱是哪儿来的?"小吏指着银库,毫不在乎地说:"从那儿拿的。"

张咏一听勃然大怒,他派人把小吏带回大堂,下令责罚。谁知小吏不服气地喊道:"不就是一文钱吗?你也就是打我几板子,难道还能杀了我?"张咏听了怒不可遏,他挥笔写下一张判词:"一日一钱,千日一千,绳锯木断,水滴石穿。"写完,张咏拿着宝剑走下堂来,亲自斩了那名嚣张的小吏。

四面楚歌

【注音】 sì miàn chǔ gē

【注释】 楚歌:楚国人的歌声。指四面八方都是楚国人的歌声。比喻陷入四面受敌、孤立无援的境地。

【出处】 西汉·司马迁《史记·项羽本纪》:"项王军壁垓下,兵少食尽,汉军及诸侯兵围之数重。夜闻汉军四面皆楚歌,项王乃大惊。"

【成语故事】

从公元前206年开始,西楚霸王项羽和汉王刘邦开始了长达五年的楚汉战争。战争初期双方互有胜败,但后来刘邦联合了各地反对项羽的兵马,势力不断壮大。公元前202年,刘邦趁项羽疏于防备之际,以迅雷不及掩耳之势,向楚军发起了猛烈的进攻,项羽被迫退到垓下,但已经陷入了汉军的重重包围之中。

为了彻底瓦解楚军的斗志,刘邦采纳张良的计策,命令汉军高唱楚地的歌曲。项羽听到歌声,非常吃惊:"难道刘邦已经占领了楚地吗?为什么他的军队里有这么多楚人呢?"而楚军听到这歌声,更是思念起自己的家乡，一时间，楚军军心大乱。

这时，项羽最心爱的妃子虞姬为了不连累他，自刎于项羽的马前，项羽深感大势已去。当天夜里，他率领剩下的八百多名骑兵拼死突破重围，来到乌江岸边，却发现已经没有去路，绝望之余便自刎而死。

「贪得无厌」

【注音】 tān dé wú yàn

【注释】 厌：满足。贪婪的心永远得不到满足。形容贪婪到了极点。

【用例】 明·冯梦龙《东周列国志》一〇五回："赵王有宠臣郭开者，贪得无厌……"

成语故事

春秋末期，一些诸侯国纷纷崛起，其中晋国是诸侯国中十分强大的一个。在晋国的国内，有六个上卿，分别是：赵、魏、韩、范、智和中行。在这六个上卿中，智伯的野心最大，他总是处心积虑想扩展自己的势力。他先联合赵、韩和魏消灭了中行氏，然后又用武力逼迫赵、韩、魏三家割让土地给他。由于惧怕智伯的势力，韩康子和魏桓子迫不得已，分别从自己的领地上割让出一部分给了智伯。可是，当智伯向赵襄子索要土地的时候，智伯却遭到了赵襄子的拒绝。智伯不禁勃然大怒。于是，他联合韩康子和魏桓子一起去讨伐赵襄子。

赵襄子知道自己兵微将弱，便采纳了谋士张孟谈的建议，把全军迁到了晋阳城中坚守。结果，智、韩、魏三家的联军围攻晋阳三年，却还是没有攻下来。这时，赵襄子又派张孟谈去游说韩康子和魏桓子，劝说他们联合起来反攻智伯，夺回被迫割让的土地。

韩康子和魏桓子本来就对智伯不满，他们知道智伯贪得无厌，如果消灭了赵襄子，下一个就会轮到自己。所以，听到赵襄子的建议，他们痛快地答应了。于是，三家约定由赵襄子乘夜出兵偷袭，韩康子和魏桓子做内应，一举击败了智伯的大军，杀掉智伯，并平分了他的土地。

贪生怕死

【注音】tān shēng pà sǐ

【注释】贪：贪恋。生：生存。指贪恋生存，惧怕死亡。多形容为了活命而失去正义的原则。

【用例】元·李寿卿《伍员吹箫》三折："元来你这般贪生怕死无仁义。"

【成语故事】

公元前7年，汉成帝病死，其子刘欣即位，是为汉哀帝。诸侯国梁王刘立根本不把这个年轻的皇帝放在眼里。下属中郎曹将只是提了些意见，就被他下令处死了。汉哀帝听说后大怒，立即派官员到梁国严查此事。刘立听说皇帝派人来了，立刻装病不起。前来办案的官员传讯梁国的大臣，让他们转告刘立，皇帝已下令收回梁王印玺，并准备将他逮捕下狱。刘立意识到了事态的严重性，赶紧脱去王冠，跪倒在地，说："这回我杀了中郎曹将，确实罪不容赦。由于我贪恋生存，畏惧死亡，所以假装生病，并非是故意对抗朝廷。这样做是希望侥幸拖到明春等待大赦。希望圣上看在我祖辈功绩的分上，饶我不死。"

第二年春天，汉哀帝大赦天下，刘立又一次逍遥法外。可是，他并未引以为戒，依旧我行我素。公元前3年，由于王莽等人的上奏，刘立被贬为庶民，发配汉中。刘立顿觉无望，于是在流放前畏罪自杀了。

螳臂当车

【注音】táng bì dāng chē

【注释】螳：螳螂。当：阻挡。比喻不自量力，从而招致失败。

【出处】《庄子·人间世》："汝不知夫螳螂乎？怒其臂以当车辙，不知其不胜任也。"

【成语故事】

颜阖是春秋时期有名的贤士。有一年,颜阖到卫国游历。卫灵公早就听说颜阖的大名,于是请求他做自己的长子蒯聩的老师。蒯聩为人凶残,心狠手辣,颜阖觉得与这样的人相处非常危险,因此去找卫国的大夫蘧伯玉,征求他的意见。

颜阖问蘧伯玉:"大王要我当蒯聩的老师,可我担心如果对他严加管教会给自己惹来麻烦,但要是对他放任自流,则会给国家带来危害。我该怎么做呢?"

蘧伯玉听后,说:"我先给你说件事儿吧。有一次我乘车外出,路上遇到一只螳螂,眼看车轮就要碾到它身上了,可是它还是举起两条前腿,想把车轮挡住,结果,它被碾得粉身碎骨。这只螳螂之所以会有这样的下场,就是因为它太不自量力。如果你也像这只螳螂一样,去触犯蒯聩,恐怕下场也会和它一样啊。"

听了蘧伯玉的话,颜阖沉思了好久,觉得自己不能胜任教导蒯聩的任务。于是,第二天,他便拒绝了卫灵公,继续去其他的国家游历了。

螳螂捕蝉,黄雀在后

【注音】 táng láng bǔ chán, huáng què zài hòu

【注释】 捕:捕捉。比喻只图眼前利益,却不知道祸害即将到来。

【出处】 西汉·刘向《说苑·卷九·正谏》:"园中有树,其上有蝉,蝉高居悲鸣饮露,不知螳螂在其后也;螳螂委身曲附欲取蝉,而不知黄雀在其旁也。"

【成语故事】

春秋时期,吴王准备发兵攻打楚国。大臣们一听,低声议论起来,因为大家都知道吴国目前的实力还不够雄厚,应该养精蓄锐,先使国富民强,这才是当务之急。吴王很生气,他发下命令:谁敢来劝谏,一定杀无赦。大臣们都害怕了,只能眼睁睁地看着吴王作伐楚的准备。

吴王的一个年轻侍卫想到了劝谏吴王的办法。一大早他就背上弹弓，揣着弹丸，来到吴王的后花园。接连三个早上，他一直在那里转悠。吴王知道后，便问他："听说你每天拿着弹弓，在我的后花园里走来走去，你想干什么啊？"

侍卫回答："启禀大王，我发现在后花园的大树上有一只蝉，每天太阳一出来它就得意地鸣叫，完全不知道身后有一只螳螂正准备捕捉它。然而，这只螳螂也不知道，在它头顶的树枝间，一只黄雀正准备伺机把它吃掉。可是，黄雀又哪里料到，我正拿着弹弓站在树下，随时都可以射杀它。它们三个都只顾眼前的利益，却完全没有想到祸患就潜伏在它们身后不远的地方。"

听到这里，吴王恍然大悟，于是打消了出兵伐楚的念头。

桃李不言，下自成蹊

【注音】 táo lǐ bù yán, xià zì chéng xī

【注释】 言：言语，说话。蹊：小路。指桃树、李树不说话，但由于花朵和果实吸引人，人们争着前来赏花摘果，使得树下自然形成了一条路。比喻为人真实坦诚，必然会有极大的感召力。

【出处】 西汉·司马迁《史记·李将军列传赞》："桃李不言，下自成蹊。"

【成语故事】

西汉名将李广为人智勇双全，在与匈奴的作战中立下了赫赫战功。李广不但武艺过人，而且对部下非常体恤，因此深受官兵的爱戴。

一次行军途中，李广发现身边有一个腿部负伤的士兵，走起路来一瘸一拐的，十分艰难。于是他立即跳下马，来到这个士兵跟前，对他说："你行动如此不便，就暂时骑我的马吧。"说完，李广小心翼翼地把士兵扶上马背，并且亲自为他牵马。负伤的士兵受到将军如此呵护，不由得感激涕零。

公元前121年，李广奉命追随大将军卫青攻打匈奴，但汉武帝认为李广年老而且命数不好，因此暗中嘱托卫青不要给李广单独对阵匈奴的机会。此时，恰逢卫青的好友公孙敖刚刚失掉爵位，卫青想给他一个立功的机会，于是，卫青便把李广调开，让公孙敖与自己一同去与匈奴对阵。李广虽然不愿离开大部队，但军令难违，只好按照命令赶往新的部队。但因缺少向导，他落在大部队的后面，延误了军期。为此，李广愤而拔剑自杀。全军将士听说后，莫不痛哭流涕，连许多不相识的百姓也赶来悼念他。

后来，史学家司马迁在《史记·李将军列传》中这样称赞李广："李将军悛悛如鄙人，口不能道辞。及死之日，天下知与不知，皆为尽哀。彼其忠实心诚信于士大夫也？谚曰：桃李不言，下自成蹊。"

天罗地网

【注音】tiān luó dì wǎng

【注释】罗：捕鸟的网。天上地下、四面八方都布满了罗网。比喻严密的包围圈。也比喻对坏人的严密防范。

【用例】宋·佚名《大宋宣和遗事》前集："才离阴府恓惶难，又值天罗地网灾。"

【成语故事】

春秋时期，楚平王身边有一个名叫费无极的奸臣，他见太子芈建的新娘非常美丽，于是便怂恿平王把她纳作自己的妃子。芈建的老师伍奢，为人刚正不阿。为了防止伍奢协助太子报复自己，费无极又怂恿平王诱杀了伍奢和他的长子伍尚，并派自己的儿子费得雄赶往樊城，想将驻守在那里的伍奢的次子伍员（伍子胥）诱骗到京城，斩草除根。

费得雄来到樊城，见到伍员，谎称平王要赏赐他，请他立即回朝。谁知，伍员早已得知了父兄被害的消息，他痛斥道："你们这些卑鄙无耻的家伙，杀了我的父兄，又来欺骗我，要不是我早就得到消息，险些就被你们骗进天罗地网了！"说完，他把费得雄痛打了一顿，连夜弃官逃走了。

后来，伍员逃到吴国，受到吴王的赏识，被任命为大夫，他带领吴国大军打败了楚国，为父兄报了仇。

同甘共苦

【注音】tóng gān gòng kǔ

【注释】甘：甜，指欢乐。苦：苦难。指共同享受欢乐幸福，共同承担祸患苦难。

【出处】西汉·刘向《战国策·燕策一》："燕王吊死问生，与百姓同其甘苦。"

【成语故事】

公元前311年，燕王哙的庶子职继承了燕国王位，史称燕昭王。为了能使国富民强，燕昭王找到老臣郭隗，向他请教治国之道。郭隗告诉燕昭王："只要你广泛地选拔有本领的人，并且亲自去拜访他们，那么，天下有本领的人自然就会投奔到燕国来了。"

燕昭王立刻采纳了郭隗的建议，并尊郭隗为老师，还替他建造了一幢华丽的住宅。消息一传开，乐毅、邹衍、剧辛等有才能的人纷纷来到燕国，为燕昭王效力。燕昭王很高兴，对他们都委以重任。

不但如此，燕昭王还特别关心人民的疾苦，他总是深入民间，与百姓一起耕种、交谈。就这样，燕昭王与百姓同事安乐、共渡苦难，经过二十八年，终于把燕国治理得国富民强。

同心同德

【注音】tóng xīn tóng dé

【注释】心、德：都指心意、思想。这则成语的意思是思想、信念一致。形容齐心协力。

【出处】《尚书·泰誓》："受有亿兆夷人，离心离德。予有乱臣十人，同心同德。"

【成语故事】

商朝末年，昏庸无道的纣王宠信妲己，过着酒池肉林的生活，谁要敢反对他，就会被挖心或受火烙之刑，百姓生活在水深火热之中。周武王看到这种情形，决定讨伐纣王。他联合各路诸侯，举行了誓师大会。武王对大家说："纣王虽然有成千上万的文臣、武将及士兵，但是他们之间离心离德，如同一盘散沙；而我们虽然人马很少，但大家团结一心，都为消灭残暴的纣王而战。替天行道，这是任何力量也无法阻挡的。因此，三军将士，要同德同心，杀敌立功！"誓师之后，周武王便向纣王发起进攻，在牧野打败了强大的商朝军队。商纣王自杀，商朝就此灭亡。

投鼠忌器

【注音】tóu shǔ jì qì

【注释】投：掷，扔。忌：怕，顾忌。想扔东西打老鼠，又怕打坏了老鼠旁边的器物。比喻做事有所顾忌，不好下手。

【出处】西汉·贾谊《陈政事疏》："里谚曰：'欲投鼠而忌器。'此善喻也。"

【成语故事】

西汉著名的政论家贾谊写过许多针砭时弊的政论文，其中有一篇名叫《治安策》（又名《陈政事疏》），文章指出："国家应该坚决实行严格的等级制度。皇帝是至高无上的，而大小官吏就好比一级一级的台阶，应该界限分明。平民百姓犯了法，可用在脸上刺字、割鼻、砍脚、鞭打等手段惩治。但王侯大臣犯了法，却不能采用这些刑罚，而应该用'廉耻节礼'等传统道德来约束。他们即使犯了滔天大罪，也只能将他们赐死而不能损伤他们的身体，因为他们是皇帝身边的达官贵人。"贾谊还引用一则谚语说明自己的主张："本来想拿东西去砸偷吃食物的老鼠，却顾忌会不会打坏它旁边的器物。老鼠靠近器物，人尚有所顾忌，唯恐损坏器物，何况皇帝对贵臣的处置呢？"

图穷匕见

【注音】 tú qióng bǐ xiàn

【注释】 穷：尽。匕：匕首。见：同"现"，出现、显露。指将图展开后，匕首就露出来了。比喻事情发展到最后，真相就会显露出来。

【出处】 西汉·刘向《战国策·燕策三》："［荆］轲既取图奉之，发图，图穷而匕首见。"

【成语故事】

公元前230年，秦国开始了吞并六国的计划。秦国先是吞并了韩、赵两国，接着又向燕国进发。燕国的太子丹为了保住燕国，决定派人去行刺秦王。太子丹听说卫国人荆轲有勇有谋，便请求他去行刺秦王。荆轲对秦王也非常憎恨，因此爽快地答应了太子丹的请求。

为了能接近秦王，荆轲取得了秦王最想得到的两样东西：一是秦国叛将樊於期的头颅，二是燕国督亢地区（今河北涿县东）的地图。荆轲将这两样东西分别放在匣子里，而行刺的匕首就放在卷着的地图里面。收拾好这些东西，荆轲告别太子丹，来到了秦国。

秦王在咸阳宫接见了荆轲，荆轲捧着匣子来到大殿，他按照秦王的要求打开匣子，拿出了地图，展示给秦王看。地图快展到尽头时，露出了里面的匕首。荆轲一手抓住秦王的袖子，一手抄起匕首向秦王刺去。秦王见状大惊失色，用力一挣，扯断了袖子逃开了。荆轲见并未刺中秦王，挥舞着匕首又冲了上去。秦王被逼，只好绕着柱子跑了起来。

由于没有秦王的命令，殿前的卫兵不敢擅自上前相救，情况万分危急。这时，秦王的一个侍医急中生智，拿起手中的医袋投向荆轲。趁荆轲被医袋阻拦的时候，秦王拔出身后的宝剑，一剑砍断了荆轲的左腿，随后命令殿下的武士上前杀死了荆轲。

推心置腹

【注音】tuī xīn zhì fù

【注释】推：掏出。置：安放。将自己赤诚的心放进别人的腹中。比喻以真心相待。

【出处】南朝宋·范晔《后汉书·光武帝本纪》："萧王推赤心置人腹中，安得不投死乎？"

【成语故事】

西汉末年，皇室衰微，外戚王莽趁机篡夺帝位，建立了新朝。但王莽为人多疑善变，政令的下达全凭他一时的兴致，因此朝令夕改的情况时有发生，百姓们的生活一日不如一日，全国各地起义不断。当时，声势最大的一支起义军是绿林军，为了扩大影响，他们拥立汉宗室的刘玄为帝，史称更始帝。此时，同为汉宗室的刘秀也趁机起兵，并率众投奔了刘玄。后来，刘秀率军在昆阳大败王莽，被刘玄封为破虏大将军。接着，绿林军攻下长安，杀死王莽。刘秀又受命攻打邯郸，杀死了自称天子的王朗，因战功卓著，被刘玄封为萧王。

当时，北方尚未全部平定，于是刘秀又率兵北上。公元24年，刘秀率领大军来到鄡地，围攻另一支农民起义军——铜马军。双方的军队集结在河北清水一带。铜马军曾多次主动挑战，刘秀都坚守不出。可是，只要铜马军征集粮草的军队稍有动静，刘秀便迅速出兵攻击，从而断绝了铜马军的粮道。双方相持了一个多月，铜马军粮食告罄，只得撤退。刘秀立即拔营追击，一直追到馆陶（今河北馆陶），将铜马军紧紧包围，铜马军见状，只得投降了刘秀。刘秀把这些投降的士兵整编入自己的队伍，并让其中的将领仍旧保留旧时的官职。可是，这些将领并不放心，他们担心刘秀封赏他们只是权宜之计，以后还会找机会处置甚至杀死他们。

刘秀得知这些将领的疑虑后，为了安抚人心，他下令让这些将领各归原部，统领其原来的兵马。不但如此，他还轻装简从，到各个军

营去巡查，以显示自己对这些降军的信服。

这些投降的官兵看到刘秀这种完全信任、没有丝毫戒心的做法，觉得十分感动。他们在私底下高兴地议论道："萧王这个人这么诚恳，与我们坦诚相待，就像把自己的心放到别人的肚子里，我们怎能不为他卖命呢？"这样一来，刘秀的威信大增，而这些降将也死心塌地地追随着他，为后来东汉王朝的建立立下了汗马功劳。

退避三舍

【注音】 tuì bì sān shè

【注释】 舍：古代行军以三十里为一舍。指主动退军九十里。比喻主动退让，避免发生冲突。

【出处】 春秋鲁·左丘明《左传·僖公二十三年》："晋楚治兵，遇于中原，其辟君三舍。"

【成语故事】

春秋时期，晋国发生内乱，公子重耳逃到了楚国，受到楚成王的厚待。在一次宴会上，楚成王问重耳："我待您情深义重，如果将来您有机会做了国君，打算怎么报答我呢？"

重耳想了想，说："如果真有那么一天，我愿意与贵国修好。要是将来真的发生战争，我一定会命令三军向后退兵九十里，当作对您的报答。"四年后，重耳在秦国的帮助下，终于重返了晋国，并即位做了国君，他就是晋文公。由于在外流亡多年，饱受颠沛流离之苦，所以重耳对百姓的疾苦十分了解。他即位后，励精图治，没过几年，晋国逐渐强大起来。

公元前633年，楚国联合陈、蔡、郑、许等诸侯国去攻打宋国。联军很快逼近宋国都城商丘，情势十分危急，宋国国君急忙派人向晋国求救。因为晋国与宋国一向修好，所以晋文公马上点兵出征，来援助宋国。晋文公见楚军前来迎战，便下令大军后退九十里。

晋军将领看到还未交锋就先退军,都十分不解。晋文公对他们说:"行军打仗必须理直气壮方能取胜,现在我们主动后退,是为了实现当初的诺言。"

楚军见晋军后退,以为他们胆怯了,便马上追击。晋军利用楚军骄傲轻敌的弱点,集中兵力组织进攻,大败楚军,解救了宋国的危机,而晋文公也兑现了他当年的承诺。

唾手可得

【注音】 tuò shǒu kě dé

【注释】 唾手:往手上吐唾沫。指伸手就可以拿到。比喻极容易得到。

【用例】 北宋·欧阳修等《新唐书·褚遂良传》:"但遣一二慎将,付锐兵十万,翔脸云辒,唾手可取。"

【成语故事】

春秋时期,楚国和齐国一度失和,秦国便想趁此时机重新称霸。于是,秦灵公先派大夫任固出使齐国,表示愿意出兵帮助齐国攻打楚国。接着,他又命大夫苏涓马上动身前往楚国,说服楚国与秦国联盟。

楚简王听了苏涓的来意后,考虑了半天也拿不定主意,于是他派人把上大夫秦明请来商议此事。

秦明听了楚简王的叙述,说:"大王,秦国一向阳奉阴违,根本不会与我们真正结盟。"

楚简王听了,为难地说:"可如果我们拒绝了秦国,万一齐国真的和他们结盟,我们可怎么办啊?"秦明说:"这好办,我们现在立刻派人到齐国去,将苏涓的话转告给齐王,齐王明白秦国的阴谋后,必然会与秦国结怨。只要齐、秦两国开战,我们要夺取秦国的汉中地区就像往手上吐唾沫那么容易了。"楚简王听了秦明的话,立即回绝了苏涓,秦国的如意算盘落空了。

外强中干

【注音】 wài qiáng zhōng gān

【注释】 外：表面。中：内里。干：空虚。指外表看上去很强壮，但内在已经枯竭。形容貌似强大，实质虚弱，徒有其表。

【出处】 春秋鲁·左丘明《左传·僖公十五年》："外强中干，进退不可，周旋不能，君必悔之。"

【成语故事】

公元前655年，为躲避骊姬之乱，晋国的公子夷吾逃到梁国避难。公元前651年，晋献公驾崩，大臣里克杀死了幼主奚齐，然后派人到梁国迎接夷吾回国登基。夷吾一听非常高兴，当即就要启程回国。这时，跟随夷吾逃亡的大臣觉得此事可疑，因为晋国国内还有其他的公子可以即位。于是，他们劝说夷吾先到秦国，请求秦穆公的帮助。夷吾便来到秦国，见到了秦穆公，他对秦穆公说："现在晋国需要一名国君，作为晋国的公子，我有责任去安定晋国。请您借给我战车千乘、武士三千，将来我要是当了晋国的国君，情愿把晋国黄河以西的五座城池都割让给秦国。"

听了夷吾的一番话，秦穆公答应了他的请求。回国后，夷吾果然如愿以偿当上了晋国的国君，他就是晋惠公。可是，坐上王位后，晋惠公并没有履行自己当初的诺言。不但如此，有一年，秦国发生大旱，秦穆公派人向晋惠公借粮，晋惠公却拒绝了秦国的请求。秦国派去借粮的使臣空手而回，把在晋国的遭遇都向秦穆公做了报告。秦穆公对晋惠公的言行感到非常气愤。这时，大臣们对秦穆公说："大王，晋惠公也太无礼了，根本就忘记了当年我们对他的恩情，大王应该马上兴兵教训这个小人。"秦穆公听后，也觉得这口恶气实在难以下咽，于是亲率大军，直扑晋国。秦军上下含怒而来，作战格外英勇，不几日就来到晋国都城韩城之下。

晋惠公一见惊慌失措，忙点齐兵马，准备迎战秦军。大战之前，晋惠公让人换上郑国送来的战马驾车。大臣庆郑知道郑国的这些战马中看不中用，便劝晋惠公道："郑国的马虽然又高又大，看上去非常强壮，但胆子很小，一旦受到惊吓，就会难以驾驭。假如在战场上发生这样的事，后果将不堪设想。"但晋惠公并没有听从庆郑的劝告，仍然一意孤行，骑上郑国的马出征。不久，秦晋两军在韩地相遇，晋惠公的马陷入泥泞中，受到惊吓，狂嘶乱叫，拼命挣扎，进退不能，结果晋军大败，晋惠公也成了秦国的俘虏。

完璧归赵

【注音】wán bì guī zhào

【注释】完：完整。璧：古代一种扁圆形的、中间有孔的玉器。指把原物完好无损地归还给原主。

【出处】西汉·司马迁《史记·廉颇蔺相如列传》："城入赵而璧留秦；城不入，臣请完璧归赵。"

【成语故事】

战国时，赵惠文王得到了一块稀世珍宝——和氏璧。秦昭王知道后，便派了一位使臣来到赵国，希望以十五座城池来换取和氏璧。

当时，赵国比较弱小，而秦国非常强大，赵惠文王担心一旦把和氏璧交给秦国，秦国就会违背诺言，不交付城池。可是如果不给，秦昭王一怒之下，要是派兵攻打赵国，那赵国就会危在旦夕。因此，赵惠文王考虑了好久，还是拿不定主意。于是，赵惠文王找来蔺相如，征求他的意见。蔺相如听完了事情的经过，表示愿意护送和氏璧去秦国。他说，如果秦国守信交付城池就把和氏璧留在秦国；如果他们背信弃义，自己一定负责将和氏璧完好无损地带回赵国。赵惠文王想了想，同意了蔺相如的提议。

蔺相如来到秦国，把和氏璧献给了秦昭王。秦昭王一见到和氏璧，高兴得不得了。他把和氏璧捧在手上，仔细地看了好久，却绝口不提交换城池的事。蔺相如知道秦昭王并没有诚意，于是，他对秦昭王说："大王，这块和氏璧有一个小小的瑕疵，请让我指给您看。"

秦昭王听蔺相如这么一说，就把和氏璧交给了他。蔺相如接过和氏璧，后退几步，靠在柱子上，对秦昭王说："我看您并不想交付十五座城池，现在璧在我的手上，您要是强逼我，我就把它撞碎。"说着，他作势向柱子撞去。秦昭王一见大惊，连忙命人拿来地图，把允诺给赵国的十五座城池指给蔺相如看。

蔺相如看完后，告诉秦昭王说和氏璧是无价之宝，一定要举行个隆重的典礼，他才肯把璧交出来。秦昭王无奈，只好和他约定了一个日期。蔺相如知道秦昭王并没有诚意交付城池，于是一回到馆驿，就叫手下人化了装，带着和氏璧抄小路回赵国去了。

到了举行典礼那一天，蔺相如见到秦王，说："和氏璧已经送回赵国了。您如果有诚意，先把十五座城交给我国，我国马上派人把璧送来，绝不失信。不然，您杀了我也没有用，那样只会让天下的人都知道秦国是不讲信用的！"秦昭王没有办法，只得客客气气地把蔺相如送回了赵国。

玩物丧志

【注音】wán wù sàng zhì

【注释】玩：玩赏。丧志：丧失志向。指因为沉溺于所喜爱的事物，就会丧失积极进取的志气。现指不思进取的生活态度。

【出处】《尚书·旅獒》："玩人丧德，玩物丧志。"

【成语故事】

周武王姬发灭商建周后，向各边远地区的小国派出大批使者，希望他们都归顺周朝。这些小国为表示臣服都来朝拜，并且带来许多珍贵礼物。

一天，西戎国王派使者送给周武王一条大狗。这种狗叫作獒，四肢较短，善于搏斗，凶猛异常。这条狗很有灵性，总是匍匐在武王面前，好像在行跪拜礼。武王很喜欢这条狗，便重赏了前来进献獒的使者。

当时担任太保的召公知道这件事后，写了一篇名叫《旅獒》的奏章给周武王，奏章的大意是：现在各方都归附周朝，无论远近国家，都把自己的好东西进献给周朝，这固然是陛下的圣德，但是，玩赏之物是不分贵贱的，关键是人的德行。没有德，物就不值钱；有德，物才显得珍贵。一个贤明的君主不应该沉湎于此。一个人如果把人当作玩物加以戏弄，就会失掉德行；如果把珍奇之物当作宝贝，每天玩赏，就会丧失志气。犬马之类的畜牲不是本地所产，不该豢养它；珍禽异兽对人的衣食住行没有什么用处，也不必饲养它；别国的珍宝没有什么实用价值，也不需要稀罕它。四方贡献的东西，最好是分别赏赐给同姓的诸侯，以表诚意。

周武王看完奏章，想起了从前商纣王荒淫无度，玩物丧志，导致商朝灭亡的惨痛历史，就将獒赏给一位大臣，并下令将各国进贡的物品赏赐给有功之臣以及各国的诸侯。以后，周武王更加用心治理朝政，使周朝政局稳定，国泰民安。

望梅止渴

【注音】 wàng méi zhǐ kě

【注释】 梅：梅子。比喻用空想或空话安慰自己或别人。

【出处】 南朝宋·刘义庆《世说新语·假谲》："魏武行役，失汲道，军皆渴，乃令曰：'前有大梅林，饶子，甘酸可以解渴。'"

【成语故事】

东汉末年，曹操率军讨伐叛军张绣。时值盛夏，酷暑炎炎，士兵们随身携带的水早就喝光了。行军速度越来越慢，有几个体弱的士兵因为缺水晕倒在路边。

看到这种情况，曹操非常着急，他叫来向导，问他附近可有水

源。向导摇摇头说:"最近的水源也在山谷的那一边,还有很远一段路程。"曹操看了看饥渴的士兵,悄悄对向导说:"你别声张,我来想办法。"于是,他对士兵们说:"大家加把劲,我知道前面不远的地方有一片梅林,结的梅子又多又大,到那就可以解渴了。"士兵们一听,精神大振,立刻加快了步伐。而曹操则派人快步翻过山谷,取来了水。士兵们痛快地喝足了水,又继续前进了。

韦编三绝

【注音】wéi biān sān jué

【注释】韦:熟牛皮。古人用竹简写书,用皮绳编连,称"韦编"。把编连竹简的牛皮绳子磨断了好几次。形容读书刻苦勤奋。

【出处】西汉·司马迁《史记·孔子世家》:"孔子晚而喜《易》……读《易》,韦编三绝。"

【成语故事】

春秋时期的书,主要是以竹子为材料制造的:首先把竹子破成一根根的竹签,称为"竹简",再用火把竹简烘干,然后在上面写字,写好字的竹简必须用牢固的绳子编连起来才能成为方便阅读的书。当时,像《书》《礼》《易》《春秋》这样的书,都是由许许多多的竹简编连起来的,因此非常沉重。

孔子晚年爱读《易经》。读第一遍时,他先了解书的内容;读第二遍时,他主要掌握书里的基本要点;等读到第三遍时,他开始对其中的精神实质进行透彻的分析。时间长了,串竹简的牛皮绳子也被他磨断了几次。每次断了以后,孔子都不得不再用新的牛皮绳子把《易经》编连起来,以便继续阅读。即使读书读到这个地步,孔子还谦虚地说:"假如让我多活几年,我就可以完全掌握《易经》的内涵了!"

孔子就是这样不知疲倦地学习着、实践着。除了以自己的行动给学生树立榜样,他还时常利用各种机会来教诲学生要"好学"。

围魏救赵

【注音】 wéi wèi jiù zhào

【注释】 救：救援。指包抄进攻敌人的后方据点来迫使他撤兵。

【出处】 西汉·司马迁《史记·孙子吴起列传》："君不若引兵疾走大梁……彼必释赵而自救。是我一举解赵之围而收弊于魏也。"

【成语故事】

　　战国时期，魏国大将庞涓率十万大军进攻赵国。赵国被突然而至的敌军打得措手不及，一直退到都城邯郸。危急之下，赵王只好向齐国求救。齐威王任命孙膑为军师、田忌为大将，率领三军前去救援。

　　田忌打算率兵直奔邯郸，以解赵国被困之危。可孙膑却说："现在魏国重兵远在邯郸，魏国内部一定空虚，我们不如领兵直攻魏国都城大梁。都城危急，庞涓势必撤兵回救，这样邯郸之围就会迎刃而解了。而我们可以在魏军归途中进行伏击，将魏军一举歼灭。"田忌觉得这条计策非常绝妙，于是按孙膑所说，率军直攻魏都大梁。听到大梁被围，庞涓果然撤兵回去解救，在途中被齐军袭击，大败而归。

未雨绸缪

【注音】 wèi yǔ chóu móu

【注释】 绸缪：缠绕，引申为修补、修缮。原意指的是鸱鸮在还没下雨的时候，就把窝修补好了。比喻事先做好防备工作。

【出处】《诗经·豳风·鸱鸮》："迨天之未阴雨，彻彼桑土，绸缪牖户。"

【成语故事】

　　周武王率军灭掉商朝后，并没有杀死商纣王的儿子武庚，而是将他封为殷君，让他留在商朝的旧都。但武王对武庚并不放心，因此把自己的三个弟弟管叔、蔡叔和霍叔分封在商旧都的附近，以便监视武

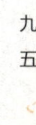

庚，称为"三监"。

不久，武王病逝，太子姬诵即位，他就是周成王。由于成王年纪尚小，辅佐的重任都落在了武王的另一个弟弟周公旦的身上。这样一来，引起了"三监"的不满。于是，他们广布谣言，说周公旦谋朝篡位。为消除成王对自己的猜忌，周公旦主动离开了都城镐京，来到了东都洛邑。

武庚见姬氏兄弟之间发生了矛盾，于是派人和管叔等人联络，想乘机恢复商朝的统治。周公探查到武庚与管叔等人暗中勾结的情况，便写了一首诗派人送给成王。诗的名字叫《鸱鸮》，是这样写的："猫头鹰啊猫头鹰！你已抢走了我的孩子，不要再毁坏我的家。我多么辛苦殷勤呀，为哺育儿女已经累垮！趁着天还没有下雨，我忙着把桑根剥下，加紧修补好门窗。因为下面的人呀，有时还会把我欺吓！"这首诗以母鸟的口吻，反映出周公旦对国事的关切和忧虑。成王看了深受感动，确信周公旦并不会夺取自己的王位，于是立即派人将周公旦请回镐京，任命他为统领，出兵讨伐武庚。最后，武庚、管叔和霍叔被歼，蔡叔在流放中死去，周王朝的统治得到了巩固和发展。

闻鸡起舞

【注音】wén jī qǐ wǔ

【注释】闻：听到。鸡：鸡叫的声音。舞：舞剑。指的是听到鸡叫的声音就起床舞剑。用来形容有志之士及时奋发，刻苦自励。

【出处】唐·房玄龄等《晋书·祖逖传》："中夜闻荒鸡鸣，蹴琨觉曰：'此非恶声也。'因起舞。"

【成语故事】

东晋初年，中原地区的大片土地都被外族占领了。一些爱国志士时时以北伐为己任，盼望能收复中原，祖逖就是其中之一。

祖逖曾几次进出京都洛阳，与他接触过的人都说，祖逖是个能辅佐帝王治理国家的人才。后来，祖逖和好友刘琨一同担任司州主簿。他与刘琨感情深厚，常常同床而卧，同被而眠。

一天夜里，祖逖睡得正香，忽然被一阵公鸡的啼叫声惊醒了。祖逖叫醒旁边的刘琨，问他："你听到鸡叫了吗？"刘琨侧耳听了听，说："听到了。不过，半夜的鸡叫是恶声啊！是天下大乱的征兆。"祖逖说："别人都说半夜听见鸡叫不吉利，我偏不这样想。干脆咱们以后听见鸡叫就起床练剑如何？"刘琨欣然同意了。之后，两人每天鸡叫后就起床练剑，寒来暑往，从不间断。功夫不负有心人，经过刻苦学习和训练，祖逖和刘琨都成了能文能武的全才。后来，祖逖被封为镇西将军，刘琨则做了都督，两人充分发挥了自己的才能，实现了报效国家的愿望。

卧薪尝胆

【注音】 wò xīn cháng dǎn

【注释】 卧：睡。薪：柴草。胆：苦胆。指睡在柴草上，品尝苦胆。比喻将自己置身于恶劣的环境中，迫使自己刻苦自励，发愤图强。

【出处】 西汉·司马迁《史记·越王勾践世家》："苦身焦思，置胆于坐，坐卧即仰胆，饮食亦尝胆也。"

【成语故事】

公元前496年，吴王阖闾在与越国的战争中中箭身亡，他的儿子夫差即位后，发誓一定要报杀父之仇。

公元前494年，夫差率领大军与越王勾践展开大战，越军大败。越王勾践被吴国的军队围在了会稽山上。勾践无奈，只好听从了大夫范蠡和文种的建议，去向吴王夫差求和。可是，吴王夫差虽然答应了越国的求和，却要求勾践亲自到吴国为奴。为了伺机重整大业，勾践将国家大事托付给文种，自己带着王后和范蠡一起来到了吴国。勾践到吴国后，夫差让他们夫妇俩住在阖闾墓旁的石屋里，每天喂马、拉车。日复一日，年复一年，勾践在吴国受尽了折磨和羞辱。三年后，夫差觉得勾践是真心臣服了，就把他们放回了越国。

回到越国后，勾践立志报仇雪耻。为了不让安逸的生活消磨掉自己的意志，勾践就在吃饭的地方挂上一个苦胆，每到吃饭时就先舔一口苦胆，然后对自己说："你忘了你所受过的耻辱了吗？"借此激励自己复仇的意志。不但如此，勾践还命人将褥子撤去，铺上柴草，每天就睡在柴草上。就这样，经过十年的发愤图强，越国终于强大起来，一举打败了吴国。

物以类聚

【注音】wù yǐ lèi jù

【注释】类：同类。聚：聚集。指同类的事物聚集在一起。多比喻坏人臭味相投，勾结在一起。常和"人以群分"连用。

【出处】《荀子·劝学》："草木畴生，禽兽群焉，物各从其类也。"

成语故事

战国时期，齐国有一位著名的学者名叫淳于髡，他博学多才，能言善辩，深得齐宣王的信任。

齐宣王很喜欢招贤纳士，便让淳于髡为他举荐人才。淳于髡一天之内接连向齐宣王推荐了七位贤能之士。齐宣王很惊讶，就问淳于髡："寡人听说，人才是很难得到的，现在，你一天之内就推荐了七位贤士，是不是太多了？"淳于髡回答道："您不能这样说。要知道，同类的鸟儿总是聚在一起飞翔，同类的野兽也总是聚在一起行动。人们要寻找柴胡、桔梗这类药材，如果到水泽洼地去找，恐怕永远也找不到；而要是到梁文山的背面去找，那就可以找到许多。这是因为天下同类的事物，总是相聚在一起的。我大概也算个贤士，所以让我举荐贤士，就如同在黄河里取水、从燧石中取火一样容易了！"

下笔成章

【注音】 xià bǐ chéng zhāng

【注释】 章：文章。指一挥笔就能写成文章。形容文思敏捷，很有才华。

【出处】 西晋·陈寿《三国志·魏书·陈思王植传》："植跪曰：'言出为论，下笔成章，顾当面试，奈何倩人？'"

【成语故事】

曹植是曹操的儿子。他自幼聪明伶俐，喜欢诗、辞、歌、赋，十几岁时就能诵读许多名篇，而且非常会写文章，所以，很多人都称赞他为"奇才"。

曹操对儿子的才气也非常赏识，但又有些怀疑。有一次，曹操看了曹植的一篇文章，觉得文章确实写得不错，内容深刻、文辞清新隽永、气势豪放，但不像出自一个少年之手。于是，曹操把曹植叫到跟前，问道："你的文章我看了，写得很好，是不是你请人代写的呀？"

曹植赶紧给父亲跪下，说道："回父亲大人，这是孩儿自己写的。我可以言出为论，下笔成章，如果您不信，您现在出一个题目，我可以马上写出来。"曹操听了，大笑道："不是别人写的，那就好。"

先发制人

【注音】 xiān fā zhì rén

【注释】 发：发动。制：控制。原指在战争中的双方，先采取行动的往往处于主动地位；后来泛指争取主动，先动手来制伏对方。

【出处】 东汉·班固《汉书·项籍传》："先发制人，后发制于人。"

【成语故事】

秦朝末年，楚国的贵族项梁和侄子项羽为躲避仇人，逃到了吴中（今江苏吴县）。会稽郡守殷通素来敬重项梁的为人与才干，便派人请来项梁，咨询他对当下时局的看法。

项梁一见殷通，就对他说："现在江西一带的百姓都已起兵反抗秦朝的暴政，这是老天爷要灭亡秦朝了。处在这种情况之下，先起来行动的可以制伏别人，后来才行动的就要被别人所制伏！"

殷通听了连连点头，告诉项梁自己也准备发兵响应起义军，并请求项梁的帮助。项梁听了，心想："你现在还是秦朝的官吏，万一起义不成，反过来再追杀我，那我就得不偿失了。"于是他灵机一动，连忙说："这件事可以考虑，容我先叫我的侄子项羽过来，咱们再从长计议一下。"说完，项梁走到门外，轻声叫项羽准备好宝剑，伺机杀死殷通。

项羽随项梁进入厅堂，趁殷通不备，拔出宝剑砍下了他的脑袋，然后带着郡守的大印走到门外，高声宣布起义。

当地的百姓早就痛恨秦朝官吏的恶行，见项梁杀了郡守，纷纷表示愿意跟随他。就这样，项梁和项羽拉起了自己的第一支起义队伍，并且迅速壮大，成为推翻秦王朝的主要力量。

项庄舞剑，意在沛公

【注音】 xiàng zhuāng wǔ jiàn, yì zài pèi gōng

【注释】 意：意图。沛公：指刘邦。比喻表面上有正当名目，实际上却别有用心。

【出处】 西汉·司马迁《史记·项羽本纪》："今者项庄拔剑舞，其意常在沛公也。"

【成语故事】

公元前206年，刘邦率军攻入咸阳，秦王子婴投降。这时，刘邦的左司马曹无伤派人密告项羽，说刘邦想在关中称王。项羽大怒，决心出兵攻打刘邦。当时，刘邦的军事力量和项羽相差甚远，刘邦听到这个消息后惊恐万分。

谋士张良向刘邦献上一计。他劝刘邦亲自前往项羽军中，向项羽解释，说自己没有称王之心，以消除项羽的疑虑。第二天，刘邦带领张良和猛将樊哙来到鸿门拜见项羽。鸿门宴上，不乏美酒佳肴，但却暗藏杀机。项羽的谋士范增一直主张杀掉刘邦，可项羽见刘邦态度诚恳，一直犹豫不决。范增见状，来到帐外，找到项羽的弟弟项庄，要他借舞剑的机会杀掉刘邦。项羽的堂叔项伯与张良交情甚好，不愿见刘邦被杀，于是也拿出宝剑，起身与项庄对舞，保护刘邦。

刘邦见自己危在旦夕，于是趁上厕所的机会，逃离了项羽的大帐。

信口雌黄

【注音】xìn kǒu cí huáng

【注释】信口：随口说话。雌黄：鸡冠石，黄赤色。古时写字用黄纸，写错了就用雌黄涂了重写。原指随口更正不恰当的话。后用来形容不顾事实，随口乱说或妄加评论。

【出处】东晋·孙盛《晋阳秋》："王衍，字夷甫，能言，于意有不安者，辄更易之，时号'口中雌黄'。"

【成语故事】

魏晋时代，战乱频繁，统治阶级内部矛盾不断，传统的儒家思想受到了很大的冲击。对生死存亡的关注、对人生短暂的感慨，逐渐成为整个时代统治阶级的典型基调。在这种情况下，那些所谓的名士整日标榜为人一定要心胸高远，并且应该超脱自然，王衍便是其中比较有名的一位。

王衍，字夷甫，出身于琅琊（今山东诸城）的世家大族。他的堂兄王戎、弟弟王澄都是当时的名士，他的妻子是当朝皇后的亲戚，女儿则是晋惠帝的太子妃，他自己更是被任命为"太子舍人""尚书"等高职。因此，在当时，王衍可以说是位极人臣，在朝野中享有很高的声誉。

王衍少年时就喜欢高谈阔论。据说有一次，他曾经到文学名家山涛家做客。席间，王衍旁征博引，侃侃而谈，赢得了许多人的赞赏，可是，山涛却感叹道："日后耽误天下的，未必不是此人啊！"

王衍曾经担任过元城的县令。当时,他把所有的公务都交给别人打理,自己则整日与人闲谈,发表议论。后来,随着官职越来越高,王衍清谈的兴趣也越来越大。他喜欢老子和庄子的哲学,善于用老庄的道家思想来阐述儒家的经义。与人闲谈时,王衍经常身着宽袍大袖的衣服,一手拿着一柄玉柄拂尘,轻声慢语,从容不迫,好像满肚子都是学问。当时,清谈之风正盛,王衍竟然受到了一部分人的追捧,成为清谈家的首领之一。事实上,王衍的学问并不高,每当他夸夸其谈,讲述他那一套玄妙空虚的理论时,常常是前后矛盾、漏洞百出,可他却丝毫不以为意。每当有人指出他的错误时,他往往不假思索,随口更改,继续不慌不忙地往下讲。因此,那些真正的有识之士都称他是"口中雌黄"。

胸有成竹

【注音】 xiōng yǒu chéng zhú

【注释】 成竹:现成的、完整的竹子。指在画竹子之前心里已经有了完整的竹子的形象。比喻在做事之前心中已经有了完整的谋划打算。

【出处】 北宋·苏轼《文与可画筼筜谷偃竹记》:"故画竹,必先得成竹于胸中。"

【成语故事】

文与可是北宋时期的著名画家,以画竹子闻名于世。

相传,为了画好竹子,文与可在他的房屋周围种了许多青竹。一年四季,无论什么样的天气,他都坚持去观察竹子的生长情况,了解竹子在不同季节和不同天气里的形态变化。经过长期细心的观察与揣摩,文与可不仅对竹子的特性了如指掌,而且心中也有了各种各样的竹子形象。每当文与可提笔作画时,各种形态的竹子立刻浮现在他的脑海里,所以他不必反复琢磨,就能挥洒自如地画出千姿百态、生动传神的竹子。文与可的一位好朋友晁补之在《赠文潜甥杨克一学文与可画竹求诗》中说:"与可画竹时,胸中有成竹。"意思是说文与可在画竹子时,完美的竹子形象早就在他的心里构思好了。

悬梁刺股

【注音】 xuán liáng cì gǔ

【注释】 股：大腿。指将头发系在房梁上，用锥子刺大腿，防止打瞌睡。用来形容读书、学习发愤刻苦。

【出处】 西汉·刘向《战国策·秦策一》："[苏秦]读书欲睡，引锥自刺其股。"
北宋·李昉等《太平御览》卷三六三引《汉书》："孙敬，字文宝，好学，晨夕不休。及至眠睡疲寝，以绳系头，悬屋梁。"

【成语故事】

苏秦，字季子，洛阳人，战国时期著名的纵横家。苏秦年轻时曾跟随鬼谷子王诩学习兵法。他学成归来后，就想去各国游说，劝说各国国君实行他的政治措施，也好求个一官半职。

苏秦首先来到了秦国，可他一连给秦惠王上了十次奏章，都没有被采纳。回家后，苏秦反复思考，觉得自己的知识还是不够。于是，他闭门不出，日夜埋头苦读。有时实在倦得不行，他就用冷水冲身，使自己清醒。后来，冷水也不管用了，苏秦就找来一把锥子，只要一打瞌睡，就拿锥子刺自己的大腿。经过几年的苦读，苏秦对各国的政治、经济、军事情况都了如指掌。于是他再次出去游说，终于促成六国合作，实现了自己的政治抱负。

西汉时期，也有一位像苏秦那样靠苦读成才的人，他就是孙敬。孙敬读书非常刻苦，无论什么时间，只要从他家门口经过，人们总可以看到他在那里苦读，即使夜里也不例外。可这样长期苦读，精神非常疲倦，特别是到了晚上，总是想打瞌睡。孙敬就想了一个办法：他找来一根绳子，把绳子的一头拴在房梁上，另一头绑在自己的头发上。这样，只要他一打瞌睡，就会被拽醒，睡意也消失了，他就又可以打起精神读书了。功夫不负有心人，孙敬后来终于成了一位知识丰富的大学问家。

叶公好龙

【注音】 yè gōng hào lóng

【注释】 好：喜爱。指表面上显得喜爱某种事物，实际上却并不是真正的喜爱。用来讽刺那些口是心非的人。

【出处】 西汉·刘向《新序·杂事》："叶公子高好龙……是叶公非好龙也，好夫似龙而非龙者也。"

成语故事

春秋时期，鲁哀公经常向别人宣扬自己是多么喜欢有知识、有才干的人，又是多么渴望得到人才。当时，有个叫子张的人听说鲁哀公这么求贤若渴，便千里迢迢来到鲁国，请求拜见鲁哀公，希望得到他的重用。可是，子张一连在鲁国待了七天，却连鲁哀公的影子都没有见到。原来，鲁哀公说自己喜欢有知识的人只不过是做做样子，说说而已。他对子张的求见根本就没有当一回事。

为此，子张非常失望，于是，他找到鲁哀公的车夫，对他说："我闻听国君爱才若渴，所以不远千里，风餐露宿赶来投奔。到了鲁国后，我顾不得休息就前来拜见。可是，我一连等了七天，国君却连理都不理我。我看，国君喜好贤士就好像叶公好龙一样啊！"说着，子张便给车夫讲了"叶公好龙"的故事，并请车夫将这个故事转述给鲁哀公，然后就离开了鲁国。又过了好多天，鲁哀公终于记起子张求见的事情，便命人去把他叫来。可手下人回报，子张早就离开了，不过却留下了一个故事叫车夫转述。鲁哀公一听，叫来车夫，问他到底是怎么回事。于是，车夫就给鲁哀公讲了下面这个故事。

据说，楚国叶县有一个名叫沈诸梁的县尹，大家都叫他叶公。叶公非常喜欢有关龙的东西，不管是装饰品、梁柱、门窗、碗盘、衣服，上面都有龙的图案，就连他家里的墙壁上也画着一条巨大的龙，如果不知道的人来到叶公家里还以为进了龙宫呢。叶公也经常到处宣扬，他最喜欢的就是龙！天上的真龙知道人间有这样一个爱龙成癖的人，觉得非常感动。它想："难得有人这么喜欢龙，我得去他家里拜访拜访呀！"于是，这一天，真龙腾云驾雾来到叶公家里，它把头伸进窗户里大喊道："叶公在家吗？"叶公抬头一看，见是一条真正的龙，顿时吓得面如土色。他大叫道："救命啊，有怪物！"真龙感到非常奇怪，说："我是你最喜欢的龙啊，你怎么说我是怪物呢？"叶公害怕得直发抖，他哆哆嗦嗦地说："我只是喜欢像龙的假龙，不是你呀！"说完，他便慌忙向外逃去。

故事讲完之后，鲁哀公听得脸上一阵红一阵白，一句话也说不出来。

夜郎自大

【注音】 yè láng zì dà

【注释】 夜郎：汉代时位于我国西南部的一个小国。比喻无知却又狂妄自大。

【出处】 西汉·司马迁《史记·西南夷列传》："滇王与汉使者言曰：'汉孰与我大？'及夜郎侯亦然。以道不通故，各自以为一州主，不知汉广大。"

【成语故事】

汉朝时，在西南边陲有个叫夜郎的小国家，面积仅仅相当于汉朝的一个县城那么大，物产更是少得可怜。可是，由于从来没有离开过夜郎国，所以夜郎国王一直以为自己的国家是全天下最大的。

有一年，汉朝派遣使者出使夜郎国。宴会上，夜郎国王得意扬扬地问汉朝使者："你看汉朝和夜郎国比起来，哪个更大？"汉朝使者一听吃了一惊，他没想到夜郎国王竟然如此无知！汉使回国后，把这件事说给人们听，人们听了不禁哈哈大笑。从此，"夜郎自大"这个故事就被人们当成茶余饭后的笑谈流传下来。后来，太史公司马迁听说了这个故事，说道："云贵地区多山，交通不便，所以夜郎国王虽然贵为一国之君，却并不知道我们汉朝的广大啊！"

夜以继日

【注音】yè yǐ jì rì

【注释】以：介词，用。继：继续。指日夜不停地做某项工作。形容十分勤奋、勤恳忙碌。

【出处】《庄子·至乐》："夫贵者，夜以继日，思虑善否。"

【成语故事】

周朝建立不久，武王姬发就去世了。他的儿子姬诵继承了王位，是为周成王。当时，成王只有十三岁，辅佐的重任便落在了周公姬旦的身上。周公是武王的弟弟，武王在世时，周公就殚精竭虑辅佐哥哥，为周朝的建立作出了巨大的贡献。自从担任起辅佐的重任后，周公更是尽心竭力，无论做什么，只要一有公事，他马上停下，先处理政务。

一次，周公正在洗头发，有一位贤士求见，周公马上握着湿淋淋的头发去见客人。这个客人刚刚走，另一位客人又来拜访。就这样，洗一次头，周公竟然停下来三次。

思想家孟子非常推崇周公这种不辞辛苦的精神。他曾经说："周公治理周朝，遇到不当之处就仔细琢磨，白天想不完，夜里就接着想，一旦想好了马上就去施行。这种精神真是令人佩服啊。"

一代楷模

【注音】yī dài kǎi mó

【注释】楷模：榜样。这则成语常用来形容一个时代的模范人物。

【出处】后晋·刘昫等《旧唐书·李靖传》："朕今非直成公雅志，欲以公为一代楷模。"

【成语故事】

大将李靖是唐朝的开国功臣，很受唐太宗的宠信，经常得到封赏和升迁。但李靖是个非常明智的人，他觉得虽说自己功劳不小，但得到的封赏也不少，应该急流勇退，免生后患。于是，他借口自己的腿脚有毛病，请求辞官回乡休养。唐太宗答应了他的请求，还称赞他说："自古以来，身居富贵却能知足的人非常少。不论是笨人还是智者，都不能自知。有些人没有什么才能，却硬要占着官位；就是得了病，也要勉强留下来。你能识大体，实在难得。我今天批准你的请求，不仅成全了你的志向，更重要的是要把你树立为一个时代的模范，让人们学习。"

一饭千金

【注音】yī fàn qiān jīn

【注释】一饭：一顿饭。千金：千两黄金。指受了别人一顿饭的恩惠，用千两黄金来回报。比喻重重地报答对自己有恩的人。

【出处】西汉·司马迁《史记·淮阴侯列传》载：西汉的韩信年轻时贫寒，有一位漂洗衣物的老年妇女曾给他饭吃。后来韩信成了楚王，以千金报答这位老妇人。

【成语故事】

　　韩信是西汉著名的大将，曾经辅佐汉高祖刘邦建立了西汉王朝。韩信小时候家境十分贫困，十几岁时父母就去世了。他既不会耕田也不会做生意，只能到处游荡，过着饥一顿饱一顿的生活。为了填饱肚子，韩信经常到淮阴城下的河边钓鱼。河边有几个老婆婆常在那里洗衣服。

　　有一次，韩信在河边待了一天也没钓到一条鱼，饿得晕了过去。其中一个老婆婆见了，忙把自己的饭拿出来，给韩信吃了。从这以后，一连十几天，老婆婆都把自己的饭分出一半给韩信吃。一天，韩信吃完老婆婆分给他的饭，向她深深地鞠了个躬，说："老人家，谢谢您这么厚待我，等我将来发达了，一定重重地报答您！"没想到老婆婆听后非常恼怒，她说："男子汉大丈夫为什么说这种话？我是看你相貌堂堂，不忍心让你挨饿，才分一半饭给你，哪里想到要你的报答？"说完，

她就拿着洗好的衣服离开了。韩信望着老婆婆离去的背影，暗暗发誓："有朝一日发迹了，我一定要实现今天的诺言，重重答谢这位老人家。"

后来，韩信加入刘邦的军队，为刘邦立下了很大的功劳，被封为楚王。他时时记得老婆婆的恩惠，等国家安定下来以后，韩信亲自来到淮阴，找到老婆婆，当面向她致谢，并送给她一千两黄金作为报答。

一鼓作气

【注音】yī gǔ zuò qì

【注释】鼓：擂战鼓。作：振作。比喻做事要趁情绪高涨、劲头十足时就一口气做完。

【出处】春秋鲁·左丘明《左传·庄公十年》："夫战，勇气也。一鼓作气，再而衰，三而竭。"

【成语故事】

鲁庄公十年（公元前684年）的春天，齐国派遣大军攻打鲁国。鲁庄公见齐国的大军压境，决定亲自率领队伍前去迎战。出战前夕，一直隐居的曹刿前来拜见，表示愿意随鲁庄公出征。鲁庄公早就听说曹刿为人智谋出众，因此非常高兴地答应了他的请求。

两军在长勺（今山东莱芜）相遇了。双方摆开阵势，准备大战。齐军先声夺人，首先擂响战鼓准备向鲁军发动进攻。心急的鲁庄公想上前迎战，曹刿却建议不要这样做，他对庄公说："大王，请稍等，现在时机还没有成熟。"

齐军见鲁军按兵不动，于是再次擂响战鼓，摇旗呐喊，想逼迫鲁军出战。鲁庄公见状，又想派兵应战，可曹刿仍要他按兵不动。齐军见鲁军还不出阵，第三次擂起战鼓，向鲁军挑战，但曹刿还是示意庄公坚守不战。齐军做了三次进攻准备，却都不见鲁军应战，认为鲁军胆怯，于是纷纷坐下来歇息，队伍也变得松懈起来。这时，曹刿对鲁庄公说："出击的时机到了，请大王下令击鼓冲锋吧！"

鲁庄公马上发出命令，一通鼓响，鲁军奋勇杀敌，齐军被杀得大败。鲁庄公看齐军大败，忙下令追击，曹刿又拦住他："请等一等！"然后，曹刿爬上战车，仔细查看了齐军战车的轮迹，又向远处眺望了一会儿，才说："大王，现在可以追击了！"于是，鲁庄公指挥大军一路追杀过去，大败齐军。

一鸣惊人

【注音】yī míng jīng rén

【注释】一声鸣叫让人震惊。比喻平时默默无闻的人，突然获得优异的成绩，使人震惊。

【出处】《韩非子·喻老》："虽无飞，飞必冲天；虽无鸣，鸣必惊人。"

【成语故事】

春秋时，楚国在城濮被晋国打败，楚穆王不甘心认输，他抓紧操练兵马，将附近的几个小国兼并，又将中原的陈、郑等国拉拢过来，准备与晋国对决。公元前613年，雄心勃勃的楚穆王正要进攻晋国时，突然得暴病死了。他的儿子即位，这就是楚庄王。

楚庄王即位后，忙于为父亲办丧事。晋国趁机重新会盟诸侯，将已归属楚国的陈、郑等国又收回到自己的势力范围内。楚国的大臣们非常着急，纷纷上书要求与晋国决战，但悲伤过度的楚庄王对大臣们的建议无动于衷。在此后的三年里，楚庄王整天只是打猎、喝酒，不理政事。大夫伍举决心求见楚庄王，巧言进谏。

这天，伍举拜见楚庄王，对他说："我想向大王请教一个谜语。"楚庄王一面喝酒，一面问："什么谜语？你说说看。"伍举话中有话地说："有一只大鸟，停在楚国的大山上已有三年了，它不飞也不叫，请问这到底是怎么回事？"楚庄王一听，顿时明白了伍举的用意，便笑着说："三年不飞的鸟，一飞必定冲天；三年不鸣叫的鸟，一鸣必定惊人。"

楚庄王终于痛改前非，励精图治。后来，楚庄王陆续使鲁、宋、郑、陈等国归顺楚国，楚国逐步发展成为南方最强大的国家。

一诺千金

【注音】 yī nuò qiān jīn

【注释】 诺：许诺、诺言。指一句许诺就价值千金。形容做人极其讲信用，说话算话。

【出处】 西汉·司马迁《史记·季布栾布列传》："得黄金百两，不如得季布一诺。"

【成语故事】

季布曾经做过项羽的部将。他为人正直，并且非常讲信义，只要是答应过的事，一定想方设法办到，所以名声很好。季布曾几次率军将刘邦打得狼狈不堪，刘邦夺取天下后，便下令缉拿季布，以报兵败之仇。

当时，一个姓周的人听到这个消息，秘密将季布保护起来。不仅如此，他还专程来到洛阳，找到汝阴侯夏侯婴，请他为季布求情。

夏侯婴也很敬佩季布的为人。于是，他来到皇宫，详细向刘邦讲述了季布的所作所为和人们对他的评价。刘邦听了，觉得杀了这样一个人是一大损失，于是下令赦免了季布，还封他做了河东太守。季布为官后，还是照样仗义疏财、礼贤下士，对百姓的事情更是言出必行。因此人们都说："得黄金千两，不如得季布一诺。"

一曝十寒

【注音】 yī pù shí hán

【注释】 曝：晒。寒：冻。晒一天，冻十天。比喻工作、学习没有恒心。

【出处】 《孟子·告子上》："虽有天下易生之物也，一日暴（曝）之，十日寒之，未有能生者也。"

【成语故事】

战国时期,齐国国君十分昏庸,做事又没有恒心,因此,有人就说:"齐王天资愚钝,根本没有能力管理国家大事。"

孟子听后,说道:"这不是聪明不聪明的问题。以培养植物为例,一般的植物都喜欢温暖的阳光而惧怕寒冷。如果我们培育一种植物,把它放在温暖的阳光下晒一天,再把它放在寒冷的地方冻十天,这样,即使是生命力非常顽强的植物,也一定活不成的。所以说,齐王并不见得是不聪明,这就好比两个人同时学习下棋,一个人专心致志,另一个人却不能集中精神。结果,虽然他们拜了同一个老师,却一个学得很好,一个什么都没学成。这难道是聪明不聪明的问题?当然不是。事实上,如果做什么事都是这样'一日暴(曝)之,十日寒之',那么再聪明也是没有用的。"

一人得道,鸡犬升天

【注音】 yī rén dé dào,jī quǎn shēng tiān

【注释】 道:指修道。指一个人得道成仙后,家中的鸡犬也随之一起升天成仙。比喻一个人做官得势后,与他相关的人都跟着沾光。

【出处】 东晋·葛洪《神仙传》载:汉淮南王刘安好道,修炼成仙,临去时把吃剩下的丹药撒在庭院里,鸡犬吃了也一同升入仙界。

【成语故事】

西汉著名思想家刘安非常喜好修道炼丹。他听说道家会炼制一种仙丹,凡人服用后能立即飞升,成为神仙。于是,刘安遍寻名师,希望能得到高人的指点,炼出这种仙丹。

有一天,刘安家门外来了八位老人(即八公),自称是得道之人,要求见刘安。刘安听后,急忙出来迎接,请求八公收他为徒。八公表示,他们早就知道刘安一心想修道成仙,所以今天特地到这里考验他。

八公取出一个炼丹炉,命令刘安看守丹炉,无论发生什么事情都不准离开，直到七七四十九天期满。刘安一听，连忙点头答应。就这样，他专心地守在丹炉前，四十九天后，终于通过了考验。于是，八公详细地向刘安传授了炼制仙丹的方法。仙丹炼成后，刘安服了下去，马上觉得身体轻飘飘的。不一会儿，他就徐徐地升上了天。据说，刘安临升天时，将剩余的仙丹撒在庭院里，院子里的鸡和狗吃了，也都跟着升上了天，一时间空中鸡鸣犬吠，煞是热闹。

一身是胆

【注音】yī shēn shì dǎn

【注释】形容人胆量大，无所畏惧。也作"浑身是胆"。

【出处】西晋·陈寿《三国志·蜀书·赵云传》："以云为翊军将军。"裴松之注引《赵云别传》："先主（刘备）明旦自来，至云营围视作战处，曰：'子龙一身都是胆也！'"

【成语故事】

三国时期，刘备的十万大军与曹操的四十万大军准备在汉水决一死战。诸葛亮派黄忠与赵云偷袭曹营。不料，早有防备的曹军将打头阵的黄忠团团围住。危急关头，赵云带兵杀入重围，将黄忠救走。曹操大怒，亲自领兵追赶。赵云连忙退回汉中营地，布下伏兵，大开营门，自己单枪匹马挺立在营寨门外。生性多疑的曹操怕有埋伏，便收兵回营。赵云见状，忙领兵追击，只听杀声震天，金鼓齐鸣。曹军吓得丢盔弃甲，争相逃命。战后，刘备赞扬赵云"一身是胆"。

一叶障目

【注音】yī yè zhàng mù

【注释】障：遮住。指被一片树叶遮住眼睛，连泰山也看不见了。比喻被暂时的、局部的现象迷惑，认不清根本的、全局的问题。

【用例】《鹖冠子·天则》："一叶蔽目，不见太（泰）山；两豆塞耳，不闻雷霆。"

【成语故事】

楚国有个穷书生，他整天抱怨老天对他不公平，总是幻想如何才能过上好日子。一天，这个书生在书中看到一个故事："螳螂捕蝉时，总是用一片树叶挡住自己，那样就不会被别的昆虫发现。"书生羡慕极了，心想："要是我能得到那片隐身的树叶，该有多好啊！"于是，他扔下书就往树林跑去。他一棵树一棵树地找过去，终于在一片树叶下发现了一只螳螂。书生兴奋极了，他猛地扑上去，可因为用力过大，把那片叶子弄到地上，与地上的落叶混在了一起。他只好把所有的落叶都背回了家。到家后，书生拿起一片树叶，问他的妻子："你能看见我吗？""看得见。"妻子回答道。他又拿起另一片："这次呢？""还看得见。"书生一片一片地问下去，终于，妻子厌倦了，当他又拿起一片树叶时，妻子不耐烦地说："看不见了！"书生高兴地跳起来，大声喊道："我终于找到了！"说完，他拔腿就向市场跑去。

书生来到一个肉店，用那片叶子遮住眼睛，抓起一块肉就想往外走，可还没等他转过身，就被店里的伙计抓住了。店主把他扭送到官府。县官很奇怪，居然有人敢在光天化日之下偷东西，便问他是怎么回事。书生委屈地说："我按照书上说的，找到了一片能隐身的树叶，可不知怎么搞的，一下子就被人发现了。"县官听了哈哈大笑，说："你真是一叶障目，不见泰山啊！"

一枕黄粱

【注音】yī zhěn huáng liáng

【注释】黄粱：黄米饭。比喻虚幻的梦境和不可实现的欲望。

【出处】唐·沈既济《枕中记》载：卢生在邯郸客店遇一道士，卢生自叹穷困，

道士取一青瓷枕令卢生睡觉。梦中，卢生享尽荣华，醒后店家的黄米饭还没有做熟。

【成语故事】

唐朝的时候，有个叫作吕翁的道士会神仙的法术。有一天，吕翁来到邯郸，夜里就住在了一家小旅馆里，与吕翁同屋的是一个叫卢生的年轻人。当时，店家刚把黄米饭蒸上，两个人闲来无事便攀谈起来。说着说着，卢生忽然长长地叹了口气。吕翁不解地问道："看先生的样子，言谈有度、身体健康，为什么叹气呢？"卢生又叹了一口气，说道："仙长有所不知，想我饱读诗书，一心想建功立业、光耀门楣，可如今三十岁了却还穷困潦倒、一事无成，真是惭愧啊。"说着，他便躺在床上，想休息一会儿。吕翁见了，从包袱里拿出一个青色的瓷枕头，递给卢生，说："枕着我的枕头睡吧，或许很快你就能称心如意了。"卢生接过枕头，躺了下来。说也奇怪，他的头一挨枕头，便睡着了。

迷迷糊糊中，卢生觉得自己好像回到家里，并且娶了一个姓崔的女子为妻。崔家是当地的大户，所以崔氏的嫁妆非常丰厚。靠着这些嫁妆，卢生的日子过得渐渐富裕起来。第二年，卢生参加了朝廷的科举考试，考中了进士，被任命为渭南县尉。卢生在这个位子上做得很好，不久就被升为了监察御史。

不久，西北地区的戎狄冒犯唐朝的边境，于是皇帝任命卢生做了御史中丞，统率大军攻打戎狄。卢生率军大破戎狄，收复了大片土地。皇帝非常高兴，又升他做了吏部侍郎。一时间，无论在朝在野，每个人都知道了卢生的大名，老百姓们甚至建庙立碑来记录他的功德。

卢生的成就遭到了其他人的妒忌，于是，以宰相为首的一批官员在皇帝面前大肆诋毁卢生。皇帝听信了这些谗言，把卢生贬到地方做了个小官。不久，经过清查，皇帝知道了事情的真相，便又把卢生召回京城，并封他做了宰相。这时，卢生的妻子已经为他生了五个儿子，这五个孩子个个聪明俊秀、知书达礼，真是父慈子孝，令人羡慕。

时间不知不觉过去了，转眼，卢生八十岁了，生命已经走到了尽头。弥留之际，他忽然听到有人在说话，睁开眼睛一看，发现自己还睡在床上，吕翁正微笑着看着他，旁边，店主人的黄米饭还没蒸熟呢。

以强凌弱

【注音】yǐ qiáng líng ruò

【注释】凌：欺侮、侵犯。指凭借强大的实力，欺凌弱小者。

【出处】《庄子·盗跖》："自是以后，以强陵（凌）弱，以众暴寡。"

【成语故事】

孔子和柳下惠是好朋友。柳下惠的弟弟盗跖是一个烧杀抢掠、横行霸道的大盗，于是，孔子便决定去说服他从善。孔子见到盗跖，对他说："我听说，天下人有三种美德，一是生得高大魁梧，二是头脑聪慧，三是勇武、彪悍。如今，你这三种美德全都具备，却为什么甘于做一个强盗呢？如果你愿意听从我的劝告，我一定去游说各国的诸侯，请他们为你建造一座大城，尊你为诸侯，你也做一位圣人贤士。"

盗跖一听，顿时火冒三丈，他对孔子喝道："我听说，喜欢当面夸奖别人的人，背地里也喜欢诋毁别人。如今，你告诉我要为我建造大城，这是用功利来诱惑我。你用这种对待普通百姓的方法来对待我，怎么可能有结果呢？况且，城池再大，也不如天下大。尧舜曾经拥有过天下，可他们的子孙现在连个立脚的地方都没有；商汤虽贵为天子，可他们的后代都灭绝了。在远古时候，人们自食其力，完全没有贵贱之分，也没有伤害别人的心思。然而到了黄帝时期，这种生活已经不复存在。他为了争夺领地和蚩尤在涿鹿展开征战，流血百里，死伤无数。尧舜时开始设置百官，管理百姓。从此以后，世上的人总是倚仗强权欺凌弱小，靠着人多欺负人少。这些根本不是我所追求的！所以，你还是赶快离开这里吧！"听了这番话，孔子只好无奈地离开了。

义无反顾

【注音】 yì wú fǎn gù

【注释】 义：道义。反顾：回头看。指为了正义而勇往直前、毫不犹豫。

【出处】 西汉·司马迁《史记·司马相如列传》："触白刃，冒流矢，义不反顾，计不旋踵。"

【成语故事】

司马相如是西汉著名的才子，深得汉武帝的赏识。有一年，鄱阳令唐蒙奉命修治西南蜀道，由于征集民工过多，而且滥用军法，诛杀平民，引起了巴蜀百姓的骚乱。

汉武帝得知这个消息，马上派司马相如前往巴蜀地区安抚民心。不但如此，汉武帝还命司马相如写一篇文告，向当地的民众作出解释。文告中有这样一段话："调集民工、士兵修筑道路是应该的，但惊扰了大家并不是陛下的本意。至于被征之人，有的逃跑，有的自相残杀，更不是为人臣子应有的行为。那些守卫边疆的士卒，每当烽火燃起时，便携带着兵器奔向战场，虽然汗流浃背仍紧紧相随，即使迎着刀刃和箭矢，依旧勇往直前，宁肯战死也不转身逃跑。难道说他们是乐意去死而讨厌生存吗？当然不是。只是因为他们一心想着国家的安危，忠诚地履行他们作为臣子的本分罢了。所以陛下才对他们加以各种封赏，有些更是在死后还得到显贵的谥号而流传千古。所以，我们作为臣子的，也应当像他们一样，急国家之难、尽人臣之道。"

这篇文告在巴蜀地区的百姓中引起了很大反响，骚乱很快就平息了。为此，汉武帝非常满意，就拜司马相如为中郎将，让他辅佐自己。

因势利导

【注音】 yīn shì lì dǎo

【注释】 因：顺着。势：趋势。利导：向顺利的方面引导。指顺着事物的发展趋势而很好地加以引导。

【出处】 西汉·司马迁《史记·孙子吴起列传》："善战者，因其势而利导之。"

【成语故事】

公元前341年，魏惠王派大将庞涓引兵伐韩，韩国告急，只好向齐国求救。齐威王任命田忌为大将、孙膑为军师，率领大军前去援助韩国。孙膑见魏军来势凶猛，决定不和他们正面交锋。他对田忌说："用兵在于因势利导，顺着对方思想发展的趋势引诱他们中计。"于是，当齐军进入魏国境内后，孙膑下令第一天造十万人吃饭用的灶，第二天造五万人吃饭用的灶，第三天造三万人吃饭用的灶，以此来制造齐军大量逃亡的假象。

庞涓见齐军的锅灶天天减少，果然中计。他以为齐军胆怯，因而产生轻敌思想。因此，庞涓留下步兵，只带精锐的骑兵，加速追赶，在马陵中了孙膑的埋伏。齐军万箭齐发，魏军死伤无数。庞涓身中六箭，逃遁无门，无奈之下只好拔剑自刎。

游刃有余

【注音】 yóu rèn yǒu yú

【注释】 刃：刀刃。比喻技术熟练、经验丰富，解决问题毫不费力。

【出处】 《庄子·养生主》："彼节者有间，而刀刃者无厚。以无厚入有间，恢恢乎其于游刃必有余地矣。"

【成语故事】

战国时，魏惠王听说宫中有位厨师，杀牛剔骨的技艺无与伦比，就亲自去看他宰牛。宰牛时，厨师手脚并用，每个动作都显得那么娴熟，干净利落。在筋骨相连的部位，只见厨师将刀轻轻划过，立刻筋骨分离，全然不像大多数厨师那样费力。

惠王看完厨师杀牛剔骨的全过程，不禁赞叹道："你的手艺太高超了!"厨师谦逊地回答:"这不算什么。"

惠王问:"你用了几年工夫达到现在的水平?"厨师说:"大约三年。我刚开始学艺时,觉得每头牛都是很完整的。三年以后,我的眼中已经看不到完整的牛了,它不过是由筋骨和肉组成的框架,我将它拆散就是了。"惠王又问:"你的刀是否比别人的更锋利?"厨师说:"我的刀确实很锋利,但关键并不在此。其他厨师的刀也很锋利,但他们经常将刀刃碰到骨头上,因此,不得不常常更换新刀。而我这柄刀已用了十几年了,仍然像新磨的一样。骨肉相接处看起来很窄,可我的刀刃更窄,插进内缝还绰绰有余。只要看准缝隙下手,根本用不了多大力气就能将骨头剔出来了。"

惠王听了厨师的话,很受启发。他由此联想到:如果自己治国能如厨师剔骨一样,那国家还愁治理不好吗?

鱼目混珠

【注音】 yú mù hùn zhū

【注释】 混:掺杂,假冒。把鱼眼睛掺杂在珍珠里。比喻以假乱真。

【用例】 东汉·魏伯阳《参同契》上:"鱼目岂为珠?蓬蒿不成槚。"

【成语故事】

从前,有一个名叫满愿的人,他偶然得到了一颗稀世珍珠。大家都交口称赞,说这是他们见过的最大、最好的珍珠。满愿有个邻居叫寿量,他有一颗祖传的大珍珠,可以与满愿的那颗相媲美。

不久,满愿和寿量都得了一种怪病,怎么也治不好。这一天,街上来了一个游方郎中,说两人的病要用珍贵的珍珠粉做引子才能治好。听了郎中的话,两家人从各自的珍珠上磨了一些粉末做药引。说也奇怪,满愿吃下药没两天,就好了起来,可寿量一点也没有好转。

过了两天,郎中又来了。听了寿量家人的叙述,郎中说:"能否把所用的珍珠拿来给我看看?"寿量的家人拿出那颗珍珠交给郎中。郎中把珍珠拿在手里看了看，笑着说："这哪里是什么珍珠，只不过是海洋中一种大鱼的眼睛。你们用鱼目充当珍珠，怎么能治好他的病啊！"

愚公移山

【注音】yú gōng yí shān

【注释】移：转移、移开。比喻有毅力、不怕困难的精神。

【出处】《列子·汤问》载：一位叫北山愚公的老人要铲平屋前的两座山，他的邻居智叟认为不可能。愚公说："虽我之死，有子存焉；子又生孙，孙又生子；子又有子，子又有孙；子子孙孙无穷匮也，而山不加增，何苦而不平？"

【成语故事】

古时候，在冀州以南、河阳以北矗立着两座大山，一座是太行山，一座是王屋山。在北山的山脚下住着一位老人，人称愚公。由于南边的大山挡路，愚公一家出来进去都要绕路。因此，愚公召集起全家人，要把这两座大山移开，修筑一条大路。

有个叫智叟的老人听说了这件事，跑来劝说愚公："你已经九十多岁了，在世上还能活几年？怎么可能移动两座大山呢？"愚公回答道："你说得不错，我一个人的力量确实非常有限。但我还有儿子，儿子又生儿子，子子孙孙无穷无尽，而山是不会增高的，还怕挖不平吗？"

这件事被天帝知道了，天帝被愚公的精神所感动，于是命大力神夸娥氏的两个儿子把两座山背走了。

与虎谋皮

【注音】yǔ hǔ móu pí

【注释】比喻要商量的事情与对方的利益产生冲突，不可能办到。

【出处】北宋·李昉等《太平御览》卷二〇八引《符子》："欲为千金之裘而与狐谋其皮，欲具少牢之珍而与羊谋其羞，言未卒，狐相率逃于重丘之下，羊相呼藏于深林之中。"

【成语故事】

周朝的时候，有一个人非常愚蠢。有一年冬天，天气十分寒冷，许多人都穿上了裘皮大衣。这个人见了十分羡慕，也想买一件这样的大衣。于是，他来到城里的店铺。那儿的大衣真多，可每件的价钱都很贵，这个人根本买不起，他只好垂头丧气地离开了店铺。

回去的路上，这个人越想越不开心："怎么样才能得到一件裘皮大衣呢？"突然，他的眼睛一亮："山里不是有好多狐狸吗？我不如去找它们商量商量，看它们能不能把身上的皮送给我做一件大衣。"于是，这个人掉转脚步，飞快地朝山里跑去。

在一个山谷里，这个人看到一只狐狸。他走过去，亲热地对狐狸说："你好，我有一件事想和你商量。"

"什么事啊？"狐狸好奇地问。

"是这样，我想要一件裘皮大衣，可店铺里的大衣都太贵了，所以我特地来和你商量，看你能不能把身上的皮剥下来，送给我做一件裘皮大衣。"这个人诚恳地说。听了他的话，狐狸吓坏了，转身就往山谷深处跑去。这个人没有办法，只好无可奈何地下山了。

「欲盖弥彰」

【注音】yù gài mí zhāng

【注释】盖：遮掩。弥：更加。彰：明显。指企图掩盖坏事的真相，反倒让坏事暴露得更加明显。

【出处】春秋鲁·左丘明《左传·昭公三十一年》："或求名而不得，或欲盖而名章（彰），惩不义也。"

【成语故事】

春秋时期，齐国的大夫崔杼贪婪好色。有一年，齐国封地棠邑的大夫棠公去世，崔杼前去吊唁。棠公的妻子棠姜是个绝色美人，崔杼一见到她，就被深深地迷住了。于是，崔杼不顾众人的劝阻，娶了棠姜。

齐国的国君庄公也是个好色之徒，他明知崔杼已经娶了棠姜，却还与棠姜私通。崔杼知道这件事后，非常气愤，但又不便声张，便谎称自己有病，不去上朝。

这一天，庄公借探视崔杼为名，来幽会棠姜。于是，崔杼趁机杀了庄公，又立景公为君，自己做了丞相。

齐国负责撰写国史的官员是个正直的人。崔杼曾多次暗示他，要他把自己谋害国君这件事搪塞过去，但这位史官却如实地记述了这件事。崔杼看后自然十分气恼，就把那个史官杀了。谁知继任的史官同样正直无私，仍秉笔直书。崔杼想："杀一个堵不住你们的嘴，我就再杀一个。"于是崔杼又把继任的史官杀了。可是，第三任史官上任后仍坚持原则，崔杼又杀了第三任史官。到了第四任史官时，他还是不为崔杼的威胁所动。崔杼无奈，只好就此作罢。

后代阅读历史的人看到这一节都说："崔杼想把自己的丑事掩饰过去，但却适得其反，这真是欲盖弥彰。"

缘木求鱼

【注音】yuán mù qiú yú

【注释】缘：顺着，沿着。爬上树去找鱼。比喻方向或方法不对，达不到目的。

【出处】《孟子·梁惠王上》："以若所为，求若所欲，犹缘木而求鱼也。"

【成语故事】

战国时期，齐宣王很有称霸诸侯的雄心。他听说孟子很有学问，便请他来为自己实现霸业出谋划策。

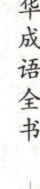

孟子一贯主张仁政，反对以武力称霸诸侯，他对齐宣王说："儒家学说从创始人孔子时起，就不研究如何称霸的学问，所以我也不懂，根本就无从谈起。不过，我愿意谈谈'王道'，不知大王是否有兴趣？"

齐宣王说："我倒想知道'王道'究竟是怎么回事。"孟子说："大王，对于您来说，'王道'首先要爱护齐国的百姓，其次要与邻国保持良好的关系。照此下去，天下一定会安定，百姓也将过上富裕的生活。"

齐宣王觉得孟子的话很可笑，便对他说："先生，你的观点很好，但现在无论从哪方面看都无法实施。我只想灭楚吞秦，让他们的国君向我称臣，向我进贡。"

孟子说："用武力征服人心，那就如同爬到树上去捕鱼，根本不可能达到目的。"齐宣王听了，非常不高兴，说："先生，不至于严重到这种地步吧！"孟子说："大王如此下去，要比这严重得多。上树捕鱼，不过得不到鱼而已；如果用兵，那将后患无穷。"接着，孟子又举例说明了以武力争霸带来的种种危害。齐宣王听了不禁连连点头，打消了想凭武力称霸的念头。

约法三章

【注音】yuē fǎ sān zhāng

【注释】约：协商。章：条目。指订立三条法律条款。后来泛指简单的协议、约定。

【出处】西汉·司马迁《史记·高祖本纪》："与父老约，法三章耳：杀人者死，伤人及盗抵罪。"

【成语故事】

公元前206年，刘邦率领起义大军攻占了秦朝都城咸阳。为了安定民心，刘邦下令封闭了王宫，并留下少数士兵保护王宫和藏有大量财宝的库房，随即率军返回霸上。

为了进一步赢得民心，刘邦把关中各县的百姓都召集起来，郑重地向他们宣布："秦朝的严刑酷法，把大家都害苦了，应该全部废除。现在，我就和众位约法三章，不论是谁，只需要遵守这三条法律，其余的一概免除。第一条，杀人者死；第二条，伤人者抵罪；第三条，偷盗也要判刑。"百姓们听了，纷纷表示拥护。随后，刘邦又派出大批人员，到各县去宣传这三条法律，所到之处受到了热烈的欢迎。由于刘邦坚决执行约法三章，得到了关中百姓的支持，为以后建立西汉王朝奠定了基础。

运筹帷幄

【注音】yùn chóu wéi wò

【注释】筹：谋划。帷幄：古代军队中的帐幕。指在营帐中谋划制定作战的方法策略。也泛指主持大计，考虑决策。

【出处】西汉·司马迁《史记·高祖本纪》："运筹帷幄之中，决胜千里之外，吾不如子房。"

【成语故事】

汉高祖刘邦对谋士张良非常敬重，因为有好几次，都是借助张良的妙计，刘邦才得以死里逃生。除了张良，丞相萧何也深得刘邦的尊敬。萧何为人老成持重，善于发现人才，大将韩信就是他推荐给刘邦的。而刘邦也正是靠了张良、萧何、韩信等人的帮助，才在短短的几年间，打败了比他强大的项羽，建立了西汉王朝。

西汉初年，天下已定。有一天，刘邦在洛阳南宫大宴群臣。席间，君臣开怀畅饮。几杯过后，刘邦提议让众人总结楚灭汉兴的原因。群臣一听议论纷纷。大臣王陵说："陛下能与天下百姓共享利，对有功的将士不吝封赏；而项羽则嫉贤妒能，有功者不加赏，有才学的又妄加怀疑，当然要失败了。"群臣听了，纷纷点头称是。

刘邦捻了捻胡须，笑着说："众位，你们只知其一，不知其二呀。其实，讲到运筹策划于帷帐之中，决定胜利于千里之外，我不如张良；讲到治理国家，安抚百姓，调运军粮，使运输路线畅通无阻，我不如萧何；而说到统帅百万军队，战必胜，攻必取，我不如韩信。这三个人都是能够安定天下的杰出人才，而我却能够任用他们，让他们一心为我，这才是我能取得天下的原因所在。至于项羽，手下只有一个范增，还得不到重用，所以他才会失败呀。"

凿壁偷光

【注音】 záo bì tōu guāng

【注释】 凿穿墙壁以借邻家的光亮。形容勤学苦读。

【出处】 东晋·葛洪《西京杂记》卷二："匡衡，字稚圭，勤学而无烛。邻舍有烛而不逮，衡乃穿壁引其光，以书映光而读之。"

【成语故事】

西汉的匡衡很小的时候就喜欢读书。可是他家里很穷，没有钱上学，当时的书价又高，家里根本买不起。他的邻居家藏书很丰富，但从不外借。

有一天，匡衡对邻居说："你家的农活不少，自己做不过来，总是要雇人做的。我来给你家干活吧，不要工钱！"

邻居惊奇地问："你来帮工，总是想挣几个钱吧，为什么又不要工钱？"匡衡说："我喜欢读书，只要你肯借书给我，就等于付给我工钱了。你看怎么样？"邻居想：他不过是借书看看，书又看不坏，我白捡一个帮工，何乐而不为呢？于是很爽快地同意了。

从此，匡衡白天给邻居做工，夜里读书。然而，新的问题又困扰着他：他家里很穷，买不起蜡烛，邻居家有蜡烛，当然不会借给他。迫于无奈，匡衡在自己家的墙壁上凿了一个小洞，在邻居家掌灯的时候，烛光就会从小洞里穿过来，匡衡就借助这点亮光看书。后来，匡衡以惊人的毅力博览群书，终于成为一名学识渊博的学者，为他的仕途升迁奠定了坚实的基础。汉元帝为太子时，提名匡衡任太子少傅。元帝即位不久，匡衡就被提升为光禄卿，从此官运亨通，青云直上。丞相韦玄成病死后，匡衡便继任为丞相，封安乐侯。

昭然若揭

【注音】 zhāo rán ruò jiē

【注释】 昭然：清楚、明白。揭：高举。像举着太阳、月亮走路那样明显。形容事物的本质已经被披露出来，大白于天下。

【出处】 《庄子·达生》："昭昭乎若揭日月而行也。"

【成语故事】

春秋时期，鲁国有一个名叫孙休的人，经常同老师扁庆子探讨修身处世的学问。有一天，孙休又来找扁庆子，一进门，他就唉声叹气地说："我孙休住在乡间，从没有人说我没修养，也没有人说我面临危难时不勇敢。可是，我种田碰不到好年景，想为国家出力又遇不到圣明的君主。不但如此，我还要受乡里人的唾弃、地方官的欺负。我究竟做错了什么，上天要这样惩罚我呢？"

听了孙休的抱怨，扁庆子安慰他说："你没听说过那些道德修养极高的人的行为吗？他们非常清高，所以能忘记腹中肝胆的存在，对外面发生的事情能视而不见、听而不闻，心中坦坦荡荡，没有杂念，就像生活在尘世之外。可是你满脑子想的都是凡夫俗子所关心的事情，想把自己的欲望和才能表现出来，就像高举着太阳和月亮行走那样明显，这怎么能和圣人相比呢？你的身体健康，生下来后没有因为疾病或天灾变成聋子、瞎子、跛子，又生儿育女，享天伦之乐，这不是已经很好了吗？你还有什么可抱怨的？所以我劝你快回家去吧，别再浪费精神啦！"

朝三暮四

【注音】 zhāo sān mù sì

【注释】 原比喻使用诈术进行欺骗。后比喻常常改变主意，反复无常。

【出处】《庄子·齐物论》:"狙公赋芧,曰:'朝三而暮四。'众狙皆怒。曰:'然则朝四而暮三。'众狙皆悦。名实未亏,而喜怒为用,亦因是也。"

【成语故事】
　　春秋战国时期,宋国有个叫狙公的人,家里养了一大群猴子。每天,狙公都会和这些猴子一起玩耍。时间久了,狙公渐渐懂得了猴子们的心意,猴子们也能理解他说的话。

　　这些猴子的主要食物是橡子。每天早上,狙公都会分给每只猴子四颗橡子,到了晚上,他再给它们四颗,从不间断。日子一天天过去了,狙公上了年纪,没有更多的精力劳作了,生活越来越困难;而猴子的繁殖速度很快,数量越来越多。于是,狙公就想把每天喂猴子吃的八颗橡子改为七颗。

　　狙公和猴子们商量道:"现在家里的粮食不够了,必须节约点吃。从今天开始,我每天早上给你们三颗橡子,晚上还是照常给你们四颗橡子,你们看怎么样?"猴子们一听,早上比晚上少一颗,都非常生气,"吱吱"地乱叫着说:"太少了!怎么早晨吃的还没晚上多?"

　　狙公一见这种情形,连忙改口道:"好了,好了!那么我早上给你们四颗,晚上给你们三颗,这样总可以了吧?"猴子们听了,认为早上的橡子已经从三颗变成了四颗,跟以前一样多了,高兴得又蹦又跳,表示同意狙公的安排。

纸上谈兵

【注音】zhǐ shàng tán bīng

【注释】兵:用兵之道。指在纸面上谈论领兵打仗。比喻只会空谈理论,却不能解决实际问题。

【出处】西汉·司马迁《史记·廉颇蔺相如列传》:"括徒能读其父书传,不知合变也。"

【成语故事】

赵括是赵国大将赵奢的儿子,他从小就熟读兵书,谈起领兵打仗的事总是滔滔不绝,连他的父亲赵奢也辩论不过他。赵奢对于儿子的夸夸其谈非常担忧,他曾经和人说:"赵括所言只是纸上谈兵,丝毫不知道变通。将来赵国如果不用他为将倒也罢了,要是任用他,一定会惨遭失败。"

果然,公元前259年,秦军来犯,赵军在老将廉颇的率领下在长平(今山西高平县附近)与秦军展开了持久战。秦王知道拖下去对自己非常不利,因此派人施行反间计,四处散播廉颇的谣言。赵王上当受骗,派赵括替下廉颇。赵括到长平后,改变了廉颇的作战方略,完全从兵书上照搬照抄,结果全军覆没,他自己也中箭身亡。

志在四方

【注音】 zhì zài sì fāng

【注释】 志:志向。四方:指全天下。指有远大的志向。

【出处】 明·冯梦龙《东周列国志》第二五回:"妾闻'男子志在四方'。君壮年不出图仕,乃区区守妻子坐困乎?"

【成语故事】

晋文公重耳是春秋五霸之一。他能成就霸业,与他的妻子齐姜的激励是分不开的。

早年,重耳由于受继母骊姬的迫害,不得不四处逃亡。公元前644年,重耳逃到了齐国,受到了齐桓公的厚待。齐桓公不但赐给他大量财物,还把宗室之女齐姜许配给他。由于在齐国的生活非常安逸,重耳渐渐放弃了恢复君位的念头。齐姜看到重耳的表现非常焦急,她劝告重耳说:"男子汉大丈夫应该志在四方,现在是你回国实现抱负的时候了。"可重耳并没有把齐姜的劝告放在心上。于是,齐姜就设计灌醉了重耳,命人将他送出了齐国。就这样,六十二岁的重耳终于回到晋国,在大臣的辅佐下登上王位,建立了他的霸业。

忠言逆耳

【注音】 zhōng yán nì ěr

【注释】 逆耳：不顺耳、不中听。指诚恳正直的劝告听起来很刺耳。

【出处】 《孔子家语·六本》："孔子曰：'良药苦于口而利于病，忠言逆于耳而利于行。'"

【成语故事】

公元前207年，刘邦率领大军攻入咸阳后，立即被秦王宫的恢宏气势所震慑。只见王宫中亭台楼阁华丽异常，各种奇珍异宝更是不计其数，每到一处，都有无数美丽的宫女向他跪拜请安。刘邦禁不住心醉神迷，于是，他吩咐手下人收拾出一处宫殿给自己居住，好好享受享受帝王豪华的生活。对于刘邦的这个举动，众将都非常担忧，害怕他耽于享乐，从而断送了大业。

这一天，太阳已经很高了，刘邦还在宫中酣睡。这时，部将樊哙不顾卫兵的阻拦，闯入了宫中。他一把将刘邦从床上拉了起来，愤怒地说："沛公（刘邦），你是想得到天下呢，还是想当一个富家翁呢？"刘邦回答道："我当然想拥有天下了。"

樊哙听了，接着说道："我刚刚进来的时候，见宫中处处奢华，后宫美女数以千计，这些都是导致秦朝灭亡的东西啊！现在天下还没有安定，各路诸侯拥兵在外，都在为夺取秦朝的天下争战不已，你却在这里贪图享乐，长此下去，过不了多久，你就会成为另一个秦二世！"

刘邦一听不禁勃然大怒，他怒斥道："我是主公，你是我的部将，有你这样对主公说话的部将吗？我不过想在宫中休息几天，你却把我骂成是秦二世，你也太危言耸听了。还不给我滚出去！"说完，他命人将樊哙赶了出去。

樊哙气呼呼地回到自己的营帐，思来想去，觉得还是得想办法劝谏刘邦。他知道刘邦最听张良的话，于是，樊哙连忙找到张良，把刚刚的事情和张良讲了一遍，然后诚恳地说："还是请你去劝劝主公吧。"张良听完,笑着对樊哙说:"将军的一番苦心子房非常明白,但凡事都要讲究策略,现在主公正在气头上,等我明早再去也不迟。"樊哙点头答应了。

第二天一大早,张良便来到王宫,他对刘邦说:"味道苦涩的药非常难吃,但却可以治病。至诚批评的话听起来很不顺耳,但却能帮你改正错误。樊将军的话是粗暴了些,不过却是至理,主公该采纳才是呀。"

刘邦是个聪明人,听了张良的话,他顿时醒悟过来。于是,他立刻搬出王宫,领兵返回了霸上。

「众志成城」

【注音】 zhòng zhì chéng chéng

【注释】 众志:万众一心。城:坚固的城墙。指如果众人团结一致,力量就会像坚固的城墙那样不可摧毁。比喻大家精诚团结,就能形成强大力量。

【出处】 春秋鲁·左丘明《国语·周语下》:"众心成城,众口铄金。"

【成语故事】

公元前545年,周景王即位。周景王为人昏庸无道,为了能从百姓身上搜刮更多的钱财,他决定废除市面上流通的小钱,重新铸造一种大钱。为此,大夫单穆极力劝阻,但周景王仍然一意孤行,弄得百姓怨声载道。

不久,周景王又喜欢上了音乐,于是他命人到处搜集上好的青铜,想铸造两组编钟,以供自己享乐。单穆得知后又进谏说:"铸造大钱已经损耗了大量的物力财力,现在您又要铸造编钟,这样下去,国家就没办法治理了。"司乐官州鸠也不同意铸造编钟,他对周景王说:"所有的音乐都要服从和谐的需要,这样才能动听。治理国家就像音乐一样,如果让百姓怨恨,就会失去和谐。这就像做事情,如果老百姓赞成,一定会取得成功;如果老百姓反对,那肯定会失败。正所谓:'众人团结一心,国家就会成为坚固的堡垒;众口一词地诋毁,即使金子也会被熔化。'现在,铸造编钟一定会造成极坏的影响,还是请大王多听听百姓们的意见,三思而行啊!"

可是,单穆和州鸠的话并没有引起周景王的重视,他依然我行我素。一年后,编钟造好了,周景王更是整日不问国事,只顾享乐。第二年,周朝便爆发了一场持久的内战,自此,强大的周朝开始走向了衰落。

重于泰山,轻于鸿毛

【注音】zhòng yú tài shān,qīng yú hóng máo

【注释】泰山:五岳之一,在山东省。鸿:鸿雁。指像泰山那样重大,像鸿毛那样轻微。比喻人生的价值轻重悬殊。

【出处】西汉·司马迁《报任少卿书》:"人固有一死,或重于太(泰)山,或轻于鸿毛。"

【成语故事】

司马迁,字子长,西汉时期著名的史学家、文学家。司马迁十岁时开始学习古文书传,二十岁时从京师长安南下漫游,足迹遍及江淮流域和中原地区。公元前108年,司马迁继承了其父司马谈之职,任太史令,开始了《史记》的撰写工作。

公元前99年,汉武帝派大将军李广利出兵讨伐匈奴,别将李陵率领步卒五千人随军押送粮草。李陵在会稽山与匈奴单于遭遇,匈奴以八万骑兵围攻李陵,经过八昼夜的奋战,李陵寡不敌众不幸被俘,后投降了匈奴。

李陵投降的消息传到长安,汉武帝大怒。满朝文武察言观色,纷纷附和汉武帝,指责李陵的罪过。这时,汉武帝询问司马迁对这件事的看法,司马迁却极力为李陵辩护。他认为李陵之所以投降,是为了保全性命,再寻找合适的机会报答汉室。司马迁的直言触怒了汉武帝,他认为司马迁是在替李陵辩护,因此一怒之下将司马迁打入大牢。

司马迁被关入大牢后，受尽了折磨。按照当时的法律，他可以用钱来为自己赎罪。可是，司马迁为官清廉，根本拿不出那些钱，因此被处以宫刑（古代残酷的刑罚之一，损毁罪犯的生殖器）。

受刑后的司马迁十分痛苦，甚至几次想到自杀，但一想到《史记》还没有完成，他便强忍痛苦，怀着愤怒与悲凉的心情继续写作，终于在公元前91年完成了《史记》。

出狱后，司马迁担任了中书令一职，表面上是皇帝近臣，实则近似宦官，为士大夫所轻贱。他的好朋友任安曾写信给他，鼓励他有所作为，要把推荐选拔人才作为自己的责任。司马迁想到自己的遭遇和处境，一直没有回信。后来，任安因罪下狱，被判了死刑，司马迁才给他写了一封回信。在信中，司马迁沉痛地叙述了自己因李陵事件而得祸的经过以及忍辱含垢的心情，并谈到了自己对死亡的看法，他说："人迟早都有一死，但有的人死得比泰山还重，有的人却死得比鸿雁的羽毛还轻。"借此鼓励任安，一定要坚守自己的操守。

专横跋扈

【注音】zhuān hèng bá hù

【注释】专横：专断蛮横，任意妄为。跋扈：霸道，不讲理。横行霸道，蛮不讲理，为所欲为。

【出处】南朝宋·范晔《后汉书·梁冀传》："帝少而聪慧，知冀骄横，尝朝群臣，目冀曰：'此跋扈将军也。'"

【成语故事】

东汉大将军梁商的儿子梁冀依仗着父亲和做皇后的妹妹的权势，整日胡作非为。梁商死后，梁冀被汉顺帝任命为大将军，从此以后，梁冀更加目中无人。朝中大臣都畏惧他的权势，个个敢怒不敢言。

公元144年，汉顺帝病死，两岁的汉冲帝即位，朝廷的军政大权都落入梁冀的手中。过了一年，汉冲帝早夭，为了继续掌控朝政大权，梁冀执意立八岁的刘缵为帝，史称汉质帝。汉质帝虽然年幼，人却很聪明，他知道梁冀在朝中非常骄横，心中很不满。

一天，汉质帝召见朝臣，梁冀却不肯对他施礼。汉质帝心中气愤，对梁冀说："你可真是个蛮横无理的跋扈将军呀！"

梁冀听了，害怕汉质帝日后会对自己不利，就指使下人毒死了汉质帝，另立年少的蠡吾侯刘志为帝，是为汉桓帝。从此，他更加凶残蛮横，把持朝政二十多年。汉桓帝掌权后，决定除掉梁冀，派出士兵包围了梁冀的府第。梁冀自知罪孽深重，自杀身亡了。

专心致志

【注音】 zhuān xīn zhì zhì

【注释】 致：尽、极。志：志向，志趣。指把全部心思都放在一件事上面。形容一心一意，聚精会神。

【出处】 《孟子·告子上》："今夫弈之为数，小数也；不专心致志，则不得也。"

【成语故事】

从前，有个棋手叫作秋，他的棋艺十分高超，人们都称他为弈秋。有两个好朋友非常喜欢下棋，因此，他们决定去拜弈秋为师，向他学习下棋。来到弈秋的住处后，这两个人讲明了来意。弈秋答应了他们的请求，仔细地给他们讲解一些下棋的技巧。其中一个学生聚精会神地听着弈秋的讲解和分析，而另一个学生虽然也坐在那里，实际上却心不在焉，根本没听到弈秋在讲些什么。

弈秋讲完后，叫两个学生对弈一局，想看看他们究竟学得怎么样。刚开始的时候，那个开小差的学生凭借着以前的基础还能勉强应付，可渐渐地差距就显现出来了，不一会儿他便落败了。弈秋见了，语重心长地对他们两个说："下棋虽然只是一门小小的技艺，但是不专心致志地学习，也是学不好的。"

捉襟见肘

【注音】 zhuō jīn jiàn zhǒu

【注释】 捉襟：整理衣服的前襟。肘：胳膊肘儿。指一拉衣襟就露出了胳膊。形容衣服破旧。也比喻处境窘迫，顾此失彼，穷于应付。

【出处】 《庄子·让王》："曾子居卫……十年不制衣，正冠而缨绝，捉衿（襟）而肘见。"

【成语故事】

曾子，春秋末年鲁国人，是孔子晚年最得意的弟子之一。曾子曾经在卫国待了好多年。据说，他在卫国的时候，生活非常艰苦，十年之中没添过一件新衣服。他穿的袍子是用乱麻破絮做的，分不清表里，如果拉一拉衣襟，胳膊肘都会露出来。他戴的帽子也十分破旧，以至于一整理帽子，帽子上的带子就断了。

虽然如此穷困，但曾子并不因此而忧愁，他时常拖着破鞋，边走边高声吟唱《商颂》。曾子就是这样过着常人不可忍受的自由自在的生活。他不做官，就算是天子请也不做；不攀高枝，诸侯想结识他都被拒绝。他不爱名利、不图富贵，是一个超凡脱俗的高人。

自惭形秽

【注音】 zì cán xíng huì

【注释】 惭：惭愧。形秽：形态丑陋、不体面。形容因为自己在某一方面不如别人而感到惭愧。

【出处】 南朝宋·刘义庆《世说新语·容止》："骠骑王武子是卫玠之舅，俊爽有风姿，见玠叹曰：'珠玉在侧，觉我形秽。'"

【成语故事】

东晋时，有一个名叫王济的人，当过骠骑将军。王济虽然是个提

刀弄枪的将军，但他和一般的武将不同，他相貌十分英俊，待人接物也很有风度。而且他在读书论经方面也有很深的造诣，在当地颇有名声。

有一天，王济的姐姐带着儿子卫玠前来投靠王济。卫玠长得眉清目秀，风度翩翩，有一种超凡脱俗的气质。王济看后惊呆了，对姐姐说："别人都说我长得英俊，可是与我这个外甥一比，就像把石块与明珠放在一起，实在相差得太远了。"过了几天，王济和卫玠骑着马去拜见亲戚。他们走在街上，人们都说卫玠就像是白玉雕成的。

好不容易到了亲戚家，亲友们都对卫玠俊美的长相赞叹不已，又问卫玠平时读些什么书。卫玠谦虚地说在研究玄理，大家就让他谈谈研究玄理的体会。卫玠见推辞不了，便滔滔不绝地讲了起来，在座的人听了，没有一个不称赞他研究得精深，讲得透彻的。

王济坐在一旁更是惊叹道："和我这外甥一起走，就像有熠熠发光的明珠在身旁，我都对自己的样子感到惭愧了。"

自相矛盾

【注音】zì xiāng máo dùn

【注释】矛：长矛。盾：盾牌。比喻说话、办事前后抵触。

【出处】《韩非子·难一》："楚人有鬻楯（盾）与矛者，誉之曰：'吾楯之坚，物莫能陷也。'又誉其矛曰：'吾矛之利，于物无不陷也。'或曰：'以子之矛，陷子之楯，何如？'"

【成语故事】

战国时期，楚国有个人在集市上卖矛和盾。他举着盾向围观的人夸口说："我的盾是世界上最坚固的盾，再锋利的矛也刺不穿它！"接着，他又拿起一支矛说："我的矛是世界上最锋利的矛，任何东西都能刺穿！"就这样，他边比画边大声吆喝着。这时，人群中有个人拿起一支矛和一面盾问他："如果用你的矛去刺你的盾，会怎样呢？"卖矛和盾的人无言以对，只好灰溜溜地扛着矛和盾走了。

延伸阅读

◎ 知道更多

成语之"最"

最长的腿——一步登天
最大的手——一手遮天
最大的嘴——气吞山河
最大的肚子——包罗万象
最坚韧的头发——千钧一发
最大的家——四海为家
最高的柱子——一柱擎天
最大的渔网——一网打尽
最大的网——天罗地网
最高的瀑布——一落千丈
最快的流速——一泻千里
最高的人——顶天立地
最吝啬的人——一毛不拔
最有学问的人——无所不知
最大的被褥——铺天盖地
挥霍最多——挥金如土
才学最高——才高八斗
能力最强——神通广大
胸怀最宽——虚怀若谷

最快的速度——风驰电掣
最快的步伐——健步如飞
最大的差别——天壤之别
最大的声响——惊天动地
最长的寿命——万寿无疆
最贵的稿费——一字千金
最贵的承诺——一诺千金
最大的手术——脱胎换骨
最厉害的贼——偷天换日
最赚钱的生意——一本万利
最大的地方——无边无际
最干净的地方——一尘不染
最遥远的地方——天涯海角
最荒凉的地方——不毛之地
最高超的技术——鬼斧神工
胆子最小——胆小如鼠
胆子最大——胆大包天
看得最近——鼠目寸光
看得最远——一望无际

成语接龙

标新立异→异口同声→声嘶力竭→竭尽全力→力透纸背→背道而驰→驰名中外→外强中干→干净利落→落井下石→石沉大海→海阔天空→空前绝后→后来居上→上下其手→手足无措→措手不及→及时行乐→乐极生悲→悲天悯人

本末倒置→置若罔闻→闻风丧胆→胆大包天→天罗地网→网开一面→面红耳赤→赤胆忠心→心灵手巧→巧夺天工→工于心计→计日程功→功败垂成→成千上万→万众瞩目→目瞪口呆→呆若木鸡→鸡鸣狗盗→盗憎主人→人仰马翻

博大精深→深入浅出→出神入化→化险为夷→夷为平地→地老天荒→荒无人烟→烟消云散→散兵游勇→勇往直前→前功尽弃→弃暗投明→明火执仗→仗义疏财→财大气粗→粗枝大叶→叶落归根→根深蒂固→固执己见→见义勇为

孤陋寡闻→闻鸡起舞→舞文弄墨→墨守成规→规行矩步→步履维艰→艰苦卓绝→绝处逢生→生不逢时→时来运转→转悲为喜→喜闻乐见→见贤思齐→齐心协力→力不从心→心急如焚→焚琴煮鹤→鹤立鸡群→群龙无首→首鼠两端

爱不释手→手到擒来→来之不易→易如反掌→掌上明珠→珠联璧合→合而为一→一心一意→意气用事→事必躬亲→亲密无间→间不容息→息息相关→关门大吉→吉星高照→照猫画虎→虎虎生威→威武不屈→屈打成招→招兵买马→马到成功→功成名就→就事论事→事倍功半→半途而废→废寝忘食→食不果腹→腹中空空→空穴来风→风声鹤唳

成语和谚语的区别

谚语是在民间流传的固定语句,用简单通俗的话反映出深刻的道理,如"风后暖,雪后寒""尺有所短,寸有所长"。成语和谚语不同,主要有三点:

1.结构不同。成语多是四个字的短语,结构凝练,一般不容变动;而谚语则是句子,且不少谚语的成分和格式可以变动。

2. 来源不同。成语绝大部分来自神话传说、历史故事等书面语言；而谚语一般来自人民群众的口语。

3. 特点不同。成语文雅深刻，书面性强；谚语通俗易懂，口语性强。

◎ 读后感

《中华成语全书》读后感（一）

成语是历史的积淀，是浓缩的汉语言文化精华，每一个成语的背后都有一个含义深远的故事。今年暑假，我读完了一本厚厚的《中华成语全书》，它让我学到许多课本里学不到的知识，也让我更加了解历史、了解历史人物，还教会了我怎么做人、做事。

读了《囊萤映雪》《悬梁刺股》《凿壁偷光》《废寝忘食》《闻鸡起舞》这几个故事后，我对古人刻苦学习、发愤图强的精神感到无比佩服。如今我们虽然不用囊萤学、映雪读，也不用头悬梁、锥刺股，更不用"凿壁偷光"了，但是古人的这种精神还是值得我们学习的。尤其是现在生活水平越来越高了，各种娱乐方式也如雨后春笋般层出不穷，很多人沉迷享乐无法自拔，"游戏成瘾"甚至已被列为疾病。如果不自律、不勤奋，就容易玩物丧志、得过且过。

《纸上谈兵》这个故事也让我感触很深。我看了很多有关象棋的书籍和视频，平时看老爸下棋也总觉得自己的水平不在他之下，可是真一比试，我竟然输了。这时候我才突然意识到，我这不就是一个活生生的"纸上谈兵"的例子吗？所以说，无论做什么事情，都不能只空谈理论，只有联系实际，活学活用，将所学的知识运用到实际当中去，才能将事情做好。

教人成长的成语又何止这几个呢？《负荆请罪》这个故事告诉我们要知错能改，《一诺千金》这个故事启示我们要诚实守信，而《程门立雪》这个故事则教会了我们尊师重道……

"书籍是人类进步的阶梯。"这本《中华成语全书》不仅给我带来了数不清的精神财富，还成为我追求卓越、成就梦想的前进动力。可以说，这本书是我成长道路上不可多得的良师益友。我喜欢这本书。

（作者　郭少静）

《中华成语全书》读后感（二）

　　成语，是经过长期锤炼而形成的汉语言文化精髓。它浓缩了中国传统文化的精华，承载着华夏儿女千百年来形成的处世哲学。成语多来源于古代寓言故事、神话传说和历史事件，一个成语往往就代表了一个故事或者典故，不愧为浓缩的历史精华。这个寒假，我读了《中华成语全书》，更加为咱们中国有成语而感到自豪。

　　读了《程门立雪》这个故事后，我被杨时和游酢尊重老师、虚心求教的精神深深地感动了。杨时和游酢去拜见他们的老师程颐，但是当他们在窗外看到老师正在屋里午睡时，便不忍打扰，安安静静地站在门外，耐心等待。这时，天上下起了大雪，而且越下越大，杨时和游酢就这么一直在雪中站立着，等程颐醒来的时候，门外的雪已经有一尺深了。这件事因此作为尊师重道的典范成为学界的佳话。

　　《磨杵成针》这个故事也带给我很多思考。原来，诗仙李白小时候也很贪玩，但是有一次，他逃学到小溪边玩时，被磨杵成针的老婆婆的意志感动，这才终于发愤图强，成为历史上最伟大的诗人之一。很难想象如果李白没有遇见那个磨杵成针的老婆婆，他还会不会成为日后的大诗人。

　　而令我印象最深的还是《负荆请罪》这个故事。廉颇贵为赵国的将军，尚能背着荆条，诚恳认错。而我呢？有时候明明做错了事情，却经常碍着面子死不承认。我跟廉颇将军比起来，真是一个天上，一个地下，他那知错就改的精神真是太值得我去学习了。现在，我终于明白，一个人犯了错误不要紧，重要的是能够认识到自己的错误，并且及时改正。

　　成语，教会我为人处世，帮助我修身养性，它给我带来了那么多的精神财富，我会一直与它为伴，不断地学习下去。

（作者　刘三峰）

真题演练

一、填空题

1. 成语一共有五万多条，其中96%都是_____格式。

2. "叶公好龙"这个成语出自西汉刘向的_____，讽刺了那些_____的人。

3. 在"按图索骥"这个成语故事中，孙阳的儿子误将_____认作千里马。

4. 谋士_____借一个人抱着一捆柴草去救火的故事，劝告_____不要将魏国土地割让给秦国。

5. 《杯弓蛇影》中，乐广朋友酒杯里的"蛇"其实是_____。

6. 在"唇亡齿寒"这个成语故事中，宫之奇以嘴唇和牙齿来比喻相互依存而生的_____和_____。

7. "破釜沉舟"出自_____，故事的主人公是_____。

8. "胸有成竹"这个成语是关于宋代画家_____的故事，比喻做事前已有全面考虑。

9. "运筹帷幄"出自"运筹帷幄之中，决胜千里之外"，原本指的是刘邦帐下的_____。

10. "负荆请罪"讲的是赵国时期赵王的大将_____向_____请罪，留下了"将相和"的佳话。

二、问答题

1. 从《夜郎自大》的故事中，你明白了一个什么道理？

2 成语的出处主要有哪几种？请分别举例。

3 你最喜欢的成语是哪个？为什么？

答案

一、填空题
1. 四字
2. 《新序·杂事》 口蜜腹剑
3. 画蛇添足
4. 苏代 齐襄王
5. 白鹤腿子
6. 鲁国 魏国
7. 《史记·项羽本纪》 项羽
8. 义与利
9. 张骞
10. 廉颇 蔺相如

二、问答题
1. 越是历史悠久的、人口众多的国家，其语言越丰富，我们的学习也越为丰富。中国是个有着几千年历史的文明古国，人们历经长期的学习实践，积累了数量惊人的成语。（言之有理即可）
2. 成语的出处主要有几种：一是有历史故事的事，如"滥竽充数""破釜沉舟"；二是古代寓言作品，如"守株待兔""拔苗助长"；三是出自古代诗文作品，如"萍水相逢""老骥伏枥"；四是来自群众口语，如"三长两短""指手画脚"。
3. 答案不唯一，言之有理，有理有据即可。